本书为以下项目的资助成果：

教育部人文社会科学研究（青年项目）"高校教师
（项目号：19YJC790077）

北京市"高精尖学科建设（市级）——工商管理"项目（项目号：19005902053）

Research on the Issue of University Teacher Overwork:
Theory and Practice

高校教师过度劳动问题研究：
理论与现实

刘贝妮◎著

知识产权出版社
全国百佳图书出版单位
—北京—

图书在版编目（CIP）数据

高校教师过度劳动问题研究：理论与现实 / 刘贝妮著 .—北京：知识产权出版社，2020.8

ISBN 978-7-5130-7088-1

Ⅰ.①高… Ⅱ.①刘… Ⅲ.①高等学校—教师—劳动强度—研究 Ⅳ.①G645.1

中国版本图书馆 CIP 数据核字（2020）第 139875 号

责任编辑：李学军　　　　　　　　　　责任校对：王　岩
封面设计：刘　伟　　　　　　　　　　责任印制：孙婷婷

高校教师过度劳动问题研究：理论与现实

刘贝妮　著

出版发行：知识产权出版社 有限责任公司	网　　址：http://www.ipph.cn
社　　址：北京市海淀区气象路 50 号院	邮　　编：100081
责编电话：010-82000860 转 8559	责编邮箱：752606025@qq.com
发行电话：010-82000860 转 8101/8102	发行传真：010-82000893/82005070/82000270
印　　刷：北京九州迅驰传媒文化有限公司	经　　销：各大网上书店、新华书店及相关专业书店
开　　本：720mm×1000mm　1/16	印　　张：14.25
版　　次：2020 年 8 月第 1 版	印　　次：2020 年 8 月第 1 次印刷
字　　数：210 千字	定　　价：86.00 元

ISBN 978-7-5130-7088-1

出版权专有　侵权必究

如有印装质量问题，本社负责调换。

目 录
Contents

第1章 导论 ·· (001)
  1.1 研究的源起 ··· (001)
    1.1.1 为什么研究过度劳动 ······································ (001)
    1.1.2 为什么选择高校教师 ······································ (005)
  1.2 研究的理论与现实意义 ··· (009)
    1.2.1 理论意义 ·· (009)
    1.2.2 现实意义 ·· (010)
  1.3 研究方法 ··· (011)
    1.3.1 归纳法与演绎法相结合 ··································· (012)
    1.3.2 实证分析与规范分析相结合 ···························· (013)
    1.3.3 定性分析与定量分析相结合 ···························· (013)
    1.3.4 静态分析与动态分析相结合 ···························· (014)
  1.4 研究的问题意识 ··· (014)
  1.5 研究的思路与框架 ··· (016)
    1.5.1 研究思路 ·· (016)
    1.5.2 研究框架 ·· (017)
  1.6 可能的创新点 ·· (018)
    1.6.1 综合运用经济学相关理论解释高校教师过劳问题 ····· (018)
    1.6.2 发现并构建高校教师过劳形成机制框架 ············ (019)
    1.6.3 首次探究高校教师劳动强度问题，构建适度劳动均衡
          模型 ·· (019)

1.6.4 首次对高校教师过劳状态进行测算，推动我国特殊群体过劳的研究进程 ……………………………………… (019)

第2章 高校教师过度劳动相关文献综述 …………………… (021)
2.1 相关概念的辨析 ……………………………………………… (021)
2.1.1 过度疲劳、过度劳累与疲劳蓄积 ………………………… (021)
2.1.2 过度就业 ………………………………………………… (023)
2.1.3 职业倦怠 ………………………………………………… (024)
2.1.4 工作压力 ………………………………………………… (025)
2.2 过度劳动研究文献梳理 ……………………………………… (026)
2.2.1 过度劳动内涵 …………………………………………… (026)
2.2.2 过度劳动成因 …………………………………………… (028)
2.2.3 过度劳动类型 …………………………………………… (030)
2.2.4 过度劳动测量 …………………………………………… (031)
2.2.5 过度劳动后果 …………………………………………… (033)
2.2.6 过度劳动防治措施 ……………………………………… (035)
2.2.7 过度劳动研究的发展历程和趋势 ……………………… (036)
2.3 过度劳动研究文献述评 ……………………………………… (037)
2.4 高校教师过度劳动研究文献梳理 …………………………… (038)
2.4.1 高校教师工作时间研究 ………………………………… (038)
2.4.2 高校教师过度劳动的形成机制 ………………………… (041)
2.4.3 高校教师过度劳动的效应研究 ………………………… (044)
2.4.4 高校教师过度劳动的对策研究 ………………………… (046)
2.5 高校教师过度劳动文献述评 ………………………………… (047)
2.6 本章小结 ……………………………………………………… (049)

第3章 高校教师过度劳动的理论分析 …………………………… (051)
3.1 劳动力供给时间视角——劳动力供给相关理论 …………… (052)
3.1.1 劳动力供给理论 ………………………………………… (052)

3.1.2　生命周期劳动力供给理论 …………………………………… (056)
   3.1.3　行为经济学视角下的劳动力供给 ………………………… (058)
 3.2　劳动力供给场所视角——高校劳动力市场相关理论 ……… (060)
   3.2.1　高校内部劳动力市场 ………………………………………… (060)
   3.2.2　高校劳动力市场的分割 ……………………………………… (062)
   3.2.3　高校劳动力市场锦标赛制度 ………………………………… (064)
   3.2.4　高校劳动力市场行政化 ……………………………………… (067)
 3.3　劳动力供给质量视角——人力资本相关理论 ………………… (068)
   3.3.1　人力资本投资理论 …………………………………………… (068)
   3.3.2　人力资本价值理论 …………………………………………… (071)
   3.3.3　技术变迁理论 ………………………………………………… (073)
   3.3.4　资源保存理论 ………………………………………………… (074)
 3.4　劳动力供给过程视角——工作/家庭相关理论 ……………… (077)
   3.4.1　家庭劳动供给理论 …………………………………………… (077)
   3.4.2　工作/家庭边界理论 ………………………………………… (080)
 3.5　本章小结 …………………………………………………………… (083)

第4章　高校教师过度劳动的形成机制分析 ……………………………… (087)
 4.1　高校教师群体特征与工作特征分析 …………………………… (088)
   4.1.1　与普通劳动者相比的群体特征 ……………………………… (088)
   4.1.2　与其他知识工作者相比的工作特征 ………………………… (090)
 4.2　宏观层面成因——PEST视角下象牙塔里的艰辛 …………… (093)
   4.2.1　政策环境的影响 ……………………………………………… (093)
   4.2.2　经济环境的影响 ……………………………………………… (095)
   4.2.3　技术环境的影响 ……………………………………………… (097)
   4.2.4　社会文化的影响 ……………………………………………… (098)
 4.3　中观层面成因——内部劳动力市场制度偏颇与权利错位 …… (100)
   4.3.1　学术人才年轻化的偏好 ……………………………………… (100)
   4.3.2　具有锦标赛色彩的晋升制度 ………………………………… (101)

        4.3.3 回报不完全的薪酬水平 …………………………………… (102)
        4.3.4 行政化的介入与干扰 …………………………………… (105)
        4.3.5 缺乏保护的时间权利 …………………………………… (106)
    4.4 微观层面成因——高校教师个体偏好差异与偏好依存 …… (107)
        4.4.1 个体决策的偏好差异 …………………………………… (108)
        4.4.2 个体行为决策中的攀比效应 …………………………… (109)
        4.4.3 双重身份、多元角色与目标冲突 ……………………… (110)
        4.4.4 家庭分工与工作/家庭关系 …………………………… (112)
        4.4.5 其他人口统计学变量与个人特质 ……………………… (113)
    4.5 本章小结 …………………………………………………………… (113)

第5章 我国高校教师过劳状况、特征与成因的实证分析 …………… (116)
    5.1 研究设计 …………………………………………………………… (116)
        5.1.1 调研工具：问卷的编制与说明 ………………………… (116)
        5.1.2 调研过程：数据收集与样本分布 ……………………… (122)
        5.1.3 基本判断：研究假设的提出 …………………………… (123)
    5.2 我国高校教师过度劳动的基本状况 …………………………… (124)
        5.2.1 样本基本情况 …………………………………………… (124)
        5.2.2 我国高校教师过度劳动的总体状况 …………………… (126)
        5.2.3 基于个人基本信息的高校教师过劳分析 ……………… (132)
        5.2.4 基于组织内身份特征的高校教师过劳分析 …………… (138)
    5.3 我国高校教师过度劳动成因的实证检验 ……………………… (141)
        5.3.1 研究变量的选取与解释 ………………………………… (141)
        5.3.2 研究方法与研究假设 …………………………………… (144)
        5.3.3 回归方程的构建 ………………………………………… (145)
        5.3.4 回归方程的结果分析 …………………………………… (147)
    5.4 本章小结 …………………………………………………………… (154)

第6章 高校教师过劳的再审视与应对措施 (156)

6.1 高校教师劳动强度探析 (156)
6.1.1 经济学科研究劳动强度的现实困难 (156)
6.1.2 高校教师劳动强度的规范性思考 (159)
6.1.3 基于劳动强度的高校教师适度劳动均衡模型构建 (160)

6.2 基于劳动时间的高校教师过劳客观状况 (162)
6.2.1 分行业过劳率与过劳程度 (163)
6.2.2 分职业过劳率与过劳程度 (166)
6.2.3 高校教师的过劳率与过劳程度 (167)
6.2.4 基于劳动时间的高校教师适度劳动均衡模型构建 (170)

6.3 缓解高校教师过度劳动的三级体系架构 (173)
6.3.1 宏观层面：战略引导层 (173)
6.3.2 中观层面：要素支持层 (177)
6.3.3 微观层面：价值驱动层 (180)

6.4 本章小结 (182)

第7章 研究结论与展望 (184)

7.1 研究总结 (184)
7.2 研究的不足 (186)
7.3 反思与展望 (187)

参考文献 (189)

附录 (210)
附录Ⅰ 高校教师工作状态与职业健康调查问卷 (210)
附录Ⅱ 全自变量多响应回归结果 (216)
附录Ⅲ 按行业分城镇就业人员调查周平均工作时间 (217)
附录Ⅳ 按职业分城镇就业人员调查周平均工作时间 (219)
附录Ⅴ 各国生师比情况统计表（2016年） (219)

第 1 章 导论

社会大众对过度劳动问题的关注，首先，是源于对过度劳动的极端现象"过劳死"的关注。其次，近年来一系列的媒体报道、调查报告的数据显示，我国劳动者的超时、超强度劳动已经成为一种常态，对劳动者的身心都造成了一定的消极影响，并由此诞生出"过劳肥""过劳抑郁"等衍生概念，使得社会大众对过劳问题不再陌生。但提及高校教师群体，因为其实行的是弹性工时制，没有朝九晚五的固定工作时间，不用坐班，每年还有两个假期，从组织规则压力来看，和其他职业的从业者相比应该是较为轻松的职业。但近年来关于高校教师"过劳死"的新闻屡见报端，是否大众对于高校教师群体工作状态的认知有所偏颇？这样的群体究竟是否过劳呢？如有过劳其程度又是怎样的？过劳成因是什么？带着这样的问题意识，从"为什么研究过劳"以及"为什么选择高校教师群体作为研究对象"这两方面入手，对本研究的选题来源和背景进行详细阐述，并对本研究的研究方法、思路、框架和可能存在的创新点进行一一说明。

1.1 研究的源起

1.1.1 为什么研究过度劳动

（1）过度劳动现象的日益严重可能会演变成社会经济问题。2006 年 7 月 14 日，中国社会科学院社科文献出版社对外公布的《中国人才发展报告 NO.3》中"热点篇"文章《中国知识分子"过劳死"问题研究》的研究结果显示,在我国部分城市尤其是各项事业相对发达的城市,"过劳死"问题有日益严重的趋势,七成知识分子走在"过劳死"边缘(潘晨光,2006)[①];2007年1月29日,零点调查和指标数据联合发布的一项调查显示,如果按照日本公众卫生研究所对"过劳"的界定,在中国境内,"两高一中"人群(高学历、高收入的中年人)是可能"过劳"的主要人群,逾九成(91.1%)的跨国企业员工属于"过劳者"(周凯,2007)[②];2009年12月7日,中国医师协会、中国医院协会、北京市健康保障协会、慈铭体检集团和时尚健康五大权威机构发布《中国城市人群健康白皮书》,报告显示,主流城市的白领亚健康比例达76%,接近六成的白领处于过劳状态,35—50岁的高收入人群"生物年龄"平均超过"日历年龄"10年左右(中国经济网,2009)[③];2010年全国第六次人口普查数据显示,周工作时间为41—48小时的人口数占"正在工作人口"总量的14.31%,其中,周工作时间为48小时的人口数占9.25%[④];2012年9月,"中国休闲小康指数"调查报告显示,2011—2012年度,69.4%的受访者存在不同程度的超时工作问题(鄂璠,2012)[⑤];《2014中国劳动力市场发展报告——迈向高收入国家进程中的工作时间》阐述了我国经济高速发展过程中的隐患:我国劳动者普遍存在过度劳动的问题,加班现象严重,九成行业的周工作时间超过40小时,过半数行业每周要加班4小时以上;我国劳动者的假期时间远远低于世界平均水平,科技工作者、行政工作者、教师等群体少休或不休病假的情况最为普遍;由于过度劳动所

---

① 潘晨光,王宪磊.中国人才发展报告 NO.3[M].北京:社科文献出版社,2006:357.其中《中国知识分子"过劳死"问题研究》一文由娄伟、王秀云执笔.

② 周凯.逾九成跨国企业员工成为"过劳者"[EB/OL].(2007-01-29)[2007-01-30] http://news.163.com/07/0130/06/362L1SIH000120GU.html.

③ 中国经济网.《2009年中国城市健康状况大调查》白皮书发布[EB/OL].(2009-12-07) [2009-12-07] http://finance.sina.com.cn/roll/20091207/17197067845.shtml.这里的主流城市指的是本次调研所涉及的北京、上海、广州、深圳、南京、大连、武汉等十余直辖市及省会城市等.

④ 数据来源:国务院人口普查办公室、国家统计局人口和就业统计司.中国2010年人口普查资料[M].北京:中国统计出版社,2012.

⑤ 鄂璠.国人依旧忙碌,超时工作已影响休闲质量[EB/OL].(2012-10-09)[2012-12-17] http://xkzz.chinaxiaokang.com/xkzz3/newsview.asp?id=6197.

导致的劳动者职业病和"过劳死"现象比较突出……（赖德胜等，2014）①。2017 年 5 月，中国青年报社联合中国科学院青年创新促进会发布《青年科研人员生存发展状况调查》报告，1066 位青年科研人员参与，调查结果显示：每周工作时间在 50 小时以上的超过了六成，高强度的工作时间导致近九成青年科学家没有时间锻炼，或者偶尔才会锻炼一次。相应地，83.39% 的受访者表示身体健康状态不佳，40.58% 的 70 后科研工作者已经发现由于工作导致的身体疾病。② 由此可见，在我国，超时、超强度的工作已逐渐成为劳动者的工作常态，劳动者长期如此工作会造成疲劳蓄积，对身心健康有极大的损害，如果不采取有效的方式缓解和防治，可能会逐渐演变成较为严重的社会经济问题。

（2）严重的过度劳动会给劳动者个人、企业组织和整个国民经济带来不可忽视的负效应。改革开放以来，我国通过充分发挥自身资源禀赋和利用外部资本技术优势，实现经济长达 30 多年的年均近 10% 的高速增长，成为世界第二大经济体。未来的很长一段时间内，劳动者身心可接受的合理范围内的"过劳"具有时代的必然性，这可能是中国经济高速发展的密码之一。但是，超过劳动者身心可接受范围的严重过劳会产生一系列负效应，不可持续。就劳动者个人层面而言，"过劳"会带来身体机能的下降、工作效率的低下、医疗保健费用的增加和生活品质的降低（杨河清等，2009）③；就企业层面而言，员工的"过劳"除了会引起组织整体生产效率的下降，从而给企业带来经济收益损失外，还会导致一些消极的组织行为，降低组织绩效：如事故发生增多、缺勤增加和生产效率降低等（张春雨等，2010）④；就整个经济社会而言，从业人员的过度劳动会造成就业机会和就业岗位被挤占，从而造成一

---

① 赖德胜，孟大虎，李长安，王琦等. 2014 中国劳动力市场发展报告——迈向高收入国家进程中的工作时间 [M]. 北京：北京师范大学出版社，2014.
② 新华网. 调查：超六成青年科学家每周工作 50 小时以上 [EB/OL]. (2017-05-31) [2017-05-31] http://education.news.cn/2017-05/31/c_129621671.htm.
③ 杨河清，郭晓宏. 欧美和日本员工过劳问题研究述评 [J]. 中国人力资源开发，2009 (2): 21-27.
④ 张春雨，张进辅，张苹平，张静秋. 员工过劳现象的形成机制与管理方法——立足工作要求—资源模型的分析 [J]. 中国人力资源开发，2010 (9): 30-33.

些具有劳动能力的人员失业（王艾青，2007）[①]，也会因为工作时间对消费时间的挤占导致消费的挤出（李小好，2007）[②]，同时对国民经济造成损失：日本国立社会保障人口问题研究所2010年对"过劳自杀"和"过劳抑郁"造成的经济损失推算结果显示，1998—2009年GDP累计损失4兆7000亿日元，而到2020年累计损失将达到14兆8000亿日元（杨河清等，2015）[③]。

（3）健康、高素质的劳动人口是促进经济发展的主要力量。现代经济学认为，健康是一种基本人力投资，健康投资能减少疾病，提高生命质量，有利于劳动时间的延长、资源消耗的降低、劳动生产率的提高。另外，人群健康水平的提高有利于减轻卫生事业的负担，使国家对卫生事业的投入重点放在预防保健工作上，促进全社会人群整体健康水平的提高，为社会创造更多的财富，促进经济的发展（Cassidy Tony，2000）[④]。据世界银行专家测算，过去40年，世界经济增长大约8%—10%可归因于人群健康水平的提高；哈佛大学研究认为，大约30%—40%的亚洲经济增长源于人群健康水平的提高。世界银行前行长詹米逊在研究中国经济发展时，比较中国和印度成年人生存率，发现印度劳动力人口死亡率比中国高出16%，如果今天的中国劳动人口按照印度的成年人死亡率，则中国经济水平应该比目前低15%—20%，不难看出，健康、高素质的劳动人口是社会生产力的重要组成部分，良好的健康状况是促进发展的中心环节，劳动者健康问题不容忽视（杜本峰等，2006）[⑤]。

（4）我国关于过度劳动问题的研究尚不足。社会问题的出现推动理论研究，理论研究又进一步指导和改善社会问题。过度劳动作为一种"非均衡"的市场行为结果，具备一定的稳定性，很难在全社会完全避免，但绝对应该将其控制在一个尽量小的范围内，避免造成严重的社会问题（孟续铎，

[①] 王艾青. 过度劳动及其就业挤出效应分析 [J]. 当代经济研究，2007 (1)：45 – 48.
[②] 李小好. 过度劳动的经济学思考 [J]. 市场论坛，2007 (8)：93 – 94.
[③] 杨河清，王欣. 过劳问题研究的路径与动向 [J]. 经济学动态，2015 (8)：152 – 160.
[④] Cassidy Tony. Social Background, Achievement Motivation, Optimism and Health: A Longitudinal Study [J]. Counseling Psychology Quarterly. 2000，13 (12)：4.
[⑤] 杜本峰，和红，金承刚，付晓光，翟振武. 中年高级知识分子健康状况的综合评估——中国知识分子健康研究报告之三 [J]. 人口研究，2006，30 (1)：2 – 12.

2014)①。但究竟应该如何规制,力度多大,制度如何制定和实施等,还需要社会各界群体积极参与到关于过劳问题的研究当中,尤其是学术界。日本是较早发生过劳现象的地区,也是过劳问题发生的重灾区,经过几十年的研究和努力,业已形成较为完善的过劳死或过劳自杀的工伤认定标准、赔偿措施和相应的立法规定,促成了《过重劳动对策基本法》和《过劳死防止法》等相关法案的颁布实施,这其中遗属群体、律师团体、劳动者团体、医学和社会学专家等社会民间力量起到了推动作用(郭晓宏,2014)②,我国过度劳动问题的研究和日本的相关研究差距至少在 15 年(杨河清等,2016)③。因此,我国关于过度劳动问题的研究尚处于起步阶段,有需要也有必要对其进行理论解释和探讨。过度劳动问题归根结底研究的是有酬的社会性劳动,其本源和根本是经济问题,是某一特定群体在一定的劳动时间和劳动强度的约束下,通过提供劳动获取相应报酬的劳动过程,所以有必要引入经济学对该问题进行研究。

1.1.2 为什么选择高校教师

(1)高校教师的特殊工时制导致社会大众对其工作投入存在质疑。本研究中的"高校教师"特指在高校中从事教学和科研方面工作的教职人员,包括以科研、教学为主,兼任部分行政职能的专任教师,但不包括专门从事行政、管理工作的教辅、机关管理岗位等非教学人员。20 世纪末开始的高等教育规模扩张加速了政府和民众对高校教学绩效的关注,高等教育成本的不断上升带来了更多的公众监督,"教育问责制"也使得社会大众对高校教师的工作投入更加敏感并提出质疑。因为在大部分的高校中,高校教师实施的是弹性工时制,不用坐班,没有固定的八小时工作时间,每年还拥有两个假期。所以在谈及高校教师群体的时候,社会大众的第一反应就是,这个群体很轻松。但实际工作中,高校教师面临的工作压力是很大的,工作负荷、工作任

---

① 孟续铎. 劳动者过度劳动的若干理论问题研究 [J]. 中国人力资源开发,2014 (3):9-35.
② 郭晓宏. 日本"过劳死"工伤认定的立法及启示 [J]. 中国人力资源开发,2014 (19):109-112.
③ 杨河清,王欣. 中日"过劳"问题研究发展历程及特点比较——基于文献计量分析的结果 [J]. 人口与经济,2016 (2):69-78.

务也较多，身心都面临着严峻的考验，过度劳动问题日益凸显，与社会大众的刻板印象形成鲜明的对比。

（2）高校教师健康状况堪忧，过度劳动问题不容忽视。正是这样一个工作自由度和灵活度都很高的职业，其"过劳死"的极端现象却屡见报端。① 2005年1月22日，36岁的清华大学电机与应用电子技术系讲师焦连伟突然发病，经医院抢救无效去世，医生诊断的死因是：突发性心脏骤停，导致心肌梗塞死亡。但此前焦连伟从未表现出任何心脏病症，亲属及同事认为，这或许与他长期被忽略的超负荷工作、心理和生活压力过大有关；2005年1月26日，46岁的清华大学工程物理系教授高文焕，因肺腺癌不治去世。医生的诊断认为，繁重的工作压力不仅使他错过了癌症的最佳治疗时机，而且使病情进一步恶化②；2005年8月5日，浙江大学数学系教授、博士生导师何勇因过度疲劳，患弥漫性肝癌逝世，其工作考评是平均得分的三倍，他的生命在"高期望值"的工作目标中慢慢消逝，家属和学校同事公认的死亡原因都是过度劳累③；2006年11月9日，53岁的华中师范大学考试研究院院长廖平胜因过度透支体力猝死，他的办公室墙上贴着"驰而不息、能苦必胜"的座右铭④；2011年4月19日，年仅33岁的复旦大学教师于娟因患乳腺癌辞世，其在患病时发出的"买车买房买不来健康"和"长期熬夜等于慢性自杀"等言论曾引起人们的热议，其在《生命日记》中也写到"回想10年来，基本没有在12点之前睡过，厉害的时候通宵熬夜"⑤。2012年4月11日，浙江师范大学教授马世平昏倒在讲台上，经抢救无效去世，医生推测可能与长时期

---

① 目前我国关于"过劳死"还没有具体的医学和法学界定标准，报端这样提出不代表是这些案例是过劳死的具体界定，只是一种表述，但可以肯定的是，这些案例中的高校教师均为长期超时、超负荷工作，缺乏必要的休息。

② 网易教育. 清华教师英年病逝与高校教师过劳死［EB/OL］.（2005-02-22）［2005-02-22］http://edu.163.com/edu2004/editor_2004/school/050222/050222_179689（1）.html.

③ 科学网. 浙大36岁博导何勇过劳病逝［EB/OL］.（2005-08-09）［2005-08-09］http://news.sciencenet.cn/htmlnews/2010/4/231342.shtm.

④ 资料来源：http://blog.sina.com.cn/s/blog_5064ba8a010094k1.html.

⑤ 网易新闻. 经常熬夜让于娟得了乳腺癌［EB/OL］.（2011-04-27）［2011-04-27］http://news.163.com/11/0427/10/72L0N2PM00014AED.html.

的劳累有关。① 2016 年 8 月 31 日，国防大学女讲师徐如燕英年早逝，引发"别靠拼身体来追业绩"的热议，国防大学政委刘亚洲含泪感慨："别等中青年干部逝去再谈关爱"②。2017 年 1 月 8 日，航空地球物理研究领域享誉世界的科学家、国家"千人计划"特聘专家黄大年教授辞世，年仅 58 岁。在回国后 7 年左右的时间里，为了让我国相关领域的科研水平有更快进步，黄大年把自己毫无保留地交给了祖国，夜以继日地工作，最后累倒在工作岗位上。③ 中青年高校教师的猝死虽然都是以个案的形式呈现，具有一定的偶然性，但是同时也应该看到事件背后隐含着的必然性，这些优秀的高校教师无疑都是长期超时、超强度地投入工作之中，缺乏必要的休息时间和保健时间，猝死总是要经历一个量的积累到质的变化的过程，是身体过度劳累、精神高度紧张的长时期持续的产物。

除高校教师"过劳死"的极端现象和案例外，高校教师过度劳动的问题也十分突出，整体健康状况堪忧。据调查，我国高校教师的健康状况处于基本健康、有各种疾病、亚健康三种状态的比值分别为 10%、20% 和 70%，而处于亚健康状态的高校教师中，又有约 50% 处于重度亚健康状态（赖铮，2008）④。"带病工作，不休病假"已经成为一种"气候"，科技工作者、行政工作者、高校教师等群体少休或不休病假的现象最为普遍，而因工作时间长引致的过度劳动则成为职业病和过劳死频发直接而重要的原因（赖德胜等，2014）⑤。

（3）高校教师群体的人力资源可持续使用尤为重要。高校教师是从事知识工作的高人力资本存量群体，是精英群体和优秀人群的代表，培养一名高校教师比培养一名普通劳动者要投入更多的直接与间接成本，有研究显示，

---

① 网易教育. 浙江师大一名教授猝亡或与长时期的劳累有关 [EB/OL]. (2012-04-13) [2012-04-13] http://edu.163.com/12/0412/10/7USPP5NI00293NU2.html.

② 网易新闻. 国防大学一女讲师英年早逝，新华时评：别靠拼身体来追业绩 [EB/OL]. (2016-11-02) [2016-11-02] http://news.163.com/16/1102/19/C4T0776G000187VE.html.

③ 网易新闻. 他叫黄大年，一个让美航母舰队后退 100 海里的人 [EB/OL]. (2017-05-26) [2017-05-26] http://war.163.com/17/0526/16/CLCJTEN9000181KT.html.

④ 赖铮. 国际视野下的英语教育 [M]. 厦门：厦门大学出版社，2008：81.

⑤ 赖德胜，孟大虎，李长安，王琦等. 2014 中国劳动力市场发展报告——迈向高收入国家进程中的工作时间 [M]. 北京：北京师范大学出版社，2014.

以北京市为例,从高中算起,含直接成本即各种学杂费和间接成本及其因读书而放弃的工作收入,形成高校教师人力资本的投资大约是一般技工的 24 倍,约 36 万元(文跃然,2004)①。这样一个群体的人员数量也很大,2016 年普通高等学校专任教师达到 160.20 万人②,其中 45 岁(不含)以下的中青年教师占比 69.83%③。高校教师的职业生命周期存在"积累效应",越到职业生涯的后期,其积累效应的优势越明显,国外众多研究表明,在 29—69 岁,尽管不同年龄阶段学者的业绩表现起伏不定,但就总体趋势而言,年龄越长的学者学术活力越强,发表论文篇数越多(林曾,2009)④;针对我国高校教师的调查数据分析也发现,超过 60 岁的年长学者依旧保持着较为旺盛的学术活力(阎光才,2015)⑤。正因为高校教师群体具有较高的人力资本存量和更长的职业生命周期,因此成为社会生产中活跃又重要的生产要素,是高等教育事业发展的中坚力量,是社会经济高效运行的动力和根源。《国家中长期教育改革和发展规划纲要(2010—2020 年)》指出,教育大计,教师为本;有好的教师,才有好的教育。教师是高校存在和发展的基础,教师的质量决定了高校的质量,也决定了高校教学、科研和社会服务的质量。因此,如何充分发挥这样一个中青年教师占主要比例的群体的职业生涯后期的积累效应,及时地预防、缓解其过度劳动问题,对其人力资本进行健康的、可持续的开发与使用非常重要。

---

① 文跃然,欧阳杰. 高校教师职业特点及其收入分配改革研究[J]. 中国高教研究. 2004(S1):11-19. 注:尽管这个数据相对较早,但随着高校教师入职门槛的提升,高校教师平均修业时间在不断延长,同时随着经济社会的不断发展,消费水平在不断上升,因此现阶段高校教师人力资本的投入只会比这更多。

② 中华人民共和国教育部. 2016 年全国教育事业发展统计公报. [EB/OL]. http://www.moe.edu.cn/jyb_sjzl/sjzl_fztjgb/201707/t20170710_309042.html, 2017-07-10.

③ 中华人民共和国教育部. 党的十八大以来教师队伍建设进展成效. [EB/OL]. http://www.moe.gov.cn/jyb_xwfb/xw_fbh/moe_2069/xwfb_2017n/xwfb_20170901/sfcl_20170901/201709/t20170901_312866.html, 2017-09-01.

④ 林曾. 年龄与科研能力:来自美国四年制大学理科教授的调查报告[J]. 科学学研究. 2009,27(8):1154-1164.

⑤ 阎光才. 年长教师:不良资产还是被闲置的资源[J]. 北京大学教育评论,2015,13(2):57-66.

1.2 研究的理论与现实意义

1.2.1 理论意义

（1）有利于弥补我国对高校教师群体过度劳动理论研究的不足。过度劳动问题的研究是一个十分复杂的系统工程，涉及多学科交叉，难度较大，而且我国目前关于过度劳动问题的研究仍然处于起步阶段，对特殊群体的研究成果则更少，现有分群体的研究主要为医务人员（刘鑫等，2016）[①]、企业高管（刘佳等，2015）[②]、建筑行业员工（石郑，2015）[③]、企业员工（孟续铎等，2014）[④]、城市从业者（肖红梅，2014）[⑤]、知识员工（杨河清等，2012）[⑥]（高校教师虽也属于知识员工，但其工作特征与普通的知识员工有所不同，见本书第4章4.1节的阐述，因此对知识员工过劳的研究结论不能完全适用于高校教师）、事业单位员工（王丹等，2010）[⑦]等。对于高校教师群体过度劳动问题的研究很少，通过对 CNKI 数据库检索主题为"高校教师""过劳""过度劳动""过劳死"的文献，排除与本研究内容无关的文献后发现，相关的论文发表数量仅有8篇（其中2篇为硕士学位论文），且理论研究更少，主要是散落在一些文章中，没有形成系统的研究。因此本研究关注高校教师过度劳动问题，可以一方面丰富过劳研究对象，丰富高校教师过劳

[①] 刘鑫，张震. 医务人员过劳原因分析 [J]. 医学与社会，2016，29（1）：23-26.

[②] 刘佳，郝晓燕. 高管高危——基于国内企业高管"过劳死"的现状研究 [J]. 内蒙古科技与经济，2015（2）：42-43.

[③] 石郑. 建筑企业员工"过劳"现象调查研究——以A公司为例 [J]. 中国人力资源开发. 2015（9）：97-103.

[④] 孟续铎，王欣. 企业员工"过劳"现状及其影响因素的研究——基于"推—拉"模型的分析 [J]. 人口与经济，2014（3）：92-100.

[⑤] 肖红梅. 城市从业者"过劳"的成因分析——基于北京地区的调查数据 [J]. 人口与经济. 2014（3）：88-92.

[⑥] 杨河清，吴君. 北京市CBD知识员工过劳状况调查研究 [J]. 北京联合大学学报（人文社会科学版），2012，10（3）：44-50.

[⑦] 王丹，杨河清. 北京地区事业单位劳动者的过劳情况调查 [J]. 中国人力资源开发，2010（9）：38-40.

的理论研究；另一方面为其他群体的过度劳动问题后续研究提供思路和开拓空间。

（2）有利于打开高校教师过度劳动发生、发展的"黑箱"。从劳动经济学、人力资源管理学、组织行为学、伦理学等多学科视角出发，首先，对高校教师群体特征进行分析，这是高校教师过度劳动动机产生有别于其他群体的根本原因；其次，从劳动经济学中劳动力供给的相关理论出发，对高校教师过度劳动形成机制进行理论原理的阐述，构建分析框架，归纳、提炼高校教师过度劳动形成机制，并通过实证研究进行检验，探究我国高校教师过劳成因及不同成因影响程度的大小。针对高校教师过度劳动所涉及的两个方面：劳动强度和劳动时间，分别从理论上构建适度劳动模型，通过一系列的研究打开高校教师过度劳动发生、发展的"黑箱"。

（3）有利于充实非营利性组织中人力资源健康管理的研究内容。在众多决定技术进步和人力资本的因素中，"健康"作为与"教育"同等重要的人力资本形式，一直被认为是决定地区经济增长和经济发展水平差异的一个重要因素。健康除了与员工健康意识、健康投资和自身健康状况有关外，还与组织健康管理相关的实践活动有关，过度劳动的研究可以作为一种倒逼机制，为组织健康管理提供实践的必要性。另外，高校作为非营利性组织，其员工（高校教师）群体具有较高的需求层次、较多的自我实现途径和较丰富的效用来源，非货币报酬的效用满意度高于营利性组织中的员工。因此，研究高校教师过度劳动形成机制，可以为高校教师人力资源开发、激励、可持续发展和使用以及高校组织健康管理提供思路，也为其他非营利性组织的人力资源管理、健康管理提供研究借鉴。

1.2.2 现实意义

（1）从高校教师个人层面看，有利于其人力资本的健康、持续发展。面对不断变化的外部世界，面对竞争日益激烈的高等教育大环境，面对现实残酷的绩效考核压力，本研究结论可协助高校教师更理性地认识到其过度劳动的现状、问题以及过度劳动可能带来的身心、经济负效益，提醒高校教师更加关注自身的工作状态和生活质量，促进其有意识地进行个人工作时间管理，平衡工作—生活边界弹性，达到工作生活相互促进，提升生活品质，增加闲暇时间的利用价值，从而实现人力资本的健康可持续发展。

（2）从高校组织层面看，有利于缓解和预防高校教师过劳的政策制定。通过实证分析，揭示显著影响高校教师的过度劳动的因素以及其影响程度的大小，从而帮助教育行政管理部门和高校管理者重新审视高校行政办公制度、绩效考核办法、薪酬分配方案、学术制度等各项管理制度设计、安排的合理性，并采取切实有效的策略缓解这些因素给高校组织和高校教师个人带来的负面影响，合理分配有限资源，改善管理制度、流程与服务，实施健康管理，缓解和预防高校教师过度劳动问题。

（3）从国家层面看，有助于建立良好的学术环境，保障高等教育质量，响应健康中国的国家战略。高校教师是人才培养和科学技术发展、进步的主力军，过频、过泛的竞争会影响高校教师的职业安全感，产生浮躁心理，持续的紧张和压力会带来过劳的风险和学术成果质量的下滑。因此，研究高校教师的特征、过度劳动的现状及后果、影响因素与形成机理，有针对性地提出缓解高校教师过劳的对策建议，有利于在国家政策层面减少转嫁给教师的不必要的压力，营造良好的学术成长环境，对提高高校教师的人力资源质量、促进高校教师的可持续性发展、保障高等教育的质量有着十分重要的实践意义。同时，2016年10月，中共中央、国务院印发了《"健康中国2030"规划纲要》，将推进健康中国建设上升为国家战略，健康已经成为我国未来发展进程中的重要"关键词"。因此，缓解高校教师过劳状况，促进高校教师健康发展，提高高校教师健康素养，是对国家大健康中国战略的积极响应，具有现实意义。

1.3 研究方法

"方法"（method）一词源于希腊文，是由希腊文"meta"和"hodos"合成的，其中"meta"的意思是"沿着"，"hodos"的意思是"道路"[①]，因

---

① 资料来源：Google 辞典。

此"方法"按照字面的理解就是"沿着某一道路或某种途径"。研究方法可以说是研究主体为了从实践上和理论上把握研究客体（科学对象）而运用的各种思维及操作方法的总和（祁春节，2015）[①]。研究方法提供了在该学科领域内分析问题的视角、工具和分析框架，同时也是不同学科之间相互渗透和相互借鉴的桥梁（张东辉，2004）[②]。因此，研究方法是科学研究的重要工具和手段，研究方法的正确选取对研究的顺利进行有着重要作用。在经济学研究方法中，不可能采取像自然学科中广泛采用的控制实验法，经济学通常依赖统计归纳和抽象演绎等逻辑推理方法进行研究，因而经济学研究中不可避免地要包括价值判断、思维规范选择等主观因素。为了更好地研究本书的主题和对象，遵照研究方法选取的科学标准：客观性、可靠性、可操作性和有效性（祁春节，2015）[③]，拟采用如下方法进行研究。

1.3.1 归纳法与演绎法相结合

随着经济现象越来越呈现出多样性，经济运行呈现出高度的随机性和不确定性，因此科学研究越来越难以从对经济活动的观察、分析、实验的研究中找到规律，这就需要研究方法的结合，既要使用从许多个别、特殊的事实推出普遍原理、规则的归纳法，又要使用由假设、抽象、逻辑推理的演绎法。本研究采取归纳法和演绎法相结合的方法：首先，从文献材料出发进行研究和归纳，总结目前学界对高校教师过劳研究存在的薄弱点，寻找本研究的着力点和突破点。其次，从经济学相关理论出发，对已有理论进行归纳总结，发现理论原理对分析高校教师过劳的启示。再次，通过观察和运用经验材料等已有的知识与实践进行分析和总结，归纳出高校教师的群体特征和工作特征，并提出高校教师过劳形成机制的影响因素。最后，运用假设、抽象、演绎逻辑的推理方法，构建出高校教师适度劳动的均衡模型，为高校教师适度劳动区间的寻找以及高校教师个人、高校组织和社会层面利益最大化时高校教师劳动时间的决策提供思路和借鉴。

---

① 祁春节. 研究方法与论文设计 [M]. 北京：北京科学出版社，2015：39.

② 张东辉. 经济学研究方法的变革与现代经济学发展 [J]. 东岳论丛，2004，25（1）：45 – 49.

③ 祁春节. 研究方法与论文设计 [M]. 北京：北京科学出版社，2015：42 – 43.

1.3.2 实证分析与规范分析相结合

实证分析试图解释说明事物到底是怎样的,在观察到的事实的基础上,通过分析推理对经济现象的因果关系进行客观指示,规范分析则是建立在一定的个人价值判断的基础上,提出行为标准并以此作为处理问题和制定政策的依据(文传浩等,2015)[①]。规范分析时常常需要运用实证分析的方法来论证,而实证分析中研究某些问题时也需要既定的准则来验证分析结果。人们不知道"是什么",也就难以判断"怎么样",反过来,人们在实证"是什么",特别是"将怎样"的时候,也不可能完全排除价值判断(黎诣远,2002)[②]。本研究采取实证分析和规范分析相结合的方法:首先,自行编制研究问卷《高校教师工作状态与职业健康调查问卷》,包括高校教师的工作感受、工作状态、职业健康情况和基本信息等;其次,通过预调研检验问卷信度,修订问卷,通过数据调研,获得相关实证研究的数据,在数据代表性方面,采取分层抽样,按照研究对象高校在各省市的分布比例进行抽样;再次,通过实证分析摸清高校教师过劳现状、分布特征以及成因,通过测算得出各成因的影响作用大小;最后,通过规范研究提出高校教师过劳多大程度有助于提高社会层面的总收益,并提出高校教师适度劳动区间的选择,针对实证分析的结论提出缓解高校教师过度劳动的建议。

1.3.3 定性分析与定量分析相结合

定性分析是在资料收集、整理和逻辑分析的基础上进行的探索性研究,主要是揭示事物的规律性及其本质属性,从研究的价值取向而言,定性分析带有一定的主体价值判断,因此从这个角度上讲,定性分析和规范分析具有一致性,定性分析的结论一般采用语言描述,具有主观性和初步性。定量分析则主要是遵循以演绎为主的假设检验逻辑,通过描述分析、统计分析和数学模型分析等方式对研究假设进行验证(文传浩,2015)[③]。本研究采取定性

[①] 文传浩,程莉等. 经济学研究方法论——理论与实务 [M]. 重庆:重庆大学出版社,2015:21-23.

[②] 黎诣远. 西方经济学 [M]. 北京:高等教育出版社,2002:14.

[③] 文传浩,程莉等. 经济学研究方法论——理论与实务 [M]. 重庆:重庆大学出版社,2015:24-28.

分析和定量分析相结合的方法：首先，通过历史分析法、文献分析法等定性分析的方法，对高校教师过劳的历史资料进行梳理、回顾和述评，从中发现问题、启发思考。其次，运用系统分析法，对高校教师过劳的成因从宏观、中观、微观三个层次进行系统分析，找出高校教师过劳问题产生的结构和层次，分析各层面影响要素的作用和功能。最后，运用计量工具 SPSS22.0 对高校教师过劳的总体状况、不同人口学统计变量下的过劳特征分布、不同组织身份的过劳特征分布等情况进行描述性统计分析和相关分析，运用计量工具 STATA11.0 中的序次回归方程构建高校教师过度劳动的成因模型，运用弹性系数分析高校教师过劳形成的各方面原因的贡献度。

1.3.4 静态分析与动态分析相结合

静态分析主要是研究经济变量在同一时期内的相互关系，主要说明的是短期情况；动态分析主要是研究经济变量在不同时期内的变化规律，主要说明的是长期情况。本研究采取静态分析和动态分析相结合的方法：首先，通过实证调研的截面数据分析高校教师过劳的现状，包括过劳程度、过劳率、健康状况等。其次，通过其他学者的截面数据展示不同国家高校教师过劳程度的情况，对我国高校教师过劳情况进行初步的国际比较。最后，通过公开的统计数据展现近十年来各行业、各职业从业人员的过劳程度和过劳率，并通过可获得的其他学者和研究团队的关于高校教师工作时间的数据进行测算，得出不同时期内高校教师过劳程度的变动情况，更为客观地展示高校教师过劳情况。

1.4 研究的问题意识

目前我国过度劳动问题的理论研究和实证研究都相对比较薄弱（具体分析见第 2 章的文献综述），与社会现实要求差距较大，高校教师群体更是存在不同程度的过度劳动问题。根据高校教师所处的自然、社会环境和其自身特质，过度劳动问题应是呈现分化状态，一方面，其中一部分高校教师可能存在长期超负荷工作的状况，身体健康严重受损，甚至出现过劳而死，已有部分相关的新闻报道，并有部分社会组织的调研数据作为支撑。因此，如不采取有效的对策，可能会在国家快速发展的同时演化成较严重的社会问题。另一方面，也不可否认有一部分教师的职业状态比普通劳动者甚至是其他行业的知识工作者要舒适，而且其职业本身带来的幸福感与成就感也可能在一定程度上缓解其疲劳体验，因此高校教师的过度劳动的形成、表现、结果都具有其特殊性。

笔者认为以下几个方面的问题应该是本研究中着重要解决的：一是梳理国内外过度劳动、高校教师过度劳动的相关文献，从而进行谨慎借鉴，界定高校教师过度劳动的内涵和外延，寻找文献中目前研究的薄弱点继续发掘。二是从劳动力供给的视角出发，尝试通过劳动力供给时间、劳动力供给质量、劳动力供给场所和劳动力供给过程四个方面，对高校教师过度劳动的理论基础进行分析，以期对高校教师过度劳动的现象给予劳动经济学的理论解释，并且从理论分析的过程中得到对实证研究的启示。三是通过跨层次视角对高校教师过度劳动形成机制的路径进行分析，从宏观层面的 PEST 分析，到中观层面的制度、结构的错位，再到微观层面高校教师偏好的多样性与依存性等，解释高校教师过劳问题出现的社会、经济、制度、文化、组织、个体差异等全方位的原因，分析高校教师过度劳动的形成机制。四是对高校教师劳动强度进行初步探讨，尝试从劳动强度和劳动时间两方面入手，构建适度劳动的均衡模型，找到适度劳动区间。五是对高校教师过度劳动的成因进行实证分析，并计算不同影响因素的作用效果。六是以工作时间为衡量角度，通过对比各行业、各职业从业人员的过劳率和过劳程度，对高校教师过劳状况进行客观的再认识，并针对全书的研究有针对性地从社会层面、高校人力资源管理层面和教师个人调节层面提出缓解高校教师过劳的建议。

1.5 研究的思路与框架

1.5.1 研究思路

利己性假设是经济学中的一个最核心的假设，是整个经济学的根基。那么既然理性的经济人都是利己的，为什么还会存在以损害自身健康为代价的过度劳动现象呢？这表明，利己性是一个相对的概念，是一个具有层次的概念，在经济活动中，个人、单位和国家都在自身的层次上尽可能地追求利益的最大化，因此本研究在剖析高校教师过度劳动的形成机制过程中，分别从宏观层面的影响因素、中观层面的调节因素和微观层面的驱动因素出发进行分析，宏观层面的分析运用 PEST 工具，从政策环境、经济环境、技术环境和社会文化的影响四方面展开；中观层面的分析主要聚焦于高校组织内部的运作情况，如承认高校内部存在劳动力市场，因此就会存在内部劳动力市场运行中可能出现的各种问题，如高校内部劳动力市场的锦标赛色彩的晋升制度、内部劳动力市场的人力资本投资回报不完全的问题，以及内部劳动力市场的行政化过多的介入和干扰等问题，还有一些高校所特有的中观层面的原因，如学术人才年轻化的偏好和缺乏保护的时间权利等，都对高校教师的过度劳动产生直接或间接的影响；微观层面则主要考察个体特征对过度劳动的驱动作用，如性别、年龄、教龄、职称、个人特质、高校所在地区、高校办学层次，等等，还包括高校教师个体的决策偏好以及偏好的相互依存影响作用，高校教师工作/家庭的冲突与增益问题以及高校教师双重身份、多元角色和多重目标冲突等现象和问题，都是考察高校教师过度劳动问题过程中不可忽视的。

以上的分析可以称为经验分析，本研究在此基础上通过实证检验考察这些因素是否影响高校教师的过劳，从而影响高校教师劳动力供给状况，因此，本研究从理论上尝试运用劳动力供给相关理论，对高校教师过度劳动问题进行理论解释，并尝试从理论原理的分析中得到实证研究的启示。相关理论包括劳动力供给时间、劳动力供给场所、劳动力供给质量和劳动力供给过程四个方面。高校教师过度劳动形成机制应该是与其他群体存在很大的不同，那么其人力资本的特征应该是区别高校教师群体和其他群体过度劳动形成机制不同的根源，高校教师与普通劳动者相比，其具有高人力资本存量、较高的进入和退出成本、工作安排具有更高的自主性和弹性以及具有更长的职业生命周期；高校教师与其他知识工作者相比，由于其工作特征，如不需要坐班、有寒暑假、需要和学生密切接触等，造成其群体工作/家庭边界弹性更大、情绪劳动要求更高、有自由而无闲暇的工作模式以及多任务委托代理等，这些都使得高校教师的过度劳动形成机制具有其特殊性和代表性。

动机带来行为结果，行为结果产生影响，高校教师的过劳带来积极的和消极的影响。[①] 所谓业精于勤，一定强度的劳动投入和适当的压力在一定程度上是对人才发展和成长的激励和保护，是保持人才活力的方式之一，但过度的竞争、制度设计的失衡、内部组织结构的错位、人力资源管理方式的偏颇等所形成的过高压力则只是对高校教师人力资本的摧毁。本研究的最后，针对前文的分析，从宏观、中观和微观三个层面提出缓解高校教师过度劳动的对策和建议。

1.5.2 研究框架

本研究主要尝试探究与高校教师过度劳动相关的问题，主要框架为：第一，进行文献综述，对过度劳动、高校教师过度劳动相关文献进行梳理和述评，对研究中的相关概念进行辨析，并界定本研究的内涵和外延。第二，从劳动力供给理论出发，对高校教师过度劳动的相关理论基础进行阐述。劳动力供给时间视角主要包括个人劳动力供给理论、生命周期劳动力供给理论和行为经济学视角下的劳动力供给；劳动力供给场所视角主要是内部劳动力市场理论，探讨高校内部存在劳动力市场并且存在劳动力市场的分割、锦标赛制度和行政化问题；劳动力供给质量视角主要是人力资本投资理论、人力资

---

① 这里所说的过劳带来"积极效应"涉及高校教师过劳的阶段问题。虽然感觉到累，但是在身心都能承受的情况下，轻度的过劳可以创造出一定的额外收益，这也是我国在赶超发达国家高等教育水平的进程中的关键。具体的阐述见第 6 章 6.2 节。

本价值理论、技术变迁理论和资源保存理论；劳动力供给过程视角主要是工作/家庭相关理论，包括家庭劳动力供给理论和工作/家庭边界理论。第三，对高校教师群体特征和工作特征进行分析，并从宏观、中观和微观三个层次探究高校教师过度劳动的形成机制。第四，从理论到实证，通过大样本调研，大致摸清我国高校教师过度劳动的现状、成因以及影响因素的作用效果大小。第五，对高校教师过度劳动现状进行客观的再审视，利用统计数据测算各行业、职业从业者的过劳率和过劳程度，并与高校教师的情况进行对比，并从劳动强度、劳动时间两个视角构建高校教师适度劳动均衡模型，并根据全文研究结论，从社会、高校和高校教师个人层面有针对性地提出缓解高校教师过劳的对策建议。第六，对全文内容进行总结并提出研究的不足与未来研究的展望。具体框架如图1-1所示。

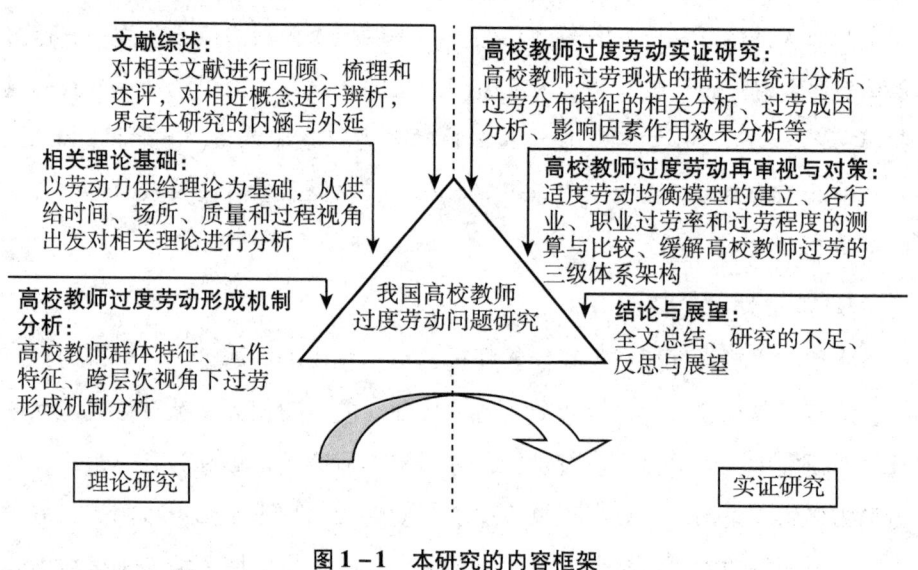

图1-1 本研究的内容框架

1.6 可能的创新点

1.6.1 综合运用经济学相关理论解释高校教师过劳问题

过度劳动问题的研究涉及多学科相互交错，医学比较关注"过劳"及

"过劳死"的衡量标准、发生原因和机理，法学比较关注对"过劳死"的法律认定及赔偿问题，管理学、心理学更多地从微观层面关注组织内部的管理方式对过度劳动的影响，本研究从经济学的视角出发，综合运用劳动经济学（包括人力资本理论、生命周期理论、内部劳动力市场理论）、行为经济学、家庭经济学、技术变迁理论、资源保存理论等理论解释高校教师过度劳动的问题，从成熟理论中寻找、整合对分析高校教师过劳成因的有益启示，具有一定的创新性。

1.6.2 发现并构建高校教师过劳形成机制框架

目前学者们针对高校教师过度劳动的研究非常少，尚未形成较为成熟的分析框架。本研究尝试在全面回顾国内外文献的基础上，借鉴经济学领域相关的成熟理论分析高校教师过度劳动的形成机制，并从宏观、中观和微观视角出发，跨层次地分析高校教师过度劳动的动机和成因，发现并构建高校教师过度劳动的形成机制框架，勾勒出高校教师过度劳动问题的研究模式，构建研究的理论基础，提出研究假设，为实证研究提供支撑，为进一步的深入细化研究拓展空间。

1.6.3 首次探究高校教师劳动强度问题，构建适度劳动均衡模型

本研究首次对高校教师劳动强度进行了规范性思考，探究高校教师劳动强度的价值以及价值失衡的原因，提出劳动强度具有工具性价值和内在价值，在此基础上构建基于劳动强度的高校教师适度劳动均衡模型。另外，基于劳动时间角度，构建包含成本—收益曲线在内的高校教师适度劳动均衡模型，并将高校层面、社会层面同时纳入一个分析框架中，构建各群体利益最大化时的高校教师劳动时间决策模型，在一定程度上创造性地丰富了高校教师过劳的理论研究。

1.6.4 首次对高校教师过劳状态进行测算，推动我国特殊群体过劳的研究进程

为更客观地展示高校教师的过劳现状，寻找高校教师过度劳动程度和情况在全体城镇从业人员中的具体位置，本研究首次提出过劳程度和过劳率两个概念，并首次通过公开的统计数据对各行业、各职业的从业人员近十年来

的过劳程度和过劳率进行了测算，客观地比较了高校教师过劳现状。通过其他学者和研究团队的公开数据资料，对高校教师过劳程度进行了历史比较和国际比较，使得对于高校教师过劳问题的认识和阐述更为立体、真实和客观。我国对于高校教师过度劳动的实证研究非常少，仅有的研究也是散落在一些文章的某些片段中，如关于高校教师工作时间的研究、高校教师工作压力的研究等，缺乏针对高校教师过度劳动的系统性研究，本研究在一定程度上可以丰富我国过劳分群体的实证研究，推动我国特殊群体过劳的研究进程。

第 2 章　高校教师过度劳动相关文献综述

过度劳动首先作为一个社会问题出现，而不是一个学术上构建的概念。以社会问题形式出现后，过度劳动引起了国内外学者们的注意，学者们从不同学科视角出发对其展开了多方面的学术研究。文献综述的目的就在于"综"和"述"两部分，通过文献的综合整理、梳理与回顾，了解过度劳动问题目前在学术界的研究进行到了什么程度，有哪些研究的薄弱点；通过文献述评指出未来的研究可以从哪些方面开展，为研究的后续进行指明了方向。本章的内容主要也是解决这两方面的问题。

2.1　相关概念的辨析

2.1.1　过度疲劳、过度劳累与疲劳蓄积

首先，在疲劳学中，基于疲劳的特点以及中医对疲劳的认识，可以把疲劳分为生理性、症候性、疾病性、生产作业性（职业性）、运动性、慢性疲劳综合征、脑疲劳和过劳死八类，但并没有所谓"过度疲劳"的概念（刘珊等，2009）①。疲劳也有"度"的分类，但这种"度"更多的是"轻度"或者"重度"，而不是"适度"或者"过度"，因此，过度疲劳只能是一种不

---

① 刘珊，贾丹兵，李乃民，张永丰. 基于疲劳学的特征及分类浅析 [A]. 中国中西医结合学会诊断专业委员会 2009 年会论文集 [C]. 福建：中国中西医结合学会诊断专业委员会，2009.

太严谨的日常用语，而不是学术概念（孟续铎，2014）①。

过度劳累在一定程度上也不能称为学术词汇，其落脚点在医学上，长时间的过度劳累不一定是过度劳动引起的，也可能是身体机能本身病变引起的。但是过度劳动会造成疲劳感，所以还要结合劳动过程来看（如家务劳动、体育运动等也会带来劳累感，但这显然不是本研究的重点，也无法真正诠释过度劳动的内涵），同时不同劳动者对疲劳的体验敏感程度也不同，需要结合医学生理指标进行分析。

疲劳蓄积，也称蓄积性疲劳，指的是疲劳状态没有通过自发休息或小休憩得到缓解，从而产生的疲劳的积累效应（小木和孝，1983）②。之所以称为疲劳蓄积，是强调某个时期或一段时间内的经常性状态。超时、超强度的劳动是一种行为，疲劳蓄积是一种状态，只有当"状态"和"行为"直接相关，并且状态和行为相统一的时候，才产生过度劳动。因此，疲劳蓄积是判断过度劳动的一个要件，是过度劳动的主要诱因，所以目前学界对于过度劳动的测量多采取的是疲劳蓄积测量，如日本产业卫生学会 2002 "自觉症状调查"量表、劳动科学研究所 CFSI（蓄积疲劳症候指数）调查量表和中央劳动灾害防止协会"疲劳蓄积度诊断量表"。疲劳蓄积到无法恢复的程度，导致的极端结果就是劳动者"过劳死"。

本研究由此指出，过度疲劳、过度劳累和疲劳蓄积都不能全面反映过度劳动的内涵，过度劳动应该是三位一体的复合概念，第一方面是由于超时、超强度的市场性劳动行为引起（不包括家务劳动、义务劳动、体育运动等）；第二方面是该市场性劳动行为引起了劳动者身体或心理的疲劳，并带来了诸如生产率下降、健康状况恶化、闲暇时间减少、生活质量降低等一系列负效应；第三方面是劳动者由于某些驱动因素仍然保持这样的市场性劳动行为，由此引发了疲劳的蓄积并通过小休憩而无法缓解的一种身心状态，可以称为过度劳动。本研究后续的表述中，过度劳动和"过劳"具有相同的外延。

---

① 孟续铎. 劳动者过度劳动的成因研究：一般原理与中国经验 [M]. 北京：中国劳动社会保障出版社，2014.

② [日] 小木和孝. 现代人と疲劳 [M]. 东京：紀伊国屋書店，1983.

2.1.2 过度就业

过度就业（over-employment）是相对于就业不足（underemployment）而提出的概念，指16周岁以上的劳动者，他们无论是继续留在原组织，还是转换工作，都倾向于（但实际上无法做到）工作更少的时间，即便要以获得更少的报酬为代价（Helen Tam，2010）[1]。过度就业是劳动力资源过度使用的一种状态，多指那些因为体制性、制度性、社会性等原因，劳动者中的相当一部分人被迫承担过多的工作量的就业行为方式（王丹，2013）[2]。过度就业没有工作时间的具体衡量标准，是一种意愿工作时间和实际工作时间不匹配的状态。与之相对应的就业不足则有明确的工作时间衡量标准，国家劳工组织（ILO）提出，劳动者就业不足的状态有三个主要因素：第一，他们意愿工作更长的时间（无论是在本组织还是转换工作）；第二，他们可以在两周内开始这种更长时间的工作；第三，参考周的构建时间（constructed hours）不超过法定的每周工作时间。由于引起劳动者工作时间减少的原因有经济性的（如低迷的市场业务、劳资纠纷等），也有非经济性的（如病假、缺勤、年假等），所以构建时间的概念为：排除非经济因素造成的工作时间的损失，劳动者实际的周小时工作时间（Helen Tam，2010）[3]。

由此看来，过度就业和过度劳动之间的联系在于：两个概念描述的都是劳动者劳动力资源被过度使用的状态，过度使用的方式可能是超出社会平均劳动时间的工作时间，也可能是超出社会平均劳动负荷的工作负荷，但是过度就业的劳动者并不都是处于过度劳动的状态，只是更易于过度劳动，而过度劳动的劳动者也并不都处于过度就业状态，因为其实际工作时间不一定超过其意愿工作时间。两个概念在形式和后果上也都是不同的，过度就业中劳动者多数为被动状态，想改善现状、减少工作时间，但无能为力；而过度劳动则既有被动过度劳动也有主动过度劳动。另外，过度就业的落脚点在

---

[1] Helen Tam. Characteristics of the Underemployed and the Over-employed in the UK [J]. Economic & Labor Market Review, 2010, 4 (7): 8-20.
[2] 王丹. 过度就业形成机制及其效应研究 [D]. 武汉：华中科技大学, 2013.
[3] Helen Tam. Characteristics of the Underemployed and the Over-employed in the UK [J]. Economic & Labor Market Review, 2010, 4 (7): 8-20.

意愿和时间不匹配的劳动状态上,而过度劳动则落脚在产生的身心影响上。过度就业与超时工作之间也是相互交织在一起,过度就业不一定是超时工作,过度就业的唯一衡量标准即是否是其意愿工作时间,但过度就业一定不是工作狂,因为工作狂是内驱力导致的,其工作时间都为意愿工作时间(见图2-1)。

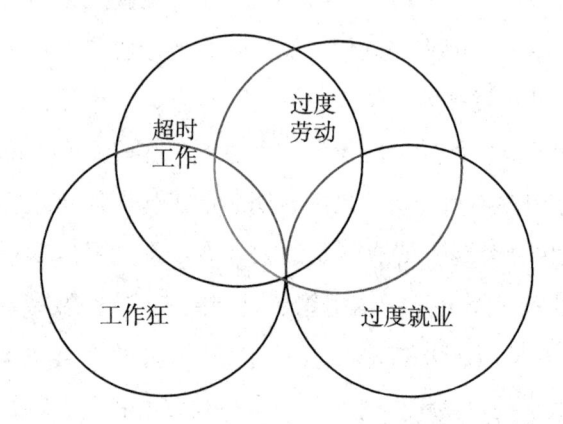

图 2-1　过度劳动、过度就业与相关概念的内涵外延

2.1.3　职业倦怠

职业倦怠(burnout),也称为工作倦怠,其研究的逻辑起点是工作应激。应激是造成生理、心理功能紊乱的紧张性刺激物,工作应激是机体在适应或应付能力之间不平衡所导致身心紧张的状态(Cherniss,1980)[1]。然而倦怠并非应激的必然后果,倦怠只是未被调停的应激,是个体陷入应激状态中无法脱身,缺乏干涉,没有支持系统的一种状态,所以产生倦怠一定是有工作应激的存在的(李永鑫等,2005)[2]。工作应激源数量众多,如工作超负荷、缺乏控制、奖赏不足、共同体瓦解、缺乏公平感和价值观冲突等(Maslach,1997)[3]。由此可见,超时、超强度的劳动是众多工作应激源中的一种,过度

---

[1] Cherniss C. Staff Burnout: Job Stress in the Human Service [M]. CA: Bureau of Justice Statistics, 1980.

[2] 李永鑫,张阔,赵国祥.教师工作倦怠研究综述[J].心理与行为研究,2005,3(3):234-238.

[3] Maslach C, Leiter M P. The Truth about Burnout: How Organizations Cause Personal Stress and What to Do about It [M]. San Francisco: Jossay-Bass, 1997.

劳动可能作为一种应激源导致职业倦怠。但职业倦怠的落脚点是产生情感耗竭、人格解体和个人成就感降低等症状（Maslach，2001）[①]，而过度劳动的研究最终落脚点是超时、超强度的劳动行为，并由此导致疲劳的蓄积，经过少量休息无法恢复的状态（孟续铎，2014）[②]。

有学者详细比较了过度劳动和职业倦怠的区别。首先，形成原因不同：过度劳动是由于竞争压力或强烈的成功感导致的，而职业倦怠多是由于缺乏成就感导致的；其次，多发行业不同：过度劳动多发于脑力劳动者群体，近来也有向体力劳动者蔓延的趋势，而职业倦怠多发于助人行业；最后，消极影响体现的侧重点不同：过度劳动主要表现在对身体和心理机能的影响上，而职业倦怠主要表现在个体情感态度的变化上（李乃文，2007）[③]。

2.1.4 工作压力

对工作压力的界定，学者们分别从将工作视为刺激变量、反映变量、环境变量和个体与环境交互产物的视角来看待（石林，2003）[④]。对工作压力的界定也是多维度的，但有一点是达成共识的，认为压力是需要或超出正常适应反应的任何状况（Lazarus，1978）[⑤]，即压力源的存在。过劳与工作压力两者之间存在一定的交集，但是也存在本质上的区别。首先，含义不同：过度劳动指由于持续高强度、超负荷的超时工作而导致的疲劳状态，这种疲劳既包括生理疲劳也包括心理疲劳，但最终要反映在生理健康状态上。而工作压力指的是一种精神状态和心理体验，虽然也可能导致生理反应，但这种反应必然通过心理作用反映出来。其次，成因不同：过度劳动成因比较复杂，但超时、超强度的劳动是必然存在的诱因。而工作压力则不是必然有过度劳动

[①] Maslach C, Schaufeli W B, Leiter M P. Job burnout [J]. Annual Revise Psychology, 2001, 52: 397 – 422.
[②] 孟续铎. 劳动者过度劳动的成因研究：一般原理与中国经验 [M]. 北京：中国劳动社会保障出版社, 2014.
[③] 李乃文, 张蕾. "过劳"与工作倦怠的比较研究 [J]. 现代生物医学进展. 2007 (4)：607 – 610.
[④] 石林. 工作压力的研究现状与方向 [J]. 心理科学. 2003, 26 (3)：494 – 497.
[⑤] Lazarus R S. Launier. Stress – related Transactions between Person and Environment [M]. New York：Plenum, 1978：287 – 327.

的行为，即使在正常的工作时间和强度内，由于岗位职责或任务要求、职场人际关系紧张等都有可能导致工作压力（杨河清，2015）[1]。由此可见，过度劳动可以作为压力源之一给劳动者带来工作压力，而工作压力的存在，也可以通过超时、超强度的工作进一步加剧劳动者过度劳动的现象。

2.2 过度劳动研究文献梳理

2.2.1 过度劳动内涵

本研究中所出现的"过劳"表述是过度劳动的简称，两者表示的内涵是一致的。过劳主要是由于过密集以及过长时间的劳动给劳动者带来了过重的劳动负担（千田忠男，2003）[2]；劳动者长期超过自身生产能力产生的积累效应带来了过劳，过劳是超额工作时间带来的疲劳、压力和身体或精神健康的损害，以及健康、福祉和生活质量的不可持续发展（Lonnie Golden，2006）[3]；过劳一般是指长期从事超出自己能力和精神容量的业务，包括时间、压力等（藤野善久等，2006）[4]；过度劳动指的是人力资源在较长时期的过度使用，即就业者在较长时期处于一种超出社会平均劳动时间和强度的就业状态（王艾青，2007）[5]；过劳的现象无法给出一个有说服力的定义，可以从劳动时间角度来探讨，一般可以理解成雇员每周工作超过 40 个小时就认定为过度劳动，无论是标准雇用还是非标准雇用的员工（Flora Stormer，2008）[6]；过度劳动是指"劳动者在其职业生涯当中，在较长时期内，已经感

---

[1] 杨河清. 理论与现实——过劳研究论文集 [M]. 北京：首都经济贸易大学出版社，2015.

[2] 千田忠男. 現代日本の過度劳働 [J]. 経済，2003，89（2）：101-127.

[3] Lonnie Golden. How long? The Historical, Economic and Cultural Factors behind Working Hours and Overwork [J]. Schools&Disiplines, 2006, 17 (6): 529-534.

[4] 藤野善久，堀江正之等. 労働時間と精神的負担との関連についての体系的文献レビュー [J]. 産業衛生学雑誌，2006，48（4）：87-97.

[5] 王艾青. 过度劳动及其就业挤出效应分析 [J]. 当代经济研究，2007（6）：45-48.

[6] Flora Stormer. The Logic of Contingent Work and Overwork [J]. Relations Industrielles, 2008, 63 (2): 343-361.

知到肌体或精神的疲劳且这种长期疲劳已经影响劳动者的身体健康或工作生活质量，但出于各种因素的驱动而仍然提供超时、超强度劳动的行为状态（王丹，2010）[①]；过度劳动是指劳动者在其工作过程中存在超时、超强度的劳动行为，并由此导致疲劳的蓄积，经过少量休息无法恢复的状态（孟续铎，2014）[②]。

虽然学者们对过度劳动内涵的定义各有不同，但其中的共识部分在于都由两个要件构成：(1) 超额的工作（超时或者超负荷）；(2) 产生疲劳状态并且影响身心健康。基于此，提出本研究对高校教师过度劳动的界定：过度劳动是三位一体的复合概念，第一方面：由于超时、超强度的市场性劳动行为引起（劳动行为的有酬性，既包括工作带来的物质酬劳也包括精神酬劳，但不包括家务劳动、义务劳动、体育运动等）；第二方面：该市场性劳动行为引起了高校教师身体或心理的疲劳，并带来了诸如健康状况不佳、闲暇时间减少、生活质量降低等一系列负效应；第三方面：高校教师由于某些驱动因素仍然保持这样的市场性劳动行为，由此引发了疲劳的蓄积并通过小休憩而无法缓解的一种身心状态（见图 2-2）。

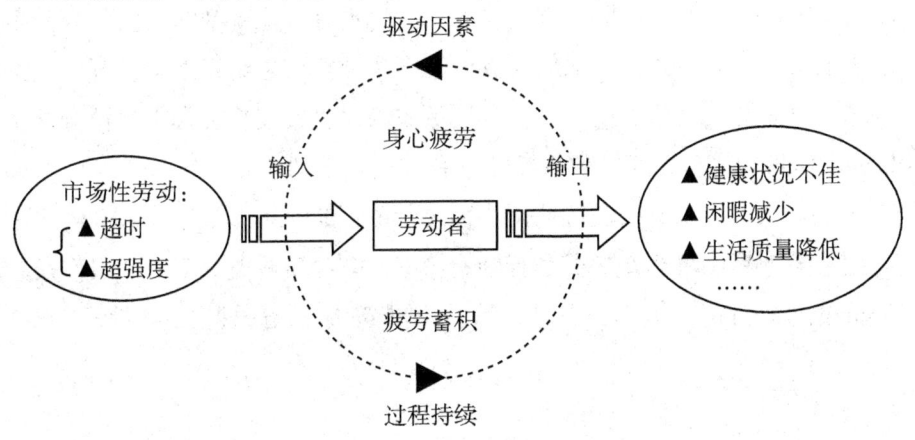

图 2-2 高校教师过度劳动内涵

[①] 王丹. 我国知识工作者过度劳动的理论与实证研究 [D]. 北京：首都经济贸易大学，2010.
[②] 孟续铎. 劳动者过度劳动的成因研究：一般原理与中国经验 [M]. 北京：中国劳动社会保障出版社，2014.

2.2.2 过度劳动成因

马克思主义政治经济学最早对过度劳动进行了阐述，马克思在《资本论》中通过描述资本家劳动的强化来加深对工人的剥削程度，他没有使用技术性分析，而是使用了大量的感性材料，如生产中工人的活动量（集中于《资本论》第1卷第4篇第12章）和对工人造成的伤害（集中于《资本论》第1卷第13章和第2卷第1篇第5章两处）等来描述过度劳动[①]；从宏观层面分析，随着全球经济一体化和科学技术的日新月异，传统的劳动方式和生活方式发生了很大改变，比如，信息、通信设备导致工作IT化（Information Technology）出现了许多新的劳动方式，如弹性工作制、远程办公等，经济全球化带来了劳动24小时化等（佐令木司，2002）[②]；贫富差距、收入不平等是导致过度劳动的重要因素，对OECD国家的研究表明，基尼系数与年工作时间之间存在显著关系，基尼系数每变动一个标准差，年工作时间变动3%—7%，也就是说，基尼系数每增加一个标准差，该国家劳动者的年工作时间增加3%—7%（Schor，2005）[③]；经济、制度、文化和行为因素都可能驱使劳动者做出对他们来讲所谓的理性选择——过度劳动，劳动者偏好过度劳动不仅反映出对自己实际工作变化的期望，更有可能受到非工资收入和生命周期的限制，还有可能和他们周围的社会参照群体、组织激励机制以及法律制度相关。他们认为过度劳动给自己带来的溢出效应超过带来的社会成本（Lonnie Golden，2006）[④]；劳动者过劳有五个方面的驱动：第一，过度劳动获得加班工资对当前收入进行补偿；第二，可预期的未来目标收入和收入增长轨迹会影响劳动者当期的劳动行为；第三，非物质收益；第四，工作过程带来的额外好处（如津贴、晋升、精神回报等）；第五，持久性工作内化成

---

① [德] 马克思. 资本论 [M]. 中共中央马克思恩格斯列宁斯大林著作编译局编译. 北京：人民出版社，1975.
② 佐令木司. 慢性疲労の背景にあるもの [J]. 労働の科学，2002，57（5）：5-8.
③ Schor J. Sustainable Consumption and Work-time Reduction [J]. Journal of Industrial Ecology, 2005（9）：37-50.
④ Lonnie Golden. How long? The Historical, Economic and Cultural Factors behind Working Hours and Overwork [J]. Schools & Disiplines. 2006, 17（6）：529-534.

瘾（Lonnie Golden & Morris Altman，2008）[1]。

从微观层面出发，通过实证研究证明，过度劳动是由劳动者个人特质和组织环境共同决定的。个人特质方面包括劳动者的成就动机、自我效能感、完美主义人格以及对工作的责任心；组织环境包括工作场所的实践、政策和程序是否鼓励或者期望员工表现出过度劳动的状态，即组织的过劳氛围（Greta Mazzetti，2014）[2]；运用社会行动理论，从员工的个体感知和感知调整出发对过劳的形成原因进行分析。一方面，企业的过劳文化让员工产生过劳合理化的感知，并且为了人力资本的投资和预期的工资增长而进行过劳；另一方面，员工可以通过调整自己的非工作时间工作状态来缓解过劳，如通过情感理性和价值理性激励自己过劳是有利于长期职业发展的，或者通过在非工作时间中融合自己的放松习惯进行工作，如边听歌边工作，边看电视边工作等（Kristina A. Bourne & Pamela J. Forman，2014）[3]。运用工作要求—工作资源模型对企业员工过劳形成机制进行分析发现，工作沉迷在工作要求、工作资源与过劳程度之间起到了显著的部分中介作用，工作要求对过劳有促进作用，工作资源对过劳有缓解作用，且企业过劳人员多数属于强制自发性过劳，没有工作乐趣但高工作投入（王欣，2016）[4]。

过度劳动的形成机制是非常复杂的，受到经济、制度、社会、技术、法制、意识等多重环境的影响，涉及生理和心理因素的制约，与经济学、管理学、心理学、人工效能学、医学和法学等多学科交叉相关，因此很难形成一套具有一般意义的、普适的机制模型。鉴于文献的启发，本研究拟从研究群体的特征入手，首先厘清研究群体（高校教师）与其他群体的区别，从而抓住本质，从宏观、中观和微观三个层次全面系统的对其过度劳动的影响因素、

---

[1] Lonnie Golden, Morris Altman. Why Do People Overwork? Over-supply of Hours of Labor, Labor Market Forces and Adaptive Preferences [J]. Social Science Electronic Publishing, 2008 (3): 62-83.

[2] Greta Mazzetti. Are Workaholics Born or Made? Relations of Workaholism with Person Characteristics and Overwork Climate [J]. International Journal of Stress Management, 2014, 21 (3): 227-254.

[3] Kristina A. Bourne & Pamela J. Forman. Living in a Culture of Overwork: An Ethnographic Study of Flexibility [J]. Journal of Management Inquiry, 2014, 23 (1): 68-79.

[4] 王欣. 工作要求、工作资源对企业员工"过劳"的影响 [J]. 软科学, 2016, 30 (6): 83-87.

形成机制和产生的后果进行分析，形成对高校教师群体过度劳动有借鉴意义的机制模型。

2.2.3 过度劳动类型

从人力资源供求角度，将过度劳动分为人力资源供不应求型过劳和人力资源供大于求型过劳。其中供不应求型过劳指的是当该类人力资源的供给大大低于需求时，没有足够的合格工作人员进入该行业或领域，从而造成业内人员的过度劳动；供大于求型过劳指的是存在大量市场劳动力补给，对在岗人员形成巨大的议价压力，只能被动接受雇主提出的加班要求，长期处于超负荷工作状态从而导致过度劳动（王艾青，2007）[①]；按员工主动性和过劳程度高低对过度劳动的能动性进行分析，分为积极型过劳和消极型过劳（石建忠，2010）[②]；从表现形式上分为工作时间过长型、工作时间不规则型、工作负荷过重型和混合型；从劳动特点上分为体力过劳和脑力过劳；从个人意愿上分为主动过劳和被动过劳；从劳动时间上分为阶段型过劳、周期型过劳和长期型过劳（王丹，2010）[③]；在主动过劳和被动过劳的中间地带，存在隐性强制型过劳，表现在一些企业利用薪酬制度，如低基本工资，高计件工资，高计件要求等，加班收入占员工总收入比重过高导致员工愿意加班，但这种愿意其实质仍然是企业的一种强制，只是这种强制"隐藏"在薪酬管理制度中，因此可以称为隐性强制过劳（孟续铎等，2015）[④]。

目前对过劳的分类多数为"二分法"或者"三分法"，未来可尝试参考与过度劳动相对的概念——失业的分类方法，对过劳进行四分法分类：周期型过劳、结构型过劳、摩擦型过劳和常规型过劳。另外，也可以针对不同研究群体继续挖掘隐性强制型过劳背后的经济、制度、文化原因，更全面地把握过劳的形成机制。同时，对于脑力过劳和体力过劳这种二分法提出思考，脑力过劳往往可能会伴随体力过劳，脑力劳动和体力劳动很难区分开，尤其

[①] 王艾青. 过度劳动及其就业挤出效应分析 [J]. 当代经济研究, 2007 (1): 45-48.
[②] 石建忠. 劳动者过劳现象若干理论问题探讨 [J]. 中国人力资源开发, 2010 (9): 24-29.
[③] 王丹. 我国知识工作者过度劳动的理论与实证研究 [D]. 北京: 首都经济贸易大学, 2010.
[④] 孟续铎, 潘泰萍. 外资代工模式的"隐性强制"劳动问题研究——以 A 代工企业为例 [J]. 中国劳动关系学院学报, 2015 (3): 15-18.

是知识工作者，那么可以继续探讨脑力过劳和体力过劳的联系及互相影响程度。

2.2.4 过度劳动测量

2.2.4.1 测量工具的引进与开发

我国对过劳测量工具的引进，最开始主要是通过介绍日本的一些"过劳"简便测量方法，如日本过劳死预防协会提出的"过劳死"十大危险信号等，来对过度劳动程度进行简单的自我诊断。日本不同机构和学者研究开发了不少测量过度劳动的量表，其中比较有代表性的、被我国学者引进并广泛使用的主要有三种：日本产业卫生学会2002"自觉症状调查"量表、劳动科学研究所CFSI（蓄积疲劳症候指数）调查量表和中央劳动灾害防止协会"疲劳蓄积度诊断量表"。也有学者在全面回顾国内外有关疲劳研究文献的基础上，采用心理测量学的有关方法，编制了符合我国人文特点及语言习惯的疲劳自测量表（Fatigue Self-Assessment Scale，FSAS），该量表由23个项目组成，用于评定有疲劳表现的亚健康和各类疾病人群的疲劳类型、程度和特征（王天芳等，2009）[①]。还有学者以知识工作者为研究对象，参考日本成熟的疲劳测试量表，结合知识工作者的群体尝试设计开发适合我国知识工作者的过劳测量问卷（王丹，2010）[②]。

2.2.4.2 直接测量过劳程度

使用"日本过劳死预防协会提出的过劳死的十大危险信号"对北京地区政府、企事业机构员工进行问卷调查，出现3—6项危险信号的为过劳死红灯预报期，出现6项以上危险信号的为过劳死红灯危险期，调查结果显示，35.3%的受访者处于过劳死红灯预报期，26.3%的受访者处于过劳死红灯危险期（杨河清等，2009）[③]；使用日本厚生劳动省《劳动者的疲劳蓄积度自己诊断调查表》对我国企业员工进行的调研显示，过劳人员比例已达到

[①] 王天芳，薛晓琳. 疲劳自评量表 [J]. 中华中医药杂志，2009（3）：348-349.
[②] 王丹. 我国知识工作者过度劳动的理论与实证研究 [D]. 北京：首都经济贸易大学，2010.
[③] 杨河清，韩飞雪，肖红梅. 北京地区员工过度劳动状况的调查研究 [J]. 人口与经济，2009（2）：33-41.

58.7%，接近 2/3 的企业员工存在过劳现象，且主要为轻度过劳、中度过劳（孟续铎等，2014）①。

2.2.4.3 通过工作时间间接反映过劳程度

对澳大利亚 1974—1997 年工人的工作时间历史进行了梳理，发现澳大利亚的工人出现了显见的工作时间增长、闲暇时间减少、娱乐时间压缩等趋势，而这种趋势也正在不断影响着工人的生活质量和心理感受，由超时工作引起的疲劳和压力成为了侵蚀社会的"幽灵"（Michael Bittman & James Mahmud Rice，2002）②。使用问卷调查了 8 个行业的劳动时间情况，结果显示"调查对象平均超过标准工作量（每周 40 小时）"40.77%；超过单位所规定的工作时间 20.66%；过度劳动现象非常明显（王艾青，2009）③。基于 2000—2010 年 CHNS 数据，将周工作时间大于等于 50 小时的视为过度劳动，研究结果表明，2000—2010 年，中国劳动者过度劳动表现出不断上升的趋势，男性、低技能和私营企业劳动者过度劳动的概率较高（郭凤鸣等，2016）④。

学者普遍对过劳形成的共识有两点，第一是超时、超强度的劳动；第二是劳动本身给劳动者带来了疲劳。因此对过劳的测量也主要从这两个方面出发，一是通过工作时间反映过劳程度；二是通过测量疲劳程度反映是否过劳。未来研究的突破点可能在于：一是尝试进行劳动强度的测量，尤其是脑力劳动者的劳动强度对其过度劳动产生的影响和作用，本研究也将对高校教师劳动强度进行初步探讨；二是本土化过度劳动调查问卷的开发和验证。但限于笔者专业，本研究不准备将重点放在从医学角度测定过劳的问卷开发上，主要是借鉴之前的文献思路，从笔者的学科视角对问卷进行开发和修正，使其更能反映本研究的主要研究内容。

---

① 孟续铎，王欣. 企业员工"过劳"现状及其影响因素的研究——基于"推—拉"模型的分析 [J]. 人口与经济，2014（3）：92-100.

② Michael Bittman, James Mahmud Rice. The Spectre of Overwork: An Analysis of Trends Between 1974 and 1997 Using Australian Time - Use Diaries [J]. Labour & Industry a Journal of the Social & Economic Relations of Work, 2002, 12 (3): 5-25.

③ 王艾青. 过度劳动的经验分析及其对就业的影响 [J]. 工业技术经济，2009，28（3）：43-47.

④ 郭凤鸣，曲俊雪. 中国劳动者过度劳动的变动趋势及影响因素分析 [J]. 劳动经济研究，2016，4（1）：89-105.

2.2.5 过度劳动后果

2.2.5.1 社会层面

过度劳动给社会带来的更多的是间接的、长期的影响,如对就业岗位造成挤出效应,从新古典经济学的理论解释,过长的工作时间造成了闲暇时间的减少,从而减少了闲暇消费产生了挤出,过劳甚至还会对自然环境造成不利的影响,因为过度劳动意味着过度消耗(Schor,2005)[1]。过度劳动可能带来更多的碳排放、更多的能源消耗,这些因素的积累使得劳动者过度劳动甚至给环境带来不利的气候变化(Rosnick & Weisbrot,2006)[2]。有学者利用美国1979—2009年现时人口调查数据(Current Population Survey:CPS)分析发现,过度劳动带来了男女工资收入差距的扩大,认为过度劳动能够解释性别工资差距中的10%总工资差额,即男女工作差距的10%可能是源于男性的过度劳动,这样的行为抵消了女性在受教育程度和其他形式的人力资本投入方面的回报(Youngjoo C. & Kim A. W, 2014)[3]。过度劳动对国民经济造成损失,日本国立社会保障人口问题研究所2010年对"过劳自杀"和"过劳抑郁"造成的经济损失进行推算,结果显示:1998—2009年,因为"过劳自杀"和"过劳抑郁"造成GDP累计损失4兆7000亿日元,而到2020年累计损失将达到14兆8000亿日元(杨河清等,2015)[4]。

2.2.5.2 企业层面

员工的"过劳"会直接造成工作效率下降,其中严重的过劳会给企业带来经济损失,还会导致一些消极的组织行为和组织绩效,如工作过程中事故发生增多、员工缺勤状况增加、生产力降低等,为企业带来诸多额外的生产

---

[1] Schor J. Sustainable Consumption and Work-time Reduction [J]. Journal of Industrial Ecology, 2005 (9): 37-50.

[2] Rosnick, D., & Weisbrot, M. Are Shorter Work Hours Good for the Environment? A Comparison of US and European Energy Consumption [M]. Washington, DC: Center for Economic Policy Research. 2006.

[3] Youngjoo C. & Kim A. W. Overwork and the Slow Convergence in the Gender Gap in Wages [J]. American Sociological Review, 2014, 79 (3): 457-484.

[4] 杨河清,王欣. 过劳问题研究的路径与动向 [J]. 经济学动态,2015 (8): 152-160.

成本（张春雨等，2010）①。过度劳动问题还会对劳动关系的协调运行产生影响，如果劳动者长期处于"过劳"状态，对工作的满意度就会降低，对雇主的管理也会产生抵触情绪，这就必然带来劳资之间的冲突，导致企业的管理成本增加（孟续铎，2014）②。

2.2.5.3 劳动者个人层面

员工因为过度劳动会被迫承受更高水平的身心压力和抑郁症状，并且导致他们的健康状况会受到损害（Galinsky et al.，2005）③。过劳会导致较高的工作事故风险，带来工伤和疾病，损害劳动者健康；还会导致对家庭生活时间的挤出，从而加剧了个体的"工作—家庭"冲突，工作的高需求使劳动者很难满足家庭的需求（Flora Stormer，2008）④。在中国北上广这样的一线大都市，3/4以上的企业员工出现疲劳、肌肉酸疼、睡眠饮食失调，产生职业紧张和工作压力、工作/家庭无法平衡，并且有15.4%的人员已经处在了"过劳死"的边缘线上（Tsui，2008）⑤。就劳动者个人层面而言，过劳将会带来身体机能下降、工作效率低下、医疗保健费用增加和生活品质的降低（杨河清等，2009）⑥。

学者分别从社会、企业和劳动者个体三个方面对过度劳动造成的后果进行了定性、定量的分析，可以看到过劳带来的负效益是非常严重的。未来的研究可以尝试从以下三个方面入手打开现有研究的新局面：（1）劳动程度与劳动者个人、企业和社会整体福祉的关系应该呈现倒U形，边际效率最大的状态应该为适度劳动的范围，是否可以找到这样的帕累托最优；（2）结合中国经验测

---

① 张春雨，张进辅，张苹平等. 员工过劳现象的形成机理与管理方法——立足工作要求—资源模型的分析 [J]. 中国人力资源开发，2010（9）：30 - 34.

② 孟续铎. 劳动者过度劳动的成因研究：一般原理与中国经验 [M]. 北京：中国劳动社会保障出版社，2014.

③ Galinsky, E., Bond, J., Kim, S., Backon, L., Brownfield, E., & Sakai, K. Overwork in America: When the Way We Work Becomes too Much [M]. New York: Families and Work Institute, 2005.

④ Flora Stormer. The Logic of Contingent Work and Overwork [J]. Relations Industrielles, 2008, 63 (2): 343 - 361.

⑤ Tsui A. H. H. Asian Wellness in Decline: A Cost of Rising Prosperity. International Journal of Workplace [J]. Health Management, 2008, 1 (2): 123 - 135.

⑥ 杨河清，韩飞雪，肖红梅. 北京地区员工过度劳动状况的调查研究 [J]. 人口与经济，2009 (2): 33 - 41.

算我国过度劳动的经济损失;(3)可以从疲劳分类入手,探讨躯体疲劳和心理疲劳的不同疲劳源以及对劳动者最终的过劳形成的影响程度的大小。

2.2.6 过度劳动防治措施

关于过度劳动的预防措施,国际经验方面:美国提出的"工薪家庭权利法案"的立法方案会在各方面促进最低标准的实施,尤其是给予员工足够的病假时间和产假时间,建立有力度的员工协商权利,让员工在工作时间上有更灵活的选择,如有权要求减少工作时间或者拒绝强制加班等(Lonnie Golden & Morris Altman,2008)①。美国企业针对员工过劳的对策主要是采取弹性工作制度,提供相应的服务(如心理热线、法律热线、各种福利政策等),最大限度满足员工需求;欧洲企业针对员工过劳采取的对策主要是制定《健康与安全工作法》,为员工减压,向员工提供健康和心理支持;日本企业针对员工过劳的对策主要是推动了以强调劳动管理的科学性和员工个人自主健康管理相结合为特色的从业人员过劳预防综合对策的制定及实施(杨河清等,2009)②。德国针对劳动保护建立职业协会,职业协会通过制定工作时间、企业劳动保护等具体实施细则对员工过劳进行保护。积极推行欧盟工作健康与安全署开发的职场心理健康促进项目(MHP)缓解员工过劳(崔子龙,2014)③。

国家层面的做法主要有:尽管有时候过度劳动是一种前瞻性的人力资本积累过程,但是仍然会带来身心疲劳和工作失误的风险,从而导致劳动者职业安全与健康受损。因此,国家层面的立法是规制过度劳动最有效的办法,赋予员工休息休假权并且强制休息(Wiesing,2007)④。生产率的进步和经济结构的优化,可以使劳动者在有限的工作时间内创造更多的价值,从而能够为进一步的人力资本再投资和生产率提高创造条件,形成生产率进步——工

---

① Lonnie Golden, Morris Altman. Why Do People Overwork? Over-supply of Hours of Labor, Labor Market Forces and Adaptive Preferences [J]. Social Science Electronic Publishing, 2008 (3): 62-83.

② 杨河清,郭晓宏. 欧美和日本员工过劳问题研究述评[J]. 中国人力资源开发,2009 (2): 79-80.

③ 崔子龙. 国外过度劳动治理经验借鉴与启示[J]. 商业时代,2014 (26): 107-108.

④ Wiesing, U. Ethical Asepcts of Limiting Residents Work Hours [J]. Journal of Business Ethics, 2007, 21 (7): 398-405.

作时间节约的正强化机制，从而降低劳动者工作强度，缓解过度劳动。同时，依赖技术进步，以新的技术手段克服工作场所和时间的障碍，从而引入新的工时协商机制，减少舟车劳顿增加的广义工作时间（陈建伟，2016）[①]。

另外，还有学者针对特定的研究群体的过劳情况给出企业层面和劳动者个人层面对于防治过度劳动的一些对策建议，因具有研究对象的特殊性，在此不再赘述。针对过度劳动的防治措施，学者们的分析思路普遍是"三层次法"，即从国家、企业和劳动者个人三个层次出发提出对策建议。如前文所述，过劳问题在我国已经非常严重，改革由问题倒逼而产生，又在解决问题中不断深化。解决过度劳动问题不是一朝一夕能够完成的，需要在新阶段借助宏观政策和制度不断分阶段加以解决，因此需要将其提升到国家层面，推动国家在劳动基准法、工作和工作定额、劳动者休息休闲权等方面的完善和保障；企业层面，阿玛蒂亚森曾提出可行能力的概念，可将此运用到企业员工管理中，在实践中将传统的绩效考核逐渐转向对劳动者体能、心理、技能、智力、情绪等可行能力总量的关注，规避企业对人力资源的过度使用；劳动者个人层面，树立适度劳动观，注重自身健康和可持续发展。

2.2.7 过度劳动研究的发展历程和趋势

20世纪90年代过劳问题研究呈现出多学科交融、协同研究的景象，21世纪以来，经济学视角的研究开始展现。发达国家对该问题的研究基本上都经历了从医学长期独领风骚到多学科参与的过程，与发达国家过劳问题研究的学科结构相比较，我国的过劳问题研究在学科分布和演进路径上呈现出完全不同的特点，迄今，国内的研究更偏重于经济学和法学，而其他相关的重要学科，例如医学、心理学鲜有研究成果（杨河清等，2015）[②]。有学者指出，中日过劳问题研究相差至少15年，国内研究团队及活跃学者过少，研究的背景以经济学、管理学为主，法学和医学基础薄弱，研究成果质量还有待进一步提高。同时也得看到，日本过劳问题研究已经步入成熟期，研究领域

[①] 陈建伟. 迈向高收入进程中的过度劳动及其治理——评《2014中国劳动力市场发展报告》[J]. 经济与管理研究，2016，37（4）：74-77.

[②] 杨河清，王欣. 过劳问题研究的路径与动向[J]. 经济学动态，2015（8）：152-160.

宽泛，活跃学者众多，其中长期致力于该方面研究的人员较多（杨河清等，2016）[①]。尽管我国劳动力市场中过度劳动的问题已经引起了部分学者的关注，但相关研究多基于截面数据进行单一时点的过劳分析，有学者基于2000—2010年中国健康与营养调查数据，对我国劳动者过劳趋势进行了面板数据的分析，研究结果表明，尽管统计结果上我国劳动者过度劳动呈现先上升后下降的变化趋势，但对影响过度劳动的个体因素和工作特征因素进行控制之后，劳动者过度劳动呈现出不断上升的趋势，表明我国劳动者正在承受着越来越严重的过度劳动（郭凤鸣等，2016）[②]。

2.3　过度劳动研究文献述评

通过文献梳理可以看出，过度劳动问题的研究可以分为三个大类。第一类为开创部分，先研究现象，后建立理论，不同学者从各自的研究领域视角出发，对同一主题进行不同的阐述和解释。可以看到，部分研究从法学视角出发，探究过劳死的工伤判定和法律保护问题，部分研究从经济学、管理学视角出发，研究其形成机制，从而建立起理论基础。但仍然可以看到，理论基础还相对薄弱，没有形成自身的理论体系，这部分还可以进一步地探讨和深入研究。

第二类为实证研究部分，学者们勾勒出过度劳动的产生模式，提出种种观点，应用多种计量方法进行研究，为各种影响变量提供理论支撑。翻译并编制本土化测量问卷，从定性描述过劳的特征到定量测量过度劳动在我国劳动者中的发生程度，为过度劳动研究提供了更为精确的概念和方法论工具。但仍然可以看到，虽然一些研究开始关注定量测量过劳发生的程度，但是定量测量过劳引起的后果（包括劳动者、企业和社会）的研究较少，这部分可以作为后续研究的创新点。

[①] 杨河清，王欣. 中日"过劳"问题研究发展历程及特点比较——基于文献计量分析的记过[J]. 人口与经济，2016（2）：69-78.
[②] 郭凤鸣，曲俊雪. 中国劳动者过度劳动的变动趋势及影响因素分析[J]. 劳动经济研究，2016，4（1）：89-105.

第三类为细分群体的具体研究与最新研究。学者们开始关注不同群体的过度劳动情况，并初步开展了一些实证研究，但群体主要集中在医务人员、企业高管、建筑行业员工、知识员工等，还有进一步拓展研究的空间。同时，关注基础文献研究，探讨我国过度劳动问题的研究发展路径和研究范式与其他国家的区别，为我国过度劳动研究提出了新思路，鉴于作者的学科背景和知识储备，仅从经济管理学科出发，认为可以继续关注与过度劳动相关的出勤主义、工作脱离、工作生活平衡、健康管理等多方面，丰富过度劳动研究的视角，拓展过度劳动研究的外延。

2.4　高校教师过度劳动研究文献梳理

国内外学者对高校教师工作状态的研究，多集中在职业倦怠、工作压力等方面，较少有研究直接将高校教师过度劳动作为主题，但有部分研究从高校教师工作时间入手，对其过度劳动的职业状态进行侧面反映，还有部分研究针对高校教师过度劳动的极端后果"过劳死"进行分析，也有部分研究以过度劳动为切入点，研究高校教师过度劳动与其他变量的关系及导致的后果。下面就从这几部分对国内外文献进行梳理。

2.4.1　高校教师工作时间研究

众多研究均表明，高校教师虽实行弹性工时制，但其累计起来的工作时间均超过固定工时制的规定，具有相对较长的工作时间投入（Winefield et al.，2016[①]；Kinman，2014[②]；Catano et al.，2010[③]）。国内学者针对高校教

[①] Winefield A H, Silvia P, Chris P, et al. Awareness of Stress - Reduction Interventions on Work Attitudes: The Impact of Tenure and Staff Group in Australian Universities [J]. Frontiers in Psychology, 2016, 1225 (7): 1 - 14.

[②] Kinman, G. Doing More with Less? Work and Wellbeing in Academics [J]. Somatechnics, 2014 (4): 219 - 235.

[③] Catano, D., Francis, L., Haines, T., Kirpalani, H., Shannon, H., Strinuer, B., Lozanzki, L. Occupational Stress in Canadian Universities: A National Survey [J]. international Journal of Stress Management, 2010, 17 (3): 232 - 258.

师工作时间的调研做了一系列研究。例如,对中国科学院所属的 52 个研究所、2 个省立研究院、22 所研究型大学的科研人员进行的科研时间调研结果显示,近八成(76%)科研人员每周工作时间超过 40 小时,从绝对数字来看,科研人员平均每天工作 9.8 小时,每周工作 5.8 天(黄艳红,2011)①。"我国科技工作者的时间利用状况调查"结果显示:男性高校教师平均每天工作时间 8 小时(包括周末),女性高校教师平均每天工作时间 6.92 小时(包括周末)(朱依娜等,2014)②。《2014 中国劳动力市场发展报告》的数据显示,高校教师总体周均工作时间 43.7 小时,985 大学教师周均工作时间比一般大学教师多 6.2 小时。正教授工作时间达到 48 小时,副教授 44 小时,讲师 40.3 小时(赖德胜等,2014)③。针对我国高校教师的一项调查研究显示,高校教师每周工作时间超过《劳动法》规定的法定劳动时间的 18.8%(刘贝妮,2014)④。对全国 56 所设有研究生院的高校专任教师进行的调查结果显示,60 岁及以下的高校教师周均工作时间在 41 小时以上的人数比例基本达到了 90.5%,61 岁以上的人数比例为 71.9%。在超负荷工作(51 小时以上)的教师群体中,35 岁及以下的教师数约占该年龄段教师总数的 60.9%,36—60 岁的约占 57%,61 岁以上的最低,为 42.2%。在 61 岁以前,年龄本身对工作时间的投入影响并不明显(阎光才等,2014)⑤。

高校教师工作时间长并不是我国的特有情况。国外学者也针对高校教师工作时间进行了一系列调研。例如,美国高等教育教师国家研究(NSOPF:National Study of Postsecondary Faculty)数据显示,高校女教师周均工作时间 52.8 小时,男教师平均 54.8 小时,与此同时,同等学历的男性专业人员或管理人员平均每周工作时间 46 小时,女性专业人员或管理人员平均每周工作

---

① 黄艳红. 中国科研人员科研时间调查报告 [J]. 河南社会科学,2011,19 (2):148 - 154.
② 朱依娜,何光喜. 高校教师工作与科研时间的性别差异及其中介效应分析——基于全国科技工作者状况调查数据 [J]. 科学与社会,2014,4 (3):86 - 100.
③ 赖德胜,孟大虎,李长安,王琦等. 2014 中国劳动力市场发展报告——迈向高收入国家进程中的工作时间 [M]. 北京:北京师范大学出版社,2014.
④ 刘贝妮,杨河清. 我国高教部分教师过度劳动的经济学分析 [J]. 中国人力资源开发,2014 (3):36 - 41.
⑤ 阎光才. 学术活力与高校教师职业生涯发展的阶段性特征 [J]. 高等教育研究,2014,35 (10):29 - 37.

时间 39.5 小时（Jacobs，2004）[①]。学术职业国际发展研究小组（The International Research Evolution of Academic Profession）数据显示：2008—2010 年，日本、加拿大和韩国三个国家的高校教师周均工作时间超过 50 小时（沈红，2011）[②]。美国马萨诸塞州教授社会工作生活委员会（Society of Professors Work‐Life Committee）调查结果显示，高校教师周均工作时间高达 65.82 小时，其中男教师 65.29 小时，女教师 65.88 小时；周末平均工作 12 小时（Misra et al.，2012）[③]。一项针对英国高校教师的调研报告显示，超过 1/3 的英国高校教师周均工作时间比合同规定的工作时间长 10 小时（Kinman & Wary，2013）[④]。一项针对美国高校教师的调查发现，在所有等级的教师中，50% 的高校教师周均工作时间超过了 40 小时。而在各个等级的教师中，全职教授的工作时间明显超过副教授与助理教授，平均达到 61 小时。无论哪个等级的教师，周末都将近工作 10 小时（Flaherty，2014）[⑤]。美国国家科学基金会高校教师活力调查（Energy Survey of Academic Researchers）的数据显示：高校教师周均工作时间 53.73 小时，其中申请自身不感兴趣的研究基金项目占据周工作时间的 9%，大约每年需要花费 250 小时（Anderson & Slade，2016）[⑥]。另一项针对英国高校教师的调研报告显示，超过 3/4 的高校教师存在过度劳动的情况，认为自己过度劳动的教师中，超过 1/3 周均工作时间超过 50 小时（Kinman & Wary，2016）[⑦]。

国内外学者对高校教师工作时间的研究基本达成共识，即高校教师的工作时间普遍偏长，多于各国法定工作时间的要求，且不同人口学特征的高校

[①] Jacobs, J. A. The Faculty Time Divide [J]. Sociological Forum, 2004, 19 (3): 3-11.
[②] 沈红. 论学术职业的独特性 [J]. 北京大学教育评论, 2011, 9 (3): 18-28.
[③] Misra, J., Lundquist, J. H., Templer, A. Gender, Work Time, and Care Responsibilities among Faculty [J]. Sociological Forum, 2012, 27 (2): 300-323.
[④] Kinman, G., Wray, S. Higher Stress: A Survey of Stress and Wellbeing among Staff in Higher Education [M]. London: UCU Publications, 2013.
[⑤] Flaherty, C. So Much to Do, So Little Time [N]. Inside Higher ED, 2014-04-09.
[⑥] Anderson, D. M., Slade, C. P. Managing Institutional Research Advancement: Implications from a University Faculty Time Allocation Study [J]. Research in Higher Education, 2016, 57 (1): 99-121.
[⑦] Kinman, G., Wray, S. Work-related Wellbeing in UK Higher Education [M]. London: University and College Union, 2016.

教师的工作时长有差别，工作时间的分配也有所不同。但需要注意的是，高校教师职业特点导致其工作/家庭边界弹性非常大，且高校教师工作时间的调研通常都是通过教师自我报告的方式，因此，其在家办公的工作时间如何与其他家务活动时间区分开来是后续研究需要注意的；另外，高校教师属于脑力劳动者，其劳动过程具有连续性和随时性，因此需要清楚界定其工作时间的内涵，在此基础上展开调研所得到的数据才更具有可参考性。

2.4.2 高校教师过度劳动的形成机制

学者们对高校教师过度劳动形成机制的研究，主要分为两种视角：主动过度劳动和被动过度劳动。主动过度劳动主要从职业追求与召唤（calling）、职业承诺的责任感出发，被动过度劳动则主要从组织要求、职业要求和岗位压力出发。

关于主动过度劳动，有学者针对美国高校教师进行调研，发现高校教师角色在不断扩张，但相应的组织结构性支持却没有丰富，可是高校教师出于职业召唤（calling）在没有支持的情况下仍然继续努力工作，以完成自身对职业的承诺和为学生提供良好教育的道德责任，因此形成过度劳动。这里的职业本性将教师和其他群体过劳原因区分开来，教师是培养学生的，是一种关怀性工作，职业道德和内在的精神追求使得教师自驱性地进行过度劳动（Bartlett，2004）[1]。另外，高校教师职业特性使得其呈现出更高水平的工作享受感和工作承诺，但过度承诺是高校教师过度劳动最主要的原因（Hogan et al.，2014）[2]。还有学者结合经济学的理论基础和分析模型，指出高校教师工作时间延长主要是基于对人力资本投资回报的渴望、对闲暇价值持有较低偏好和认知等，从而产生对经济利益的追求和对自我实现的满足（刘贝妮等，2014）[3]。另外，还有学者指出，高校教师职业特点使其既是"学术人"

---

[1] Bartlett, L. Expanding Teacher Work Roles: A Resource for Retention or a Recipe for Overwork? [J]. Journal of Education Policy, 2004, 19 (5): 565-582.

[2] Hogan, V., Hogan, M., Hodgins, M., Kinman, G., Bunting, B. An Examination of Gender Differences in the Impact of Individual and Organizational Factors on Work Hours, Work-life Conflict and Psychological Strain in Academics [J]. The Irish Journal of Psychology, 2014 (35): 133-150.

[3] 刘贝妮，杨河清. 我国高教部分教师过度劳动的经济学分析 [J]. 中国人力资源开发，2014 (3): 36-41.

又是"职场人",双重身份带来双重忠诚,同时具有职业忠诚和组织忠诚,职业忠诚通过内部动机影响其目标设定,最终表现为工作时间的延长,组织忠诚通过外部动机影响其目标承诺,最终也体现在工作时间投入增加(Becker et al.,2018)①。

关于被动过度劳动的研究,有学者指出,高等教育成本的上升带来了公众监督,公众呼吁更高的教学质量;高校对教师一方面期望教学质量提升,另一方面又期望科研生产率的上升;信息经济带来的技术变迁增加了高校教师工作的时间要求和压力;学术界兼职就业的兴起增加了全职就业高校教师的压力。这些因素共同作用,导致了高校教师的过度劳动(Jacobs,2004)②。一项针对加拿大高校教师的研究发现,工作负担、角色冲突、工作与生活间的冲突、不公正的行政管理、不公正的报酬分配是驱动高校教师不断增加工作投入的关键因素,其他潜在的因素还有缺乏工作自主权、角色模糊、不公正的院系领导,等等(Catano et al.,2010)③。工作负担不断加重、获得外部研究资金难度以及学术发表要求提高、聘用合同的临时性与工作缺乏保障、收入缩水、评估考核制度的强化、准备不足与不良的学生行为、工作与生活失衡,如此等等,是造成欧美各国高校教师超时工作、工作紧张度增加的重要原因(Watts & Robertson,2011)④。有学者指出,过去的20年,英国高校教师工作投入时间不断增加,工作逐渐侵蚀闲暇时间,主要是因为,高校教师不但要付出额外的努力以应对不断提高的学术生产要求,还要对教学和行政活动负责(Kinman,2014)⑤。除了教学与研究者的角色之外,高校教师还

---

① Becker, T. E., Kernan, M. C., Clark, K. D., Klein, H. J. Dual Commitments to Organizations and Professions: Different Motivational Pathways to Productivity [J]. Journal of Management, 2018, 44 (3): 1202 - 1225.

② Jacobs, J. A. Overworked Faculty: Job Stresses and Family Demands [J]. Annals of the American Academy of Political & Social Science, 2004, 596 (1): 104 - 129.

③ Catano, D., Francis, I., Haines, T., Kirpalani, H., Shannon, H., Strinuer, B., Lozanzki, L. Occupational Stress in Canadian Universities: A National Survey [J]. International Journal of Stress Management, 2010, 17 (3): 232 - 258.

④ Watts, J., Robertson, W. N. Burnout in University Teaching Staff: A Systematic Literature Review [J]. Educational Research, 2011, 53 (1): 33 - 50.

⑤ Kinman, G. Doing More with Less? Work and Wellbeing in Academics [J]. Somatechnics, 2014 (4): 219 - 235.

要面对其他更多烦琐性的事务,诸如课题申报、各种报表的填写、财务报销、校内外各种会议、考核与汇报、学生学业或心理问题及人际交往障碍等,来自各方面的行政性与非行政性的琐碎干预不断打乱常态性的秩序,以至于无序成为常态,导致有效工作时间的损耗（Padilla & Thompson,2016）[①]。也有学者指出,对工作的控制感不断的丧失是高校教师不得不延长工作时间的最主要因素（Kinman & Wray,2016）[②]。

特别地,还有部分学者对高校教师过度劳动的极端现象——"过劳死"的形成机制进行研究。社会转型期的冲击、教育领域诸多变革的压力、高校管理中存在弊端的挤压、高期望值的重负、自身因素（拥有较强的进取心、事业心和责任心）、身体转型期的影响以及社会对教师工作理解程度不高是导致高校教师过劳死的主要诱因（王建军,2005）[③]。从工作量和劳动强度方面看,高校人力资源担负着重大的责任,既要培养优秀人才,又要促进科研创新;从学校方面看,办学行政化导致"双肩挑"的教授、博导比比皆是,他们既要忙教学、科研,又要忙行政管理,多重身份使他们压力大、焦虑多,不断透支时间精力,最终积劳成疾;从个人方面看,高校人才资源缺乏自我保健意识,追求个性化、多样化以及自主性和创新精神,热衷于具有挑战性的工作,并渴望得到社会的认可（陈秀兰,2007）[④]。

国外的文献研究大多是从微观视角出发,选取工作角色、工作任务为切入点,对高校教师过度劳动的形成机制进行研究,只有 Jacobs 等人的研究涉及了宏观层面的原因;国内的文献相对较少,刘贝妮、杨河清的研究为本研究从劳动经济学的视角出发分析高校教师过劳的形成机制提供了借鉴思路,代志明的研究将家庭因素考虑在高校教师过劳当中,笔者认为其对过度劳动的内涵缺乏明确界定,家务劳动、照顾子女等因素与因工作引起的过劳需要

[①] Padilla, M. A., Thompson, J. N. Burning out Faculty at Doctoral Research Universities [J]. Stress and Health, 2016, 32 (5): 551–558.

[②] Kinman, G., Wray, S. Work-related Wellbeing in UK Higher Education [M]. London: University and College Union, 2016.

[③] 王建军. 探析高校中青年教师"过劳死"[J]. 内蒙古师范大学学报（教育科学版）, 2005, 18 (11): 134–136.

[④] 陈秀兰. 浅析高校教师过劳死现象及保护措施 [J]. 法制与社会, 2007 (2): 583–584.

区别对待。这也为笔者后续的研究提供了思路，即充分考虑和厘清高校教师群体与普通劳动者群体、其他脑力劳动者群体的区别，在此基础上界定高校教师的过劳内涵，从宏观、中观和微观三个层面对其过劳机制进行系统分析。

2.4.3 高校教师过度劳动的效应研究

国内外学者对过度劳动带来的效应研究，普遍集中在其产生的"负效应"上，如工作满意度下降、工作—家庭关系紧张、职业压力增加、离职倾向大等。国内学者对这一主题的研究略显单薄，陈天学等（2015）提出，过度劳动带来的生理与心理上的疲劳会影响教师职业发展的动力，形成职业倦怠。如果缺乏正确的激励机制和缓解措施，就会导致高校教师工作满意度下降、工作效率低下或离职等非理性选择[①]。代志明（2016）提出，过度劳动降低高校教师的生活质量，抑制高校教师的科研创新能力，带来人力资本损失，产生负外部性影响[②]。

相比国内学者，国外学者的研究则相对丰富。例如，高校教师工作角色不断丰富，任务不断扩张，开始高校教师可能会由于工作丰富化更提升工作满意度，但是长此以往，超负荷的工作给教师带来过度劳动，耗尽他们的职业热情，腐蚀他们的工作承诺（Lohman & Woolf，2001）[③]。高校教师为应付绩效主导的外在压力而不得不过度劳动，这往往会导致学术追求降低，为迎合绩效任务而不敢承担周期长和风险大的研究，以相对容易和获得发表为最安全的选项（Azoulay et al.，2011）[④]。高校教师头脑中常常充塞了如此之多的事项，诸如各种委员会工作、教师会议、程序的繁文缛节、教学任务、极为匮乏的个人时间、与准备不足的学生相处，还要考虑去专注于学术研究并

[①] 陈天学，陈若水. 高校教师过度劳动与工作满意度的影响极力研究——基于职业倦怠为中介变量[J]. 高等教育评论，2015，3（2）：116-127.

[②] 代志明. 高校青年教师过劳问题及其治理策略研究——以郑州市高校为例[J]. 郑州轻工业学院学报（社会科学版），2016，17（1）：79-85.

[③] Lohman, M., Woolf, N. Self-initiated Learning Activities of Experienced Public School Teachers: Methods, Sources, and Relevant Organizational Influences[J]. Teachers and Teaching: Theory and Practice, 2001, 7 (1): 59-74.

[④] Azoulay, P., Zivin, J. S. G., Manso, G. Incentives and Creativity: Evidence from the Academic Life Sciences[J]. Rand Journal of Economics, 2011, 42 (3): 527-554.

为其留下足够的时间，如此难免会降低其对工作及其环境的满意度，甚至萌生去意（Ryan et al.，2012）①。2012年美国《高等教育纪事报》的调查显示，将近一半各个级别的教授因为不满高校的工作境况而有离开学界的想法。2012年其另一项调查则表明，50.8%的副教授、45.0%的全职教授和48.6%的助理教授，在过去的两年中曾经考虑要离开他们所工作的高校（Delelo et al.，2014）②。有学者指出，由于工作时间分配过多，使得高校教师难以进行家庭和休闲活动导致其工作—家庭关系紧张（Winefield et al.，2014）③。由于各层次官僚化程序的繁文缛节导致众多琐碎事务增加，个人自主空间不断被压缩，管理层对获得资助、高水平发表以及教学业绩的要求越来越高，强化了高校教师之间的相互比较与恶性竞争，使其承受越来越大的职业压力（Cofta－Woerpei & Gritz，2015）④。学术工作的碎片化以及工作—生活界面的渗透导致了高校教师在众多角色间的紧张，也加剧了教师对自身角色认知的模糊性，不仅影响了工作与生活的秩序化，而且带来心态的改变乃至身心系统的紊乱（Padilla & Thompson，2016）⑤。高校教师显著比其他非学术职业工作者的工作时间长，这导致他们具有较高水平的工作压力，较低水平的工作控制感，对工作状态持有不乐观态度，对工作和职业满意度较低，从而损害他们的工作生活质量，导致健康水平下降（Fontinha et al.，2017）⑥。工作的高强度导致工作投入不断增加，尤其是低回报、事务的琐碎与日常生活的无序降低了高校教师的内在志向、信心、抱负与激情，造成身心健康问题，最

---

① Ryan, J. F., Hfaly, R., Sullivan, J. Oh, Won't You Stay? Predictors of Faculty Intent to Leave a Public Research University [J]. Higher Education, 2012, 63 (4): 421 –437.

② Delelo, J. A., Mcwhorter, R. R., Marmion, S. L., Camp, K. M., Everling, K. M., Neei, J., Marzilli, C. The Life of a Professor: Stress and Coping [J]. Polymath: An Interdisciplinary Journal of Arts & Sciences, 2014, 4 (1): 39 –58.

③ Winefield, H. R., Boyd, C., Winefield, A. H. Work – family Conflict and Well – being in University Employees [J]. The Journal of Psychology, 2014 (148): 683 –697.

④ Cofta–Woerpei, L. M., Gritz, E. R. Stress and Morale of Academic Biomedical Scientists [J]. Academic Medicine, 2015, 90 (5): 562 –564.

⑤ Padilla, M. A., Thompson, J. N. Burning out Faculty at Doctoral Research Universities [J]. Stress and Health, 2016, 32 (5): 551 –558.

⑥ Fontinha, R., Easton, S., Van Laar, D. Overtime and Quality of Working Life in Academics and Non – academics: The Role of Perceived Work – life Balance [J]. International Journal of Stress Management, 2017. ISSN 10725245 (In Press) Available at: http://centaur.reading.ac.uk/70687/.

终影响个体的学术活力（阎光才，2018）[①]。还有学者指出，高校教师因为工作要求较高、工作控制感较低、来自多方的管理要求以及自身的工作敬业度等原因，经常会超长时间工作，哪怕出现身体健康状况不佳的情况，因此88%的受访高校教师表示自己曾呈现出隐形缺勤的状态（Kinman & Wray, 2018）[②]。

高校教师过劳的最极端消极后果便是过劳死，在没有达到极端后果之前，也会相应产生一定负效应。现有文献多从个人层面出发，探究过劳对其职业倦怠、工作质量、工作满意度、人力资本损失等方面的影响。笔者认为目前的研究还不够深入，高校教师群体具有其特殊性，高校教师需求层次较高，多数追求的是自我实现，自驱力带来的过度劳动较多，但这种自驱力的过劳在一定程度上使得高校教师得到了心理的满足，带来的正效用大于负效用，因此一定程度上给高校教师带来了积极的影响，但这仅限于劳动投入在一定范围内，过劳带来的后果短期内也许没有消极影响，但长期来看势必是弊大于利，同时考虑从社会、高校和高校教师个体层面系统分析高校教师过劳问题。

2.4.4　高校教师过度劳动的对策研究

为减少高校教师过度劳动的现象，防止高校教师过劳死极端现象出现，国家应继续加大对教育的投入，从宏观上保证教师地位和待遇的提高；高校应不断提高整体管理水平，完善人才评价机制，促进高校教师的身心健康；高校教师自身也应该努力提高素质，想方设法减轻压力（王建军，2005）[③]。针对民办高校教师的过劳现象，基于过劳的产生来自个人、组织和社会三个方面，提出避免和减轻过劳的对策主要有：针对民办高校教师角色的特殊性进行准确定位、创设良好的组织文化和和谐的组织社会环境、建立对民办高

---

① 阎光才. 象牙塔背后的阴影——高校教师职业压力及其对学术活力影响述评［J］. 高等教育研究, 2018, 39（4）：52-62.

② Kinman, G., Wray, S. Presenteeism in Academic Employees: Occupational and Individual Factors［J］. Occupational Medicine, 2018（68）：46-50.

③ 王建军. 探析高校中青年教师"过劳死"［J］. 内蒙古师范大学学报（教育科学版），2005, 18（11）：134-136.

校教师的合理的角色期待等（刘明理等，2006）[①]。坚持可持续发展原则，提高高校人力资源的使用效益；完善管理体制，营造宽松稳定的学术氛围；健全社会保障体制、建立高校人力资源的健康档案、落实休假制度、加强高校人力资源的自我保健意识（陈秀兰，2007）[②]。从强化高校青年教师健康管理意识、改进现行的高校教师业绩考核机制和人才评价标准、制定相应的健康治理政策三方面入手，化解高校青年教师的过劳问题（代志明，2016）[③]。

对于高校教师过劳的对策研究，学者们普遍提出三层次法，即从社会、高校和个人三个层面对缓解高校教师过度劳动提出对策建议。笔者认为对策建议的落地需要具有可行性，因此泛泛地提出对策建议对实践并没有太大的指导作用。受文献启发，笔者认为可以从预防性和补救性两个层面出发，针对实际问题，提出有针对性、可操作性的对策建议。诚然，一些宏观层面的政策建议类的措施，需要呼吁全社会更多地关注高校教师过劳问题，才能得以进一步推进和落实。

2.5 高校教师过度劳动文献述评

虽然有关"过劳"问题的研究在我国已经有了一些成果，但对于高校教师过度劳动问题的研究还存在不足：第一，对于高校教师过度劳动的内涵理解，不能简单地认为是"累"，甚至有的学者还将家务劳动等非市场性劳动行为算到高校教师过劳的评价中，这是有失偏颇的，因此需要进一步明确高校教师过度劳动的内涵。第二，对高校教师过度劳动产生的后果，不能一概而论。一定强度的、一定时长的工作状态可能是对高校教师职业生涯、高校发展和整个社会高等教育质量有推动作用的，但是如何界定这个"度"，则

[①] 刘明理，张红，王志伟. 民办高校教师职业过劳的成因与对策分析[J]. 电脑知识与技术，2006（12）：209-210.
[②] 陈秀兰. 浅析高校教师过劳死现象及保护措施[J]. 法制与社会，2007（2）：583-584.
[③] 代志明. 高校青年教师过劳问题及其治理策略研究——以郑州市高校为例[J]. 郑州轻工业学院学报（社会科学版），2016，17（1）：79-85.

需要尝试寻找到高校教师适度劳动的区间,并寻找到高校教师个人、高校以及社会不同层次利益最大化时分别对应的高校教师劳动时间。第三,没有研究涉及高校教师劳动强度的问题,因此可以尝试对高校教师劳动强度进行初步的理论探讨,基于劳动强度的视角提出适度劳动的区间。第四,没有将高校教师群体特征和职业特征进行深入分析,并在此基础上充分考虑高校作为学术劳动力市场与其他劳动力市场的区别所引起的高校教师不同的行为决策以及高校教师群体特殊的过劳成因分析。第五,关于高校教师过劳的实证研究和理论研究都不够系统和深入,高校教师过劳的形成机理是怎样的,过劳现状如何,不同人口学统计背景的高校教师的过劳是否存在显著性差异。第六,还没有研究客观地将高校教师与其他行业、职业的从业者的过度劳动情况进行比较。以上六点均为本研究的研究重点。

高校教师过劳就像"冰山模型"一样,水面上方是呈现出来的现象,如高校教师过劳死、高校教师工作时间长等,但和掩藏在水面下方部分比起来是相形见绌的,水面下方才是我们要探究和挖掘的内容。高校教师过度劳动带来的不良后果在时间上存在滞后性,在形式上存在隐蔽性,因此关注此主题的研究需具有一定的前瞻性和敏锐性。从文献计量角度出发,王建军 2005 年首次在国内关注高校中青年教师过劳死问题,此后,有关高校教师过度劳动、过劳死等话题的研究在国内兴起。通过对 CNKI 数据库检索主题为"高校教师""过劳""过度劳动""过劳死"的文献,排除与本研究内容无关的文献后发现,相关的论文发表数量较少,仅有 8 篇(王建军,2005[①];刘明理、张红、王志伟,2006[②];陈秀兰,2007[③];贺琼,2010[④];邵晴芳,

---

[①] 王建军. 探析高校中青年教师"过劳死"[J]. 内蒙古师范大学学报(教育科学版),2005,18(11):134-136.

[②] 刘明理,张红,王志伟. 民办高校教师职业过劳的成因与对策分析[J]. 电脑知识与技术:学术交流,2006(35):209-210.

[③] 陈秀兰. 浅析高校教师过劳死现象及保护措施[J]. 法制与社会,2007(2):597-598.

[④] 贺琼. 高校教师"过度劳动"问题研究[D]. 北京:首都经济贸易大学,2010.

2012[①]；刘贝妮、杨河清，2014[②]；陈天学、陈若水，2015[③]；代志明，2016[④]），其中 2 篇（贺琼，2010；邵晴芳，2012）为硕士学位论文。可见，国内对高校教师过劳的研究还处于初级阶段，因此本研究借鉴之前学者的研究思路和经验，尝试更全面系统地对高校教师过劳状态进行把握，对过劳成因进行梳理，并有针对性地对缓解、应对高校教师过劳的措施进行分析。

2.6　本章小结

本章首先辨析过度劳动与过度疲劳、过度劳累、疲劳蓄积、过度就业、职业倦怠、工作压力之间的关系，界定了本研究中高校教师过度劳动的内涵：过度劳动应该是三位一体的复合概念，第一方面：由于超时、超强度的市场性劳动行为引起（劳动行为的有酬性，既包括工作带来的物质酬劳也包括精神酬劳，但不包括家务劳动、义务劳动、体育运动等）；第二方面：该市场性劳动行为引起了高校教师身体或心理的疲劳，并带来了诸如健康状况不佳、闲暇时间减少、生活质量降低等一系列负效应；第三方面：高校教师由于某些驱动因素仍然保持这样的市场性劳动行为，由此引发了疲劳的蓄积并通过小休憩而无法缓解的一种身心状态。

在此基础上，本章对以过度劳动为主题的相关研究进行梳理，从过度劳动的内涵、成因、类型、测量、后果、预防措施、发展历程和趋势七个方面进行回顾，文献的研究展示了过度劳动在我国的研究大致可以分为三类，第一类为开创研究，各研究领域的学者从自身学科的特点和理论出发对过劳、过劳死的现象进行解释和剖析；第二类为实证研究，学者们通过理论分析构

[①] 邵晴芳. 高校教师"过度劳动"问题研究 [D]. 武汉：武汉科技大学，2012.

[②] 刘贝妮，杨河清. 我国高校部分教师过度劳动的经济学分析 [J]. 中国人力资源开发，2014 (3)：37 - 41.

[③] 陈天学，陈若水. 高校教师过度劳动与工作满意度的影响机理研究——基于职业倦怠为中介变量 [J]. 高等教育评论，2015 (2)：116 - 127.

[④] 代志明. 高校青年教师过劳问题及其治理策略研究——以郑州市高校为例 [J]. 郑州轻工业学院学报（社会科学版），2016，17 (1)：79 - 85.

建出过度劳动的演变路径和传导机制，通过问卷调研等方式收集数据，运用计量方法进行验证；第三类为分群体的具体研究以及我国过劳研究的发展历程研究。进而发现，关于高校教师群体的过劳研究相对薄弱，因为社会大众对此类群体的第一印象就是他们很轻松，不会过劳，但现实中有很多高校教师健康状况不佳、觉得很累、认为自己过劳甚至有因过劳导致猝死的案例，因此对此群体的聚焦具有现实意义。

进而，本章对高校教师过度劳动的研究文献进行了梳理，从高校教师过劳的形成机制、高校教师工作时间、高校教师过劳的后果和对策四方面进行回顾，并进行相对应的文献述评，以全面展现高校教师过度劳动问题"走到哪里"以及"路在何方"。通过文献梳理发现，国内外关于高校教师过度劳动的研究已经取得一些成果，本研究受到这些文献的启发并通过借鉴，在此基础上发现目前的研究还存在一些薄弱的地方，比如内涵的界定，工作生活的边界弹性对过度劳动的叠加和渗透作用，群体特征和职业生涯特征对其过劳的影响，学术劳动力市场对其过劳机制形成的作用等问题，都没有系统的研究，也相对缺乏经济学的理论解释，因此本研究的下一章将着重从劳动经济学理论视角出发，运用劳动力供给相关理论对高校教师过度劳动的形成进行理论分析。

第3章　高校教师过度劳动的理论分析

过度劳动问题从劳动经济学角度来讲实际上就是劳动者的劳动力供给问题。劳动力供给包括两个层面：社会劳动力供给和个人劳动力供给。社会劳动力供给决定着整个高校劳动力市场的供需平衡，我国高校生师比从2007—2015年稳定在17.3—17.8[①]，和发达国家高校的生师比相比相对较高[②]，在一定程度上增加了高校教师的工作负荷。个人劳动力供给是高校教师过度劳动的关键分析视角，决定着高校教师对自身劳动力的出让和使用程度。劳动经济学中，对劳动力供给的概念也体现了这两个层次，劳动力供给是指劳动力的供给主体（本研究中指高校教师）在一定的劳动条件下自愿对存在于主体之中的劳动力使用权的出让；从量的角度说，是指一个经济体在某一段时期中，可以获得的劳动者（本研究中指高校教师）愿意提供的劳动能力的总和（杨河清，2011）[③]。这种劳动能力的总和不仅包括劳动力的数量，还包括劳动者愿意提供的劳动时间和劳动强度。但在理论分析中，一般要进行抽象和简化，因此劳动经济学家通常假设所有劳动力供给都是满足社会规定的劳动时间和劳动效率的，即都是标准供给，因此劳动力供给等同于劳动力数量，用"人一小时数"来衡量，即在一定的时期内，一定数量的劳动者为市场提供的劳动时间数。诚然，劳动力供给除了提供劳动时间数以外，还提供劳动的场所、质量和过程等，因此本章关于高校教师过度劳动的理论分析也围绕劳动力供给基础理论进行阐述，主要分为劳动力供给时间视角、场所视角、

[①] 数据来源：历年全国教育事业发展统计公报。
[②] OECD. Education at a Glance 2017：OECD Indicators，Paris：OECD Publishing，2017：360. 各国高等教育生师比具体数据见附录Ⅴ。
[③] 杨河清. 劳动经济学（第三版）[M]. 北京：中国人民大学出版社，2011.

质量视角和过程视角四方面，在现有的成熟理论中寻找、挖掘对分析高校教师过劳成因有益的启示，并进行梳理和整合，对后续高校教师过劳的形成机制框架构建和实证分析提供思路。

3.1 劳动力供给时间视角——劳动力供给相关理论

劳动力供给涉及供给时间和供给强度两个方面，为了便于分析，劳动时间作为研究对象常常被高度抽象化和同质化，使得劳动强度的研究被回避掉，目前经济学领域对于劳动强度的研究也相对较少，本书将在第6章6.1节对高校教师劳动强度进行初步的探讨，在本节中则主要从劳动时间的长短角度来探讨高校教师过度劳动问题，研究高校教师如何将时间要素应用于三个不同的用途主体意愿：市场生产、非市场或家庭生产以及闲暇。

3.1.1 劳动力供给理论

劳动力供给理论对分析高校教师过劳的理论价值在于：一方面，高校教师群体工作自由度和灵活度高，因此相比起固定工时制的劳动者，他们对闲暇的偏好程度不高；另一方面，高校教师高人力资本存量高，从业前期投入的直接费用、时间成本和机会成本都较高，这些都导致其不工作的成本加大，因此闲暇偏好降低，所以在劳动力供给的过程中，替代效应会大于收入效应，表现为劳动力供给时间延长。

古典经济理论时期，斯密和李嘉图的理论从社会劳动力供给层面出发进行分析，杰文斯则是从个人劳动力供给层面出发进行分析。亚当·斯密在《国富论》中提出，工资水平的增加会造成劳动力供给增多，随着劳动力供给增多，工资又会下降到它的最低水平[①]。大卫·李嘉图在《政治经济学及赋税原理》中提出，劳动力人数增加快慢是随着工资水平的高低而变化的，而工人人数的多少又会影响劳动力供求的变动，结果会使劳动力市场价格和

---

① [英]亚当·斯密.国民财富的性质和原因的研究[M].唐日松译.北京：华夏出版社，2005.

自然价格趋于一致①。威廉姆·斯坦利·杰文斯在《政治经济学理论》中提出了价值的边际效用理论,认为闲暇和商品对劳动者而言,同样具有边际效用递减特点,个人基于效用最大化原则来选择劳动力供给时间,均衡时满足闲暇的边际效用与劳动力供给收入的边际效用相等原则②。现代劳动力供给理论时期,罗宾斯在《收入的需求弹性》中区分收入效应与替代效应的大小,得出"向后"弯曲的个人劳动力供给曲线形状③（见图3-1）。

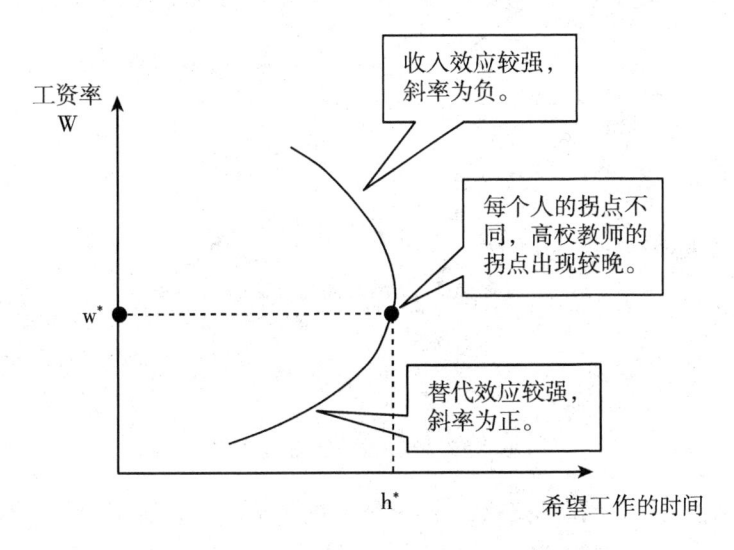

图3-1 "向后"弯曲的个人劳动力供给曲线

工资率的变化带来替代效应和收入效应,工资率的变化对劳动力供给决策主题的最终影响取决于这两种效应的相互关系。如图3-2所示,替代效应可以看作从 H_1 到 H_3 的位移,表现为不改变效用水平,因工资率的变化而引起的意愿工作时间的变化,替代效应将导致人们愿意工作更长时间。收入效应是 H_3 到 H_2 的位移,表现为工资率不变,收入增加的情况下,"闲暇"作为一种正常商品（随着收入的增加也随之增加的物品）,劳动者可以用增加的

---

① [英]大卫·李嘉图. 政治经济学及赋税原理[M]. 周洁译. 北京：华夏出版社, 2005.
② [英]威廉姆·斯坦利·杰文斯. 政治经济学理论[M]. 郭大力译. 北京：商务印书馆, 1984.
③ [美]坎贝尔·R. 麦克南, 斯坦利·L. 布鲁, 大卫·A. 麦克菲逊. 当代劳动经济学[M]. 刘文, 赵成美, 连海霞译. 北京：人民邮电出版社, 2004.

那一部分收入来购买"闲暇",收入效应将导致劳动者意愿工作时间的减少。工资率提高对个人意愿工作时间的总效应取决于两种效应的对比,也就是劳动者对于闲暇时间的选择偏好。

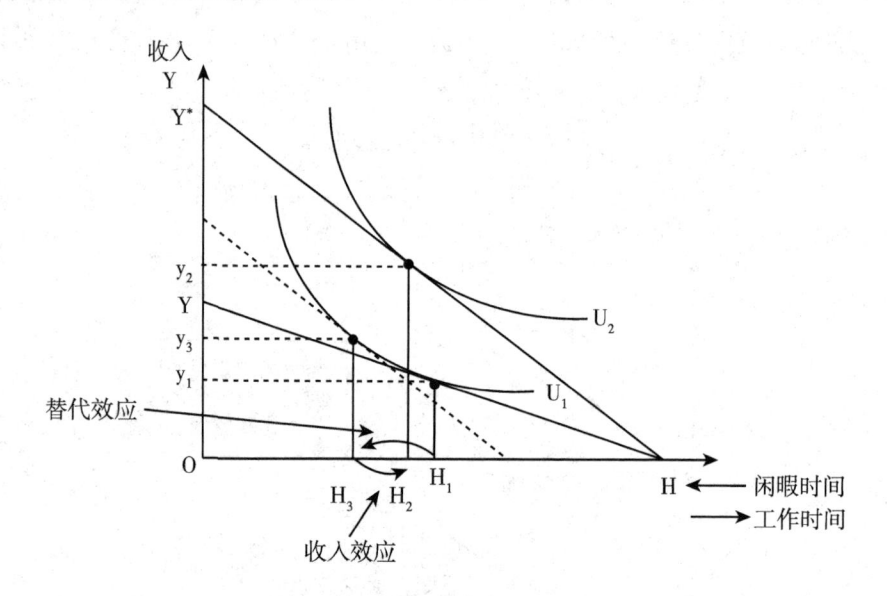

图 3-2 收入效应和替代效应

马克思认为,闲暇是在满足绝对需要的劳动时间之后留下的、从事其他活动的剩余时间,而且这种时间不被直接生产劳动吸收,主要用于休息和满足个人精神文化需要[1]。那么对于高校教师群体而言,他们的闲暇需求是怎样的呢?我们来进一步讨论:一方面,"效用"在日常生活中有着非常丰富的内涵,大概可以理解为"满足"。用经济学的语言来说,效用是消费者从一个市场篮子中得到的满足程度的数值表示(平狄克,2011)[2]。工作带来的物质收入和心理、社交上的满足都可以给劳动者带来正效用,但随着工作时间的增长,也会带来一定的负效用,如身体和心理的疲劳等,这些都是过劳产生的副产品。过劳副产品会对闲暇需求产生两个方面影响:(1)过劳副产

---

[1] [德] 马克思. 1844 年经济学哲学手稿 [M]. 中共中央马克思恩格斯列宁斯大林著作编译局编译. 北京:人民出版社, 2008.

[2] [美] 罗伯特·S. 平狄克, 丹尼尔·L. 鲁宾费尔德. 微观经济学(第七版)[M]. 李彬, 高远等译. 北京:人民大学出版社, 2011.

品会降低劳动者的劳动生产率，从而会导致工资率的降低，这时劳动者更辛苦了，但单位时间内获得的收入反而减少了，这无疑会限制工人增加工作时间。（2）过劳副产品本身会对劳动者的健康造成损害，而且工作时间越长，疲劳的程度就越高，对劳动者健康的损害也就会越大，那么此时即使雇主愿意按生产率没有降低之前的标准给付工资，甚至愿意给付更高的工资，劳动者出于健康的考虑也不愿过多地延长工作时间。因此，越容易让人体验到疲劳的工作，比如那些流水线式的、程序化的枯燥工作，或是工作环境很恶劣的工作，过劳副产品就出现得越早，工作的负效用就会出现得越早，劳动者的闲暇需求也就会越大。相反，高校教师工作本身具有挑战性，且没有固定的工作制，因此教师可以自主调整自身的状态，那么过劳副产品出现就会较迟，或者对过度劳动副产品的体验敏感性降低，工作的负效用就会出现得越晚，因此闲暇需求也就相应较小，工作时间就会延长（见图3-3）。该理论可以在一定程度上解释高校教师工作时间过长的原因，也指出高校教师虽然工作自由度和灵活度都很高，但是呈现出有自由、无闲暇的工作状态，这对其人力资本的可持续健康发展是不利的。

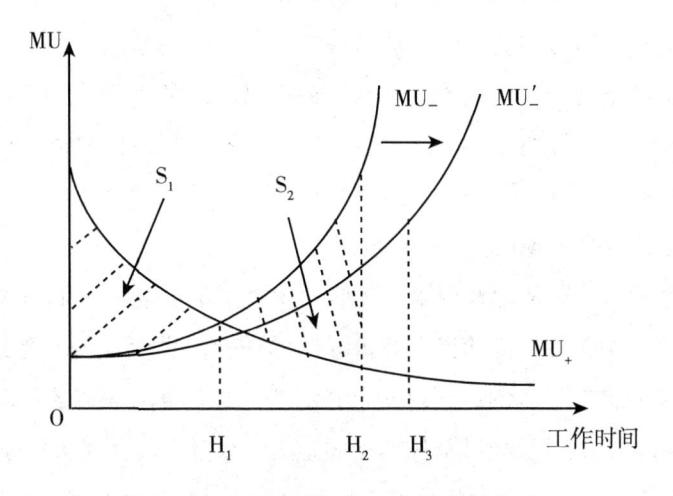

图3-3 工作正效用和工作负效用模型

另一方面，随着教育水平的提高，劳动者倾向于增加工作时间从而减少闲暇时间（Jerry A. Jacobs, 2005）①。主要作用机制一是教育水平的提高有助于提高一个人的工作意愿，因为受教育水平越高，个人所从事的工作越能给人带来快乐，个人也越易于从工作中感受到快乐，因此工作负效用出现得更慢更缓，使劳动者更愿意延长工作时间。二是教育可以提高个人利用时间的能力，使其可以通过更充分地利用闲暇时间而不是延长闲暇时间而享受到同样的效用，因此闲暇时间的深度利用也会减少对闲暇的需求。因此通过理论梳理看出，高校教师群体对闲暇的需求偏好不高，替代效应弱于收入效应，因此劳动力供给会增加。

3.1.2 生命周期劳动力供给理论

生命周期劳动力供给理论对分析高校教师过劳的理论价值在于：高校教师与普通劳动者相比，进入劳动力市场的时间较晚，其准固定成本较高，因此为了弥补这部分成本以及一些机会成本，高校教师倾向于工作更长时间；高校教师的职业特征导致其进入劳动力市场较晚，但其退出劳动力市场的时间也较晚，因此生命周期内的劳动力供给时间不比普通劳动者少，甚至更多，但生命周期内其过度劳动呈现的程度应有所变化。

生命周期劳动力供给理论是动态分析模型，指的是人生的不同时期，人们的市场生产率（工资）与参与劳动生产率是不同的，为了获得比较收益的最大化，在条件允许的情况下，人们在其生活的不同时期提供给劳动力市场的劳动时间的数量是不同的（杨河清，2011）②，通过这个模型能够预测个体在整个成年的生命周期内的最优时间配置。

高校教师与普通劳动者相比，其职业生涯周期开始的时间较晚，以普通劳动者受教育程度为本科计算，高校教师的职业生涯开始时间较之推迟6—10年。这导致高校教师的准固定成本非常高，如果普通职业的劳动者的准固定成本是 Y_1，那么高校教师群体的准固定成本就是 Y_2，存在准固定成本的收入约束线也会相应发生变化，普通职业的劳动者的收入约束线为 ABE，而高校教师的收入约束线则为 CDE，这就使得高校教师在工作时间抉择的时候会

---

① Jerry A. Jacobs. The Faculty Time Divide [J]. Sociological Forum, 2005, 19 (3): 3-11.
② 杨河清. 劳动经济学（第三版）[M]. 北京：中国人民大学出版社，2011.

选择一个不会选择比某个时间短的工作时间,以用来弥补准固定成本。这样的收入约束线和个人效用的无差异曲线相切的点有点类似于"角点解",即在收入约束线的角点 B 和 D 处达到了个人均衡,那么均衡处对应的工作时间分别为 H_1 和 H_2,由图 3-4 可以明显地看出来,准固定成本高的教师职业的工作时间 H_1 远远长于准固定成本低的普通职业的工作时间 H_2。

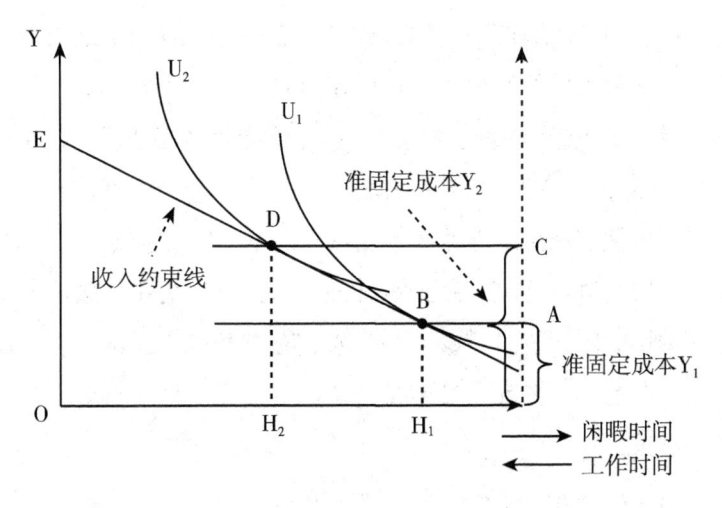

图 3-4 准固定成本与工作时间模型

另外,高校教师虽然进入劳动力市场的时间较晚,但其职业生涯的结束期也比普通劳动者要晚。首先,在国家退休政策上,早在 1983 年国务院就出台了《关于高级专家离休退休若干问题的暂行规定》(国发〔1983〕141号),提出对少数副教授、副研究员以及相当于这一级职称的高级专家,对教授、研究员以及相当于这一级职称的高级专家,可以适当延长离休退休年龄。其次,就学术业绩表现而言,因为具有经验丰富的优势,研究表明,至少在 60 岁前后(普通劳动者面临要退出劳动力市场的时候,有些女性劳动者甚至更早就要退出劳动力市场),教师的学术活力没有出现明显递减的趋势(阎光才,2015)[1],因此高校教师即便年长也可以继续在职业领域从事学术活动。再次,高校教师属于知识密集型的职业,其越到职业生涯后期工资率

---

[1] 阎光才. 年长教师:不良资产还是被限制的资源[J]. 北京大学教育评论,2015,13(2):57-66.

越高,那么不工作的时间机会成本就较高,同时随着年龄的增加,经济、家庭负担逐渐减小,其越有可能更多地投入工作中。最后,知识工作具有累积优势和溢出效应,年长的高校教师其学术业绩、研究资源条件(如经费、研究助手)更为丰富、学术兴趣和内在自我激励等因素对其当下学术表现的影响可能更为突出,同时即便离开高校,也可以在社会上继续从事学术活动(如作为外聘专家从事兼职工作等)。这些都会引起高校教师退出劳动力市场的时间后移,就目前的经验分析,教授级别的硕导、博导在 65 岁之前都可以继续上课以及带学生,65 岁之后仍然可以作为专家外聘授课、讲座、参加评审等,在身体条件允许的情况下,其职业生涯可以延长到 70 岁甚至更久。而普通劳动者,即便国家延迟退休政策在逐渐实施,65 岁应该也大部分离开了劳动力市场,因此这么看来,高校教师虽然进入劳动力市场较晚,但其整体的职业生涯周期并不比普通劳动者短,甚至还要更长。因此,在生命周期中高校教师工作时间如何分配,过劳是否也体现出周期性过劳的特征,需要在实证分析中继续探讨。

3.1.3 行为经济学视角下的劳动力供给

行为经济学视角下的劳动力供给理论对分析高校教师过劳的理论价值在于:为高校教师群体的行为偏好、动机和异质性提供了新视角,即行为偏好是多元的;动机不仅追求物质利益效应最大化,也受文化、心理等因素影响;个体差异会影响偏好并最终导致不同的个体决策行为等。另外,行为经济学中的"收入靶假说"也为解释高校教师职业生涯内周期性过劳提供了思路。

新古典经济学在偏好上假定人们只看重绝对数量的物质利益,在动机上假设人们总是设法并且因其"理性"而能够最大化其物质利益("经济人"假设的核心思想),由此在可验证的行为表现方面能够推导出的结论是人们的努力水平取决于努力的边际收益和边际成本,而劳动力市场上每个个体的质性(偏好、动机、行为等)被高度抽象,假设为是同质的。行为经济学的兴起,在本质上是将人的异质性还原到经济学研究的经济系统中来,之所以说是"还原",是因为在新古典之前的古典经济学家那里,就已经有了从心理因素着手分析其对经济行为和经济现象影响的观点和思想,比如,行为经济学中的"损失厌恶"观点,其实早在斯密的《道德情操论》中已有体现,斯密认为痛苦,无论是心灵的或是身体的,都是一种规避更为深刻的体验和感觉,人们对痛苦的同情感,虽远不及受苦者本身能感觉到的那样强烈,但通常比我们对愉快的同情感更为强烈①。行为经济学的理论假设具体而言有如下几点:

在偏好上,充分考虑社会性。行为经济学认为个体偏好是多元的,包括:对等性偏好,此种偏好使人们不受未来物质利益所驱动,不仅关心自己的利益,也关心利益相关者的利益;公平性偏好,即个人不仅关注绝对所得,也关注相对所得;参照依赖偏好,个体会以某个参照点为基准对其"损失"或"获得"进行相对评价,并且有损失厌恶的心理(基于某个参照点,等量损失比等量获益往往对人们的主观感觉有更大的影响);收入靶假说(目标设定偏好),个体劳动力供给行为并非按照生命周期来安排,而是以某一较短时间段为跨度设立一个收入靶,在该时段内努力工作直至达到这一收入目标,若未达到收入目标,就被视为蒙受收入损失(Fehr E & Falk A,2002)②。在动机上,重新理解效用最大化,即效用不仅受物质利益影响,也受文化、心理等因素影响;效用最大化在行为经济学的视角下应当是包含了某些社会性动机(如公平、对等)的效用最大化。在行为上:多样化的努力水平的决定因素。个体努力水平的多寡不仅仅是绝对工资率的函数,不仅取决于努力的边际负效用和边际工资率的比较,个体工资率和机会成本的高低以及所处的环境都会对员工的努力水平产生影响。在个体质性上,承认个体差异的存在。性别、年龄、文化风俗、种族甚至收入、教育和工作类别的不同,都会影响人们的偏好,并最终导致不同的个体决策行为(Fehr E et al.,2009)③。行为经济学为从高校教师群体的偏好、动机和异质性出发解释其过度劳动行为提供了理论视角。

---

① [英]亚当·斯密. 道德情操论 [M]. 谢宗林译. 北京:中央编译出版社,2008:51.
② Fehr. E., Falk. A. Psychological Foundations of Incentives [J]. European Economic Review, 2002, 46 (4): 687 – 724.
③ Fehr E, Goette L, Zehnder C. A Behavioral Account of the Labor Market: The Role of Fairness Concerns [J]. Annual Review of Economics, 2009, 1 (1): 355 – 384.

以行为经济学的视角出发，考虑收入靶假说与劳动力供给之间的关系。某些劳动力供给行为具有间断性且可自由安排供给时间的职业，如高校教师，此类劳动力在短期内的供给是以一个明确的短期收入（此处的收入既包括物质收入，也包括精神收入）为收入靶，随着工资率增加或获得临时提高（也可以是职称的晋升等），人们会表现为先增加努力后减少努力。其原因在于，在达到收入靶前，收入边际效用递增，努力动机很强；一旦达到收入靶后，收入边际效用递减，努力动机开始减弱。研究还表明，在突然遭遇外在冲击之后，如果冲击是正面的，则行为人会觉得只要再多努力就可接近收入靶，从而加大努力水平；如果冲击是负面的，则行为人害怕会因此耽误其当期可获得的收入，从而也会加大努力水平。因此无论如何，在遭遇外在冲击后，行为人都会加大努力程度，但一旦实现收入目标后，努力水平便急剧下降(Fehr E et al., 2009)[1]，该理论可以在一定程度上解释高校教师职业生涯内周期性过劳的原因（如面临要进行职称评定时候，过劳现象就会凸显，而职称评上后，可能就有所松懈，因为高校教师职业自由度和灵活度都较大，因此可以自行调整其努力程度）。

3.2 劳动力供给场所视角[2]——高校劳动力市场相关理论

3.2.1 高校内部劳动力市场

高校内部劳动力市场相关理论对分析高校教师过劳的理论价值在于：高校教师的劳动是在一个相对封闭的内部劳动力市场中进行和开展的，并且在内部存在不同"身份"的高校教师群体，不同的"身份"会在一定程度上影响其过度劳动的程度。另外，高校内部劳动力市场和企业内部劳动力存在本质不同，高校内部劳动力市场的组织目标是追求社会公益的最大

---

[1] Fehr E, Goette L, Zehnder C. A Behavioral Account of the Labor Market: The Role of Fairness Concerns [J]. Annual Review of Economics, 2009, 1 (1): 355-384.

[2] 本节所说的劳动力供给场所，不单指物理的场所，也包括了机制的含义，是包括了机制的场所，这里只为表述方面，将其阐述为场所。

化，高等教育一定程度上属于高校教师的公益性任务，具有社会职能，这也为高校教师工作状态与教学质量带来了社会监督，对其过劳也会产生一定影响。

内部劳动力市场是相对于外部劳动力市场而言的，除了在初始雇用时受到外部市场供求关系的影响之外，其有关劳动配置、工资决定、职位变换和晋升、培训等活动都是在用人单位内部通过管理规则或惯例来进行的（张凤林等，2003）[1]。从历史起源的视角出发，内部劳动力市场的产生和发展主要归因于三大因素，即专用性人力资本或技能、在职培训和习惯法（今井贤一等，2004）[2]。内部劳动力市场与外部劳动力市场相比，具有以下重要特征：首先，长期稳定的雇用关系；其次，遵循内部晋升；最后，薪资给付的非完全绩效化（曾祥炎等，2008）[3]。

虽然就初始雇用来看，内部劳动力市场仍然与外部劳动力市场保持着联系，但是从其基本依据管理规则和惯例传统来实施人力资源配置以及实行长期合约安排等特征来看，它已经不属于那种完全任凭供求关系运作实现价格均衡或由价格变动调节供求关系的市场范畴了。高校教师与高等院校的雇用关系存在许多与内部劳动力市场相似之处，如财政编制隐含着政策对高校在编人员的长期雇用承诺，高校教师遵守内部晋升原则，有明确的职级系统（如讲师—副教授—教授），另外，高校教师的工资并不一定反映学术劳动力市场中的供求关系（非完全绩效化），工资与学历、职称、职位紧密捆绑在一起，工资结构缺乏弹性，也就不一定是高校教师劳动生产率的真实体现。但是在高校内部存在着身份差异，有财政编制的和无财政编制的，另外按照技能的高低，可以分成四个组成部分，分别为在编高技能人员 A（如专任教师、行政干部等）、在编低技能人员 B（如行政部门事务工作人员等）、非在编低技能人员 C（如保安、物业、食堂人员等）和非在编高技能员工 D（聘

---

[1] 张凤林. 内部劳动力市场的运作特征、效率基础及其借鉴意义 [J]. 政治经济学评论，2003 (1)：171-180.

[2] [日] 今井贤一，伊丹敬之，小池和男等. 内部组织的经济学 [M]. 金洪云译. 北京：生活·读书·新知三联书店，2004.

[3] 曾祥炎，危兆宾，郭红卫. 中国地方组织内部劳动力市场特征与激励机制改革 [J]. 长白学刊，2008 (4)：52-57.

任的专任教师或外聘的兼职教师等），如图 3-5 所示。结合本研究的主题，主要研究 A 类和 D 类群体。A 类群体和 D 类群体存在"身份"差异，其过劳的现象和程度也应有所不同，但是其群体互相之间是否在过劳方面相互影响呢？是否存在 Jerry（2004）等人研究结果显示的：学术界兼职就业的兴起增加了全职就业高校教师过度劳动的程度这种现象呢？

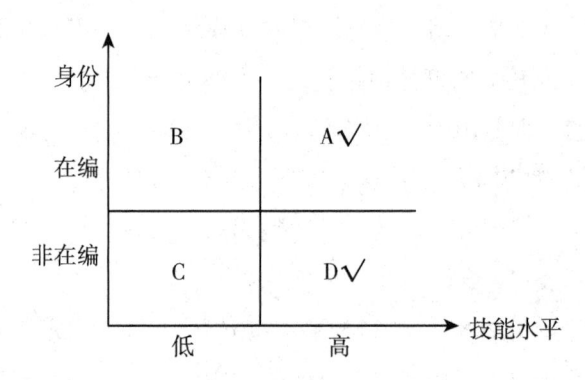

```
身份
 |
在编  |    B        A√
      |
      |————————————————
非在编 |    C        D√
      |_____→ 技能水平
           低        高
```

图 3-5 高校内部劳动力市场结构图

虽然从制度经济学的角度看，高等院校具有制度分割所形成内部劳动力市场的典型特征，但又有别于普通企业的内部劳动力市场，高校内部劳动力市场的存在，其根本原因在于高校是政策和计划的产物，是典型的制度设计导致劳动力市场分割的结果。高校作为政策和计划的产物，其本质是提供一种教育公共产品，其目标是追求社会公益的最大化而非追求经济利益的最大化，它的背后有财政支持和政策保障，不是市场竞争的产物，不受投资收益最大化的"成本—利润"模式的约束。这是高校不同于一般企业内部劳动力市场理论的关键之处，所以要结合高校内部劳动力市场的特殊性对高校教师的工作状态进行分析。

3.2.2 高校劳动力市场的分割

高校劳动力市场的分割对分析高校教师过劳的理论价值在于：整体高校层面，一级高校市场和二级高校市场在工作稳定性、分割原因和分割壁垒三方面都与传统劳动力市场分割不同，一级高校市场存在更为严酷的工作竞争压力和考核要求；单一高校层面，高校教师也存在学术体系的分层带来的马太效应，因此高校劳动力市场的分割可以在一定程度上解释高校教师过度劳动动机、表现和程度的分化现象。

按照不同的分割标准，高校劳动力市场可以分割为不同市场：可以按照高校层次和等级、高校类型、高校区域范围、高校学术声望等进行划分（李湘萍，2010）[①]，也可以按照高校教师特征划分，如性别分割、学科分割、职称分割、学历分割等进行划分（李志峰等，2011）[②]。本研究主要讲两个层面的分割，一是整体高校层面，二是单一高校层面。

整体高校层面，高校劳动力市场可以参考二元劳动力市场分割，划分为一级市场和二级市场。但其与传统的二元劳动力市场分割存在几点不同：首先，工作稳定性正好相反。高校劳动力市场中的"二级市场"的高校教师因其自身素质限制流动能力较弱，所以工作相对安稳，而"一级市场"反而流动能力强，而且存在更为严酷的工作压力和考核要求等。传统劳动力市场理论一般认为，信息不对称、社会资本差异造成劳动力市场分割。造成高校劳动力市场分割的主要因素则在于学术能力方面。其次，两级市场的壁垒不同。传统的劳动力市场分割，因一级市场和二级市场劳动者在人力资本存量等方面存在显著差异，二者泾渭分明、流动困难，但高校劳动力市场则保持有较为畅通的流动渠道。处于二级市场的高校教师，可通过获取更高学位、增加博士后经历、出国深造、从事更多高质量科研活动等，进入一级市场。因此"一级市场"的高校教师过劳的可能性更大，程度可能更严重。最后，造成分割的原因不同。单一高校层面，在同一所高校内部，也存在学术体系分层带来的分割。在漫长的学术生涯展开过程中，其基本表现是学术产出在所有教师内部呈现一种分化与差异格局，学术界中流传的所谓"二八规律"大致反映了这种分布特征。在一定程度上，在编的高校教师职位仍然属于"铁饭碗"，因此总会有一部分教师，在多年晋升没有成功之后，便开始混日子，只要达到考核的最低标准就可以；还有一部分教师，能力一般，但又不至于被淘汰，各方面表现平庸，因此单一高校劳动力市场不仅仅被划分为主要劳动力市场和次要劳动力市场，可能还包含一个人数巨大的中间学术劳动力市

[①] 李湘萍. 我国学术劳动力市场分割的实证研究. 复旦教育论坛 [J]. 2010, 8 (2): 36-42.
[②] 李志峰, 孙小元. 学术劳动力市场分割中的制度影响——院校选择与学科依附 [J]. 高等工程教育研究, 2011 (5): 69-76.

场；而另一部分高校教师绩效表现突出的教师则越来越优秀，形成高校教师内部劳动力市场的马太效应。这种高校学术体系分层的影响因素包括高校教师的学历水平、取得最后学历的高校层次、海外学习研究经历、薪酬水平和竞争性资源获取能力等方面（刘进等，2015）①。高校劳动力市场的分割可以在一定程度上解释高校教师过度劳动动机、表现和程度的分化现象，本书将在第5章的实证研究中进一步检验高校教师任教高校的层次、学科、高校教师组织内身份特征等因素是否对其过劳产生显著的影响。

3.2.3 高校劳动力市场锦标赛制度

高校内部劳动力市场锦标赛制度对分析高校教师过劳的理论价值在于：高校教师的职称晋升过程带有明显的锦标赛色彩，高校教师的人力资本定价存在偏颇又进一步强化了锦标赛的作用，因此高校教师的这种任务类型多、任务量大的锦标赛过程，会对其工作状态产生两方面影响：第一，作为内驱激励因素促进高校教师投身于工作；第二，作为一种"隐性强制"强迫高校教师不得不在锦标赛要求之下实现更为优异成果，无论哪种对高校教师的过度劳动都会产生影响。

20世纪80年代提出的"锦标赛制度"（rank-order tournament）最初应用于企业管理学界，它的产生是由于存在信息不对称的困境，企业委托人为了保证受托的代理人能够满足自己的预期收益，将经理人的绝对业绩与其业绩的相对排序结合起来，以达到激励经理人并改善企业效率的目的（陈霞等，2004）②。该制度在绝对业绩不易确定和具体监督衡量的实践中较为流行，因为锦标赛制合同不需要对每个人界定清晰的产出要求，而仅要求雇主根据其以往业绩表现把所有雇员分为几类，在报酬总额确定的前提下，以往绩效表现最优者获得回报最多（Michael Manove，1997）③。相对而言，锦标赛制毫无疑问更符合高校内部劳动力市场的有关特点，譬如很难清晰地界定有关科研和教学等学术活动的目标和任务要求，高等院校通行的规则基本上

---

① 刘进，沈红. 论学术劳动力市场分割 [J]. 高等工程教育研究，2015 (4)：76-81.
② 陈霞，段兴民. 锦标制度研究述评 [J]. 经济学动态，2004 (2)：58-62.
③ Michael Manove. Job Responsibility, Pay and Promotion [J]. The Economic Journal, 1997, 107 (440): 85-103.

是回报与晋升等级对应，高校教师的教学行为和科研活动相对于其他领域更难以监控，如此等等，不一而足。

在我国，高校的人事编制主要由政府主导，尽管实行的是3—5年合同性的教师聘任制，但高校教师从入职开始，到后续的职称晋升，基本上所有环节都有定编限制。由讲师到副教授、由副教授到教授的升职过程，大多数高校都基本遵循这样的一个基本程序：首先，行政部门对申请资格有基本的刚性要求和标准，譬如完成基本的教学工作量，有教学评价等级、科研发表与科研项目数目、质量要求等，这个资格设定其实带有官僚制的色彩。官僚制的特征是管理机构对不同晋升等级设置了纯官僚化和清晰的刚性标准，这种标准可以是资历如任职期限，也可以是尽可能清晰的量化要求，如果达到条件就会晋升并获得相应的回报，如果不能达到，则要么继续维持其原有的等级，要么被解雇，即所谓的"非升即走"。其次，就是锦标赛制，因为岗位是固定的且相对有限，在许多人都参与竞争的情况下，具有比较优势者会得到职位或获得晋升（Christine Musselin C，2005）[①]。但是，由于岗位名额有限，通常达到刚性资格要求的人也未必能直接获得晋升，还要参与竞争性的选拔，只有那些通过相关程序的优胜者，才能够获得晋升。所以从形式上看，我国高校教师学术晋升过程不仅有官僚制的刚性资格要求，还要通过锦标赛的方式决出优胜者。虽然我国大部分教师实行合同制，但合同制在大多数高校有名无实，考评、合同终止、分流、解雇等环节都存在客观上的障碍，所以迫使许多高校在教师的后期职业晋升中采取比较严酷的选拔形式，这就进一步加大了科学研究的竞争，这些竞争成果甚至成为高校教师晋升过程中的一个必备条件和准入门槛。

近些年来，尽管我国人事制度已经有相当大的调整，高校在职称聘任上有了相对的自主权，但因为受到编制的限制，学术岗位特别是高级岗位的稀缺性，导致学术聘任和晋升过程带有典型的锦标赛特征。不仅如此，为了达到短时间提高效率的目的，政府还在组织内部已有的常规学术等级系统之外，

---

① Christine Musselin. European Academic Labor Markets in Transition [J]. Higher Education，2005，49（1-2）：135-154.

设立了另一套带有高度国家认可性质的学术头衔系统（如国家杰出青年基金、百千万人才工程、长江学者、千人计划等），这似乎是一条更为漫长的锦标赛之路。因为在体制上控制了太多的专项和竞争性资源，在某种程度上进一步强化了国家、政府和行政权力对学术的介入，从而造就了高校教师所特有的职业、工作、生活境况和精神状态。

此外，高校教师的薪酬结构进一步强化了锦标赛制度的作用。我国高校教师的薪酬结构存在如下特点。第一，不同学术等级的基本工资收入是刚性的，由国家统一规定，与机构自身水平没有关联。但是，由于不同等级（包括同一职位的内部分级）基本工资收入之间差别不大，且在扣除养老、医疗保险和公积金后所剩无几，所以，国家提供的基本工资很少为人们所关注，也几乎没有激励作用。第二，有些高校会根据自身的收入水平，根据不同学术等级设置相对固定的岗位津贴，各校津贴发放数额不一，通常额度越高、差异越大，越具有激励作用。第三，在前两者之外，还有专门的奖励制度，如论文发表、项目获取、学术奖项获得等，该部分各校存在较大差异，有些地方性院校的奖励部分甚至超过日常的稳定收入。现行高校教师人力资本定价的方式导致我国高校教师不仅要为职称评定而战，还要为收入多寡而忧心，为了获得更高的薪酬不得不加入锦标赛中，也不得不多发论文、多申请项目，较大的工作负荷对高校教师过度劳动有直接的影响。

所以，整体上高校教师的职业展开过程更多带有锦标赛特征，这在一方面可以作为内驱激励因素促进高校教师投身于工作，追求晋升进行自我实现；另一方面也可以看成是一种"隐性强制"强迫着高校教师不得不在锦标赛制度的要求之下实现更为优异成果，从而给教师带来更大的压力。因此无论是哪方面原因，都会对高校教师工作状态和精力投入产生影响，更会影响心境并带来主动、被动或是隐性强制形式的过度劳动现象。这与西方工作规范相关理论的研究结论也是相符的，劳动者的工作行为态度、期望及晋升和奖励机制会促使其连续长时间工作，因为长时间工作的员工将更不可能被解雇，更可能得到同事的尊重和领导的认可，甚至得到晋升或者更高的权利

(Jacobs Jerry & Kathleen Gerson, 2004)[①]。

3.2.4 高校劳动力市场行政化

高校内部劳动力市场行政化对分析高校教师过劳的理论价值在于：政府与高校的行政化的附带效应是高校教师要不断地花费时间应对政府有关部门设立的各种计划、考核与评价项目；高校内部行政化带来的效应有两方面，一是学术权力和行政权力融合造成的"双肩挑"现象导致这部分精英教师工作负荷加重，可能导致过度劳动；二是高校教师为应付各种行政事项和无关学术的杂事等造成了过多的时间浪费，对其过度劳动产生影响。

《国家中长期教育改革与发展规划纲要（2010—2020）》明确提出要"探索建立符合学校特点的管理制度和配套政策，逐步取消实际存在的行政级别和行政化管理模式"。在此，所谓"取消行政化管理模式"，无疑是对高校管理"去行政化"呼声的一种回应。高等教育的行政化涉及两个基本层面，一个层面是关于政府与高校间的关系问题，是指政府有关部门把高校视为下辖的行政机构，用权力对其施加控制；另一个层面是指高校内部行政与学术间的关系问题，行政化就是指行政部门通过执掌资源配置权、人事权等方式而插手学术事务（陈何芳，2010）[②]。

首先探讨政府与高校间的关系：我国高校受制于政府过于强大的控制，在行政部门种种以制度创新为标识的各种工程项目、计划、考核与评价项目（如学科、教学、学位点、各种资助项目等）驱动下，为获取更多的公共资源（资金或政策优惠），举全校之力进行攻坚并且与权力保持亲近无疑是高校理性的选择。因此从某种意义上讲，政府非规范化的以资源控制为主的调控手段使得高校甘愿"被行政化"，同时"被行政化"带来的附带效应就是高校教师要不断地花费时间应对这些考核与评价项目。

其次探讨高校内部行政权力与学术权力的关系，表现为两方面：一方面，行政权力和学术权力的融合造成"双肩挑"现象，很多高校的优秀教师都会

[①] Jacobs Jerry & Kathleen Gerson. The Time Divide: Work, Family and Gender Inequality [M]. Cambridge, MA: Harvard University Press, 2004.

[②] 陈何芳. 教授治校：高校"去行政化"的重要切入点 [J]. 教育发展研究，2010 (13–14): 68–73.

选择"学而优则仕",这种行政权力和学术权力的融合无可厚非,也并不是高校内部行政化所导致的低效率的关键,因为去行政化的应对方案不是简单的"去行政"或"淡化行政",而是通过完善有效的正式制度和成文规则来强调规范化的行政介入,但广泛的优秀教师双肩挑的现象会在一定程度上增加了这类高校教师的过度劳动水平。另一方面,行政权力泛化导致行政机构过多介入学术以及与学术相关的活动,造成条条框框太多,行政部门强加过多的繁文缛节和设置烦琐行政程序,对高校教师造成了不必要的工作时间浪费。高校教师为了应付各种行政事项浪费时间、分散心思,无效工作时间增加,教师的自尊感和内心感受受到挫伤,对高校教师的过度劳动产生一定影响(本研究也印证了这一点,具体的研究结果见本书第 5 章的分析)。一项针对全国 50 所高水平大学的部分优势学科教师做的大面积问卷调查显示,70% 的高校教师认为现阶段无关学术的杂务繁多,占用了每周工作时间的 16%,大量的时间和精力被各种申请、汇报、跑项目以及考评等事情侵占(阎光才,2013)[①]。

3.3 劳动力供给质量视角——人力资本相关理论

3.3.1 人力资本投资理论

人力资本投资理论对分析高校教师过劳的理论价值在于:高校教师的准入门槛较高,其群体是人力资本投资较高的群体,由于"偷生意效应"[②] 可以使人力资本拥有者获得能力租金,因此存在人力资本继续投资的内在动机,而高校教师的工作属性和群体特征也对其人力资本的继续投资提出了内在要

---

① 阎光才. 让高校学人"静下心来做学问"[N]. 光明日报,2013-07-10(016).
② 偷生意效应(Stealing Business Effects)的实质就是个人通过人力资本投资,从水平方向和垂直方向上以产品创新为中介取走原有产品垄断利益的效应,它是个人人力资本继续投资的基本动力。资料来源:Davis P. Measuring the Business Stealing, Cannibalization and Market Expansion Effects of Entry in the U. S. Motion Picture Exhibition Market [J]. Journal of Industrial Economics, 2006, 54 (3): 293 - 321.

求，因此导致高校教师人力资本投资不断增加、存量不断积累，但没有得到相应的物质回报。另外，人力资本的积累会通过对劳动力参与决策、工资水平、机会成本以及效用函数的影响来对劳动力供给意愿造成影响，进而影响高校教师的过劳。

从 20 世纪 60 年代贝克尔、舒尔茨提出"人力资本"这一概念以后，对人力资本最优投资标准的探索就主要集中在教育经济学领域。高校教师群体的特殊性导致人力资本投资较高。首先，直接花费高，高学历必须直接支付高额的直接教育和间接教育费用；其次，机会成本高，从业时间较晚、所处领域较为单一，因此放弃了很多直接赚钱和构建社会网络关系的机会。培养一名高校教师所需要的人力资本投资是培养一名技术工人的人力资本投资的 24 倍（文跃然等，2004）[1]。

对人力资本投资的研究，其实质是对人力资本投资最优化标准的探索。其中，内部收益率方法、明瑟收益率方法和人力需求法是三种主要的判别标准（胡永远，2005）[2]。根据内部收益率和明瑟收益率方法，当教育投资收益率等于物质资本投资收益率时，人力资本投资达到最优；根据人力需求法，人力资本投资关键是要与经济发展相适应，因此相对工资变化率、就业质量、工作满意程度等指标可以间接作为判断人力资本投资是否最优的标准。从内部收益率和明瑟收益率两个方法出发，单就薪酬水平一方面，高校教师薪酬调查课题组的调查结果显示：2013 年，高校教师年工资收入 10 万元以下的占 47.7%，10 万—15 万元的占 38.2%，15 万—20 万元的占 10.7%，20 万元以上的占 3.4%（高校教师薪酬调查课题组，2014）[3]。高校教师的薪酬水平和与其同等学历的群体相比缺乏竞争性[4]，因此可以在一个侧面佐证高校教师的人力资本投资并没有达到最优标准；从人力需求法出发，高校教师的过度劳动现象其实是对其群体的就业质量和工作满意度的侵害，因此也可能

---

[1] 文跃然，欧阳杰. 高校教师职业特点及其收入分配改革研究 [J]. 中国高教研究，2004 (1)：11-19.

[2] 胡永远. 人力资本投资理论研究新进展 [J]. 经济学动态，2005 (1)：72-75.

[3] 高校教师薪酬调查课题组. 高校教师薪酬调查分析与对策建议 [J]. 中国高等教育，2014 (10)：27-29.

[4] 具体分析见本研究第 4 章 4.4 节的阐述。

导致其人力资本投资没有达到最优标准。

技术创新者之所以要创新,是因为他可以获得创新的垄断利益,但是技术创新也产生了知识的溢出效应,使得他人可在此基础上创新出更好的产品,从而替代了原有产品,取走其垄断利益,这一过程被称为"创造性毁灭"。取走原有产品垄断利益的效应则被称为"偷生意效应",人力资本拥有者获得其能力租金的途径就是"偷生意效应",它是知识外溢效应的一种特殊形式(Schumpeter,1942)①。另外,高校教师群体的特征又对其人力资本继续投资提出了内在要求,如工作后继续入站学习、出国交流访问等,都需要消耗大量的时间和机会成本;知识创新周期不断缩短,学生的知识储备与见识与日俱增,高校教师需要不断充实更新,为保证站在科学前沿,需支付相当多的继续学习费用。这些都会给高校教师带来更多的人力资本积累。

人力资本积累与劳动力供给之间的关系又是怎样的呢?第一,从个体劳动力参与决策来看,随着人力资本的积累水平的提高,劳动者对工作环境、工作条件、工资率的要求都会提高,相应的其保留工资率水平也会提高。但对于高校教师群体来讲,他们是进入这个职业之后又进行了人力资本的积累,因此其保留工资的提高会促使其工作更长时间或者是承接更多的任务来提高工资率以达到保留工资水平;第二,人力资本积累会内生地影响工资率水平,工资报酬在绝对水平和增长率层面的变动直接影响着劳动参与决策方程中的效用函数进而使劳动力供给增加;第三,从机会成本角度看,人力资本的积累会提高不进行市场性劳动的机会成本,因此促使劳动供给增加;第四,人力资本的积累对效用函数本身产生影响,人力资本积累所造成的劳动力效用函数本身的改变对于劳动参与意愿的影响是双向的:一方面,随着人力资本的积累,劳动者的需求层次不断提高,基本生存需求对劳动力的约束越来越弱,劳动参与对于生存和生活的必要性降低,劳动不再是不得不做出的必需的选择。在这个层面上,人力资本积累无疑对于劳动参与意愿有负面的影响;另一方面,随着人力资本的积累,个体对自我实现、被尊重和社会地位的需

---

① Schumpeter, J. A. Capitalism, Socialism and Democracy [M]. New York: Harper and Brothers, 1942.

求越来越强烈，劳动不仅是一个被动的为了获取收入的过程，而且成为其自我实现的一种手段，表现为劳动成为个体的主动选择，在这个层面上，人力资本积累对劳动参与意愿的影响是正向的。由此可以解释，为什么一部分高校教师在职业生涯中后期只求完成最低的考核标准并享受生活和假期（此时第一层面的机制在起作用），而还有一部分高校教师会自愿延长工作时间、减少休息，出现过度劳动（此时第二层面的机制在起作用）。

另外，不得不提的一点是，随着健康日益被看成人力资本的重要组成部分，健康人力资本投资逐渐被注重。健康是一种耐用资本储备，健康时间是其产出，每个人通过遗传获得一笔初始健康存量，这种与生俱来的存量会随着年龄的增长而降低，而投资能使其增加。因此高校教师在追求人力资本持续增加的过程中，需考虑人力资本使用的可持续性，因此要重视健康投资，这也是缓解高校教师过度劳动的关键。

3.3.2 人力资本价值理论

人力资本价值理论对分析高校教师过劳的理论价值在于：高校教师是人力资本价值较高的群体，但现实中存在人力资本价值回报不充分、人力资本定价不合理、薪酬制度设计没有考虑高校教师人力资本价值的积累性和滞后性等问题，导致高校教师不能真正进行自由研究，而是需要从属于各种利益并为其奔波；其人力资本使用的高度自主性也为高校教师进行多种市场性劳动增加收入水平提供了可行机会，因此增加了高校教师身体过劳的风险；另外，人力资本回报的不充分，降低了高校教师的职业满足感、挫伤了职业自尊，降低了高校教师自身的效用水平，增加了心理过劳的风险。

关于人力资本价值的确认，有两种观点具有代表性：一是从其生产成本来看，人力资本价值是维持人力资本再生产所花费的一切费用。主要包括：人力资本所有者正常的生活费用；人力资本所有者家庭的生活费用；人力资本所有者个人投入的普通教育、在职培训、流动迁移、健康医疗和卫生保健等费用；国家、社会与企业的人力资本投资成本；人力资本所有者进行人力资本投资的机会成本。二是从人力资本价值来看，人力资本的价值不仅包括其投资成本，还包括其未来收益的现值。总之，涉及的人力资本总价值应该等于人力资本的总成本与人力资本获得的新增价值之合（李福柱等，2005）[①]。

高校教师人力资本价值既是社会人力资本价值的一部分，同时也担负着未来人力资本价值的培养重任，从一定意义上说，高校教师人力资本是组织先进生产力和先进文化的创造者和传播者，高校的效益主要体现的是高校教师人力资本价值使用率的函数，这一函数包括了科研能力、科研能力的转换、教学能力、培训技能等，高校教育产业化后，人力资本价值的作用更为重要，人力资本的适用或运营状况直接决定了高校经营效率新的高低，因此对高校教师人力资本价值进行合理定价是保障其高效利用的前提和基础。

但高校教师人力资本价值存在两方面较为突出的问题，一方面是人力资本价值回报不充分。依据"高价值高收入"原则，高校教师应该获得较高的收入。综观我国收入分配的现状，高校并不存在人力资本回报的绝对倒挂现象，但存在着相对的倒挂（高校教师人力资本价值回报的不充分问题）。这种高校教师人力资本回报不充分问题主要表现在高校教师行业整体回报不足，与其他知识密集型行业相比工资水平缺乏优势。另一方面是现行机制对没有关注高校教师人力资本价值的积累性和滞后性。高校收入分配向高职称、高能力和高层次人才倾斜本无可厚非，但教育是一项连续性的事业，高校教师人力资本的积累也具有连续性和滞后性，这就要求某项制度、某个举措应该不仅仅针对少数精英分子（如学科带头人、资深教授等），而是要具有可持续性，关注高校教师的发展和成长，同时符合高校教师的成长规律。正是存在这样的问题，才导致高校教师，尤其是青年教师，存在较大的职业压力和经济压力，因此不得不投入锦标赛制度中，通过晋升增加收入，同时其人力资本使用的高度自主性为高校教师进行多种市场性劳动增加收入水平提供了可行机会，在能力范围内尽可能多地从事一些兼职活动，增加了身体过劳的风险。

出于对高校教师人才的保护，适度的压力是必要的，学术博士入职后的6—7年为职业高压期有其合理性，入职选拔的严酷是为了择良才而用，6—7

[①] 李福柱，丁四保. 国内人力资本理论研究刍议 [J]. 软科学，2005，19 (2)：7-10.

年的观察考察期为其充分展示实力提供了必要的时间。而一旦通过了这一段时期的洗礼，高校则应尽可能为其提供相对安全和稳定的职业保障和激励制度，给予充分的人力资本价值回报，为其展开独立自由的、探索性和风险性大的研究创造相对宽松的环境。如果一直是高压力状态，激烈的锦标赛竞赛氛围以及不完全的人力资本价值回报，不符合高校教师人才成长规律，同时也对高校教师人力资本的持续发展起到破坏作用，多年的人力资本积累没有得到充分的回报，降低了高校教师的职业满足感、挫伤了职业自尊，降低了高校教师自身的效用水平，增加了心理过劳的风险。

3.3.3　技术变迁理论

技术变迁理论对分析高校教师过劳的理论价值在于：首先，技术变迁周期的缩短提高了对高校教师人力资本存量不断提升的要求，增加了高校教师工作的准备时间和准固定时间成本；其次，技术进步带来了侵蚀效应，高校教师的潜在有效供给时间降低，为保证产出和效用不变，需要增加劳动力供给时间；最后，为抵消侵蚀效应，高校教师需提高自身的人力资本积累，就进一步增加了工作准备时间成本。这些工作时间上的消耗都会在一定程度上对高校教师过度劳动产生影响。

随着生产力的不断发展，技术也不断日新月异。第一次工业革命的开端以瓦特改良蒸汽机为标志，第二次工业革命以电气化的普遍使用为标志，第三次工业革命则以微电子技术的发明和普遍使用为标志。技术变迁的周期在大大缩短，随之对劳动者的要求也在不断提高，这些都使得高校教师需要不断地充实自己，提高人力资本存量。同时，技术变迁对学校的教育教学也提出了新的要求。为了适应技术变迁，学校必须在教学过程中高度重视社会需求，将前沿教育和储备教育融入教育内容，这些都需要高校教师不断地更新、完善自身的知识结构，无形中增加了其准固定时间成本的投入和劳动准备时间。

另外，技术进步对人力资本积累具有侵蚀效应。个体学习新技术的时间会随着技术进步率的提高而递减，这表明，劳动的有效供给时间，会随着从现有的技术状态转移到更高级别的技术水平状态而减少。换言之，随着技术的进步，现有人力资本对新环境的适应性会随之降低，因此，技术的进步会使得劳动潜在有效时间降低，劳动力个体为了保证自身的产出和效用不变，需要增加劳动力的供给时间以弥补技术进步带来的"侵蚀效应"，而提高教育水平可以减轻技术变迁对人力资本积累的负向效应（Galor Oded，2005）[1]。因此可以说，一方面，这部分"侵蚀效应"在一定程度上给高校教师群体带来了固定时间成本，教师必须花费这样的时间成本来保证自己的产出和效用不变，而这部分的时间付出是没有报酬的，这就无形地增加了高校教师劳动力供给的时间；另一方面，高校教师需不断提升自己的教育水平（通过干中学、在职培训、更新自身知识结构、不断学习新技术等）来缓解技术进步给自身人力资本积累带来的负向效应，这也增加了高校教师的劳动力供给时间，且这部分劳动力供给时间也是无偿的，属于维持工作状态的固定时间成本，这些共同作用导致了高校教师工作时间的延长，在假设高校教师劳动强度不存在异质性的情况下，超长的工作时间可能导致高校教师的过度劳动。

3.3.4 资源保存理论

资源保存理论对分析高校教师过劳的理论价值在于：一方面，从个体资源投入—产出损益角度出发考虑，高校教师的群体特征和职业要求导致其是高情绪劳动工作，较易遭受资源损耗的身心压力从而陷入丧失螺旋中，因此容易产生过度劳动，尤其是心理过劳；另一方面，从"工作要求—资源"（JD‐R）模型出发，工作要求过高同时工作资源匮乏两个维度也可以对高校教师过度劳动进行解释，需要分析组织提供的支持和对组织的满意度等对高校教师过劳形成是否具有显著影响。

资源保存理论认为人们有一种获得、保存和保护各种资源的基本动机。人们总是在积极地努力维持、保存和建立各种他们认为宝贵的资源，这些资源的潜在损失、实际损失或者投入资源后无法获取资源作为回报时，对他们而言是一种威胁。这里的资源较为强调认知资源和能力资源，包括个人特点，如工作能力、自我效能等；个人条件，如工作条件、工作资历、婚姻状况、

---

[1] Galor Oded. From Stagnation to Growth: Unified Growth Theory [M]. Holland: Elsevier, 2005.

工作稳定性等；能量资源，如包括身体状况、情绪控制、认知能力在内的内在能量资源和包括金钱、时间、知识和关系网在内的外在能量（Hobfoll，1989）[1]。

资源保存理论的核心观点是：拥有较多资源的个体不易受到资源损失的攻击，且更有能力获得资源，反之亦然，进而可以演化出资源的两个螺旋效应——丧失螺旋和增值螺旋。丧失螺旋是指缺乏资源的个体不但更易遭受资源损失带来的压力，而且这种压力的存在致使防止资源损失的资源投入往往入不敷出，从而会加速资源损失；增值螺旋是指拥有充足珍贵资源的个体不但更有能力获得资源，而且所获得的这些资源会产生更大的资源增量。不过，资源获取螺旋的形成速度不及丧失螺旋，所以缺乏资源的人更易陷入丧失螺旋中（Hobfoll，2001）[2]。

因此可以从个体资源投入—产出不平衡的角度来解释高校教师过度劳动问题的产生，即当个体投入大量的固有资源，如时间、精力、情绪、机会和社会关系，却得到微不足道的资源回报时，就会产生一种身心俱疲的状态。这里要强调的一点是，高校教师个体资源的投入和损耗包括一个重要的方面就是情绪劳动。情绪劳动是指压抑真实情绪，表现出符合组织要求的情绪的劳动过程，是员工为了减少表现出来的情绪和真实感受到的情绪之间的失调所做出的努力（Hochschild，1983）[3]。高情绪劳动的职业有三个特点：首先，涉及与外部顾客进行面对面的接触和交流；其次，要求员工通过自身的努力和情绪带动使他人产生一种良好的情绪状态；最后，允许雇主通过训练与监督的方式对员工情绪活动进行控制（Diefendorff & Gosserand，2003）[4]。由此可以看出，高校教师是高情绪劳动职业，因为首先，上课或者课余辅导，其需要与自己的"顾客"——学生进行面对面的接触和交流；其次，需要在课

---

[1] Hobfoll S E. Conservation of Resources: A New Attempt at Conceptualizing Stress [J]. American Psychologist, 1989, 44 (3): 513-524.

[2] Hobfoll S E. Conservation of Resource Caravans and Engaged Settings [J]. Journal of Occupational and Organizational Psychology, 2001, 84 (1): 116-122.

[3] Hochschild A R. The Managed Heart [M]. Berkeley, CA: University of California Press, 1983.

[4] Diefendorff J M, Gosserand R H. Understanding the Emotional Labor Process: A Control Theory Perspective [J]. Journal of Organizational Behavior, 2003 (24): 945-959.

堂上或者课后给学生带来良好的情绪状态，即便是在自己的情绪状态不佳的时候，也需要展现出良好的情绪状态，为学生提供足够的情绪价值；最后，高校的管理者会对高校教师工作中的情绪进行控制和监督，并且通过入职、在职培训等方式对高校教师的情绪管理能力进行培训。因此高校教师在工作过程中需要消耗自身资源以呈现出令公众和高校管理者满意的工作情绪，进而更易遭受资源损耗带来的身心压力。

另外，在资源保存理论基础上发展起来的工作要求—资源模型（JD－R模型）也为分析高校教师过度劳动提供了视角。该模型认为工作中能够影响劳动者身心健康的因素可以归为两类：工作要求和工作资源。工作要求指那些需要个体不断付出身体或心理上的努力，与一定的生理和心理消耗有关的工作因素；工作资源则是指那些有助于工作者达成工作目标，减轻工作要求及相关的身心消耗，激励个人成长、学习和发展的工作因素（Demerouti，2001）[①]。根据该模型的假设，工作要求是消极工作结果的主要预测变量，如过度劳动、职业倦怠等，而工作资源则能够促进积极结果的发生，如工作投入的增加、工作绩效的提升和工作满意度的提高等（Bakker & Demerouti，2007）[②]。

但是，"工作要求"是把双刃剑，具有挑战性且可得的工作要求在一定程度上对员工是一种激励，人才的保护首要工作也是对其严格管理，避免"业荒于疏"。但是过于苛刻的要求会阻碍其职业发展。因此，对于高校教师而言，工作要求应该一分为二地看，包括挑战性要求和阻碍性要求。挑战性要求是指那些使个体感受到压力，却能够促进个体任务的完成或为个体带来潜在的成长、回报与收益，激发个人成就感的因素，如适当的工作负荷、时间压力等；而阻碍性要求是指那些使个体体验到压力的同时，限制了个人能力的发挥，阻碍任务的达成、个人成长与职业发展，进而给个体带来消极影

[①] Demerouti E., et al. The Job Demands – Resources Model of Burnout [J]. Journal of Applied Psychology, 2001, 86 (3): 499–512.

[②] Bakker A B., Demerouti E. The Job Demands – Resources Model: State of the Art [J]. Journal of Managerial Psychology, 2007, 22 (3): 309–328.

响的工作要求,如烦琐的行政公事程序、角色模糊等(Cavanaugh et al.,2000)[①]。也就是说,阻碍性要求能够直接导致消极结果,而挑战性要求则在导致消极结果的同时,亦能够促进积极结果的产生,因此在分析高校教师过度劳动问题的时候要辩证地看待工作要求对过度劳动产生的影响。另外,可以从对高校教师的资源保护、获取和利用三个方面展开管理策略研究,以完善和发展过度劳动问题管理的相关研究。

3.4 劳动力供给过程视角——工作/家庭相关理论

3.4.1 家庭劳动供给理论

家庭劳动供给理论对分析高校教师过劳的理论价值在于:在家庭单位中,夫妻双方的劳动力供给决策不是独立的,而是基于家庭整体效用最大化而联合进行的,同时受到多方面因素的影响。一方面,基于比较优势理论,高校教师具有高人力资本存量,是先进知识、技术的掌握者,因此在某种程度上属于专业化于市场劳动的一方,将会在市场劳动上提供更多的劳动力供给;另一方面,由于组织压力的非均衡性,家庭成员家务劳动时间的分配与工作时间自由度密切相关,因此高校教师在家务劳动方面可能承担较多,造成了人力资源的浪费和闲暇时间的侵占,影响了高校教师认知资源和工作疲劳的恢复,易产生资源耗竭、疲劳蓄积并导致过度劳动。需要强调的是,家务劳动具有分割性,即身体的疲劳主要由家务劳动造成,但心理、脑力的疲劳主要是由工作造成的,因此需要辩证地看待家务劳动对高校教师过劳的影响[②]。

新古典理论认为,任何要素配置都是基于个体理性的,包括劳动供给决策。劳动力市场中,绝大多数劳动者是隶属于某个家庭单位的。而在家庭单位中,夫妻双方的劳动力供给决定往往不是独立的,而是一个复杂的相互作

---

① Cavanaugh M A., et al. An Empirical Examination of Self-report Work Stress among U. S. Managers [J]. Journal of Applied Psychology, 2000, 85 (1): 65-74.
② 本研究的研究结果也印证了这一点,具体见第5章5.3节的分析。

用过程，且有别于个人劳动供给决定。因此，劳动力市场的研究就必须考虑到夫妻中一方工作时间的选择对另一方的影响，即考虑到家庭联合劳动力供给的问题。贝克尔的家庭时间配置模型就是对这一思想的最好阐述（Becker, 1965）①。但这一模型也有一定不足，如它将家庭视作一个整体，要求每个成员的偏好都完全一致，而且能做出一致的判断和选择，不允许有任何异议。至于家庭内部的决策过程究竟如何，它并没有具体涉及，也没有做任何讨论。在这里，家庭只是一个决策的黑箱。从这个角度讲，只是把个人决策主体简单地更换为家庭决策主体，把个人理性简单地调换为家庭理性，因此，贝克尔意义上的家庭决策模型成为单一决策模型，它属于新古典理论的分析范式。

随后的研究中，逐渐将家庭成员之间存在偏好的异质性考虑进去，提出了家庭集体决策模式，认为家庭劳动供给，首先源于利己本能，非工资收入特别是财富要在不同成员之间按照一定规则进行分割，具体分割比例取决于不同成员之间的讨价还价实力，其实质是博弈的过程；其次，个人分割的财富构成了个人预算约束条件，以它为基础个人再以个人效用最大化为原则做出相应的劳动供给决策（Chiappori, 1988）②。家庭劳动供给决策受到多方面因素的影响，包括内在的家庭特征变量（如人口结构、生命周期、是核心家庭还是扩展型家庭、是本地家庭还是移民家庭、财富基础以及偏好等）、外在的市场变量（如工资、婚配市场状况、技术革新劳动力市场发育程度等）以及家庭内部的交互影响（如夫妻之间的交互影响、代际之间的交互影响等）（丁守海等，2012）③。

传统的家庭分工基于效率原则下的男强女弱生理规则，一般形成了"男主外、女主内"的格局，但研究表明，高人力资本存量的女性更偏好于市场性劳动而不是像照顾孩子这样的家务劳动，因为对她们来说，市场工资更高，

---

① Becker G. Theory of the Allocation of Time [J]. The Economic Journal, 1965 (75): 493 – 517.
② Chiappori P A. Rational Household Labor Supply [J]. Econometric, 1988, 56 (1): 633 – 90.
③ 丁守海，蒋家亮. 家庭劳动供给的影响因素研究：文献综述视角 [J]. 经济理论与经济管理，2012 (12): 42 – 51.

家务劳动的机会成本也就越高（Murat，2007）[1]。因此可以看出，从比较优势理论视角出发，一般来说，家庭中的某一成员如果在某种程度上专业化于市场劳动，则应将更多的时间应用于市场劳动，另一成员专业化于家务劳动，则应在家务劳动上多分担，将这两方面的产出进行交换或加总，可以实现整个家庭效用的最大化。从这个角度来看，已婚高校教师如果是"向下匹配"的婚姻结构（这里的"向下匹配"指的是学历上的比较），那么在家庭内部，高校教师属于高人力资本存量个体，具有专业技能、知识技术上的比较优势，更有可能投入更多的工作时间。

但是，在理想状态下，家庭成员之间会在最大化目标优势下自动形成时间资源分配的均衡机制，以实现家庭成员时间资源利用之共同的最大化收益目标（段锦云等，2004）[2]。由于每个处于就业状态的家庭成员其各自组织的工作压力、劳动强度、工作时间、专业适应性以及自由度等均存在差异，导致家庭成员之间的家务劳动在一定程度上需要基于"组织压力规则"进行分配，也就是说时间资源可相对自由支配的家庭成员可能需要承担较多的家务。基于收入的家庭贡献差异分析研究表明，家庭成员收入差异对家庭成员家务时间配置的影响较小，呈现弱相关性，而与工作时间的自由度差异则呈强相关性，是影响家庭成员家务时间分配的主要因素（陈惠雄，2007）[3]。与现代社会组织中的各行各业相比，高校教师是具有显著自由行为特征的职业，因此高校教师存在承担更多家务工作的可能性。但是由于家务劳动造成的疲劳不属于本研究界定的过度劳动研究范畴，但将家务劳动从高校教师过度劳动影响因素中进行剥离存在一定难度，因为教师主要是脑力劳动者，其劳动过程具有随时性，因此在进行家务劳动的时候如果仍然在思索问题，其劳动过程也属于和工作相关，但具有分割性，即身体的疲劳是由于家务劳动造成的，但心理、脑力的疲劳是由于工作造成的，因此需要辩证地看待家务劳动对高

---

[1] Murat I. Endogenous Gender Power, Household Labor Supply and the Demographic Transition [J]. Journal of Development Economics, 2007, 82 (1): 138 – 155.
[2] 段锦云, 钟建安. 组织中员工的角色外行为 [J]. 人类工效学, 2004 (4): 69 – 71.
[3] 陈惠雄. 基于家庭分工与非均衡组织压力的大学教师工作压力研究 [J]. 现代教育科学, 2007 (6): 104 – 106.

校教师过劳的影响。

但有一点是可以肯定的,家务劳动侵占过多时间对高校教师来讲无疑是不经济行为:首先,由于组织约束较弱、时间支配相对自由,就让高校教师承担过多家务劳动是一种具有"短视"倾向的基于当前利益的行为选择,可能对高校教师未来职业发展、身心健康以及所在组织长期效率构成不利影响;其次,高校教师人力资本存量相对较高,在向下匹配的婚姻中,高校教师在市场劳动中由于比较优势的存在可能就会提供更多的劳动力供给,如果又因为其自由支配时间较多而过度承担家务,不仅其自身人力资本造成浪费,也是对其身体和心理资源的透支,同时对社会整体人力资源有效利用效率造成影响,使基于社会总效用的人力资源组配置无法达到帕累托最优;最后,闲暇时间的减少导致高校教师有自由、无闲暇,不能很好地利用闲暇时间恢复自身认知资源和缓解工作带来的疲劳,很容易造成认知资源耗竭、疲劳的蓄积并最终导致过度劳动。

3.4.2 工作/家庭边界理论

工作/家庭边界理论对分析高校教师过劳的理论价值在于:首先,高校教师职业特征导致其工作/家庭边界弹性大,在一定程度上造成了工作和家庭界面的互相渗透,使得高校教师工作脱离程度较低,心理能量不能及时恢复,疲劳感不能及时缓解,易导致认知资源耗竭和身心疲惫,形成过度劳动;其次,基于个人—环境匹配理论,不同高校教师对工作/家庭边界弹性意愿和能力不同,之间存在匹配问题,不同的匹配程度可能导致工作/家庭冲突、平衡或增益三种不同结果,工作/家庭冲突会加剧高校教师过度劳动,而工作/家庭平衡和增益会缓解过劳。

根据工作/家庭的边界理论,个体的工作和家庭生活处于两个不同的界面中,相互之间具有渗透性。在工作领域和家庭领域之间存在界限,这种界限可能是物理的(如办公室、家门),也可能是时间上的(如上下班的具体时间),也可能是心理的(如自身设定的规则,比如在家办公的人设置每天从几点到几点为工作时间),个体在不同领域承担不同的角色,要从工作领域转到家庭领域时，需要角色的转换（Clark，2000）①。

其实，工作家庭边界的融合与分离没有本质的好坏之分，适度的渗透可以增加工作弹性，缓解固定工作场所固定工作时间带来的压力，但过度渗透可能就会导致工作脱离程度较低从而带来负面影响。高校教师职业特征导致其工作/家庭边界弹性大，在一定程度上造成了工作和家庭界面的互相渗透，使得高校教师工作脱离程度较低，工作和生活互相之间的影响具有叠加效应。在面对工作中的压力时，会感到认知资源和情绪资源的耗竭，因此需要进行心理能量恢复。所以一旦在休息时间，不用考虑工作要求时，个体就会有机会进行放松和充电，对工作中被消耗的心理资源进行恢复和补充，防止个体身心健康状态的不良变化，进行心理恢复（Zapf，2002）②。

可见，心理恢复过程是缓解、预防身体和心理疲劳蓄积带来过度劳动的有效方法。但是高校教师由于其职业特征，工作和家庭的界限并不泾渭分明，工作和生活经常相互渗透，脑力劳动又导致其劳动过程具有随时性，所以通常缺乏必要的心理恢复过程，容易导致过度劳动。有研究表明，在工作中的投入越多，个体越难以从工作中解脱出来，当工作结束后，个体进入心理能量恢复的重要场所——家庭时，这种工作中的积极投入会对心理健康带来负面影响（Sonnentag et al.，2008）③。

如果不同领域角色转换不及时或者出现角色冲突，工作和家庭之间的界面就会变得模糊，个体在工作界面所感受到的负面情绪和行为以及工作中的压力，就会溢出到家庭界面，影响家庭生活，这就产生工作对家庭的冲突；反之亦然，如果个体在家庭界面中受到负面情绪和行为以及家庭成员给予的生活压力等也会溢出到工作界面，形成家庭对工作的冲突。这种冲突对个体

---

① Clark S C. Work/Family Border Theory: A New Theory of Work/Family Balance [J]. Human Relations, 2000, 53 (6): 747-770.

② Zapf D. Emotion Work and Psychological Well-being: A Review of the Literature and Some Conceptual Considerations [J]. Human Resource Management Review, 2002, 12 (2): 237-268.

③ Sonnentag S, E J Mojza, C Binnewies and A. Scholl. Being Engaged at Work and Detached at Home: A Week-level Study on Work Engagement [J]. Psychological Detachment, and Affect, Work & Stress, 2008, 22 (3): 257-276.

的压力反应、行为反应等均具有负面的影响（Allen et al, 2000）[1]。但是，工作和家庭之间也有平衡甚至是相互促进的一面。工作对家庭的促进指个体在参与工作角色活动的过程中获得的技术、行为或积极的情绪会对家庭活动产生积极的影响；而家庭对工作的促进则是指个体在参与家庭角色活动的过程中获得的积极情绪、支持等可以帮助个体与同事和睦相处、努力工作或使得个体在工作中充满活力、更加自信，并形成良性循环，工作中的收获使个体将以更好的状态投入家庭中，这些都是工作/家庭增益。

不同的个体，由于价值观、对工作和家庭所持有的分割/整合偏好不同、工作要求和职业特性差异等因素，在面对另一领域的角色需求时，个体是否愿意进行相应角色转变的意愿程度有所不同，能否进行相应角色转变的能力也不同。这种是否愿意从一个角色向另一个角色转变的程度被称为边界弹性意愿，个体能否从一个角色向另一个角色转变的程度称之为边界弹性能力。个人—环境匹配理论认为，如果环境不能满足个人的需要，就会导致紧张、压力、情绪耗竭、身心负面影响和冲突；如果环境能满足个人的需要，匹配就发生，将降低个人的紧张和冲突水平（Edwards, 2008）[2]。因此，当工作/家庭边际弹性意愿（个人需求）和边际弹性能力（环境资源）不相匹配时，个体的紧张感、压力水平和冲突体验更为强烈，因此更有可能发生工作/家庭冲突，而当其相匹配时，工作/家庭更倾向于产生增益效果（马红宇等，2014）[3]。高校教师对工作/家庭分离的偏好程度，以及实际分离程度与知觉分离程度之间的匹配，对高校教师的健康状况有显著的预测作用，较高的匹配能够带来更高程度的健康状况以及工作家庭满意感（Edwards & Rothbard,

---

[1] Allen T D, D E L Herst, C S Bruck and M Sutton. Consequences Associated with Work‐to‐family Conflict: A Review and Agenda for Future Research [J]. Journal of Occupational Health Psychology, 2000, 5 (2): 278‐308.

[2] Edwards J R. Person‐environment Fit in Organizations: An Assessment of Theoretical Progress [J]. The Academy of Management Annals, 2008, 2 (1): 167‐230.

[3] 马红宇，申传刚，杨璟，唐汉瑛，谢菊兰. 边界弹性与工作——家庭冲突、增益的关系：基于人——环境匹配的视角 [J]. 心理学报，2014, 46 (4): 540‐551.

1999)①。换句话说，有的教师偏好工作/家庭分离程度高，但如果实际情况和感知到的情况是工作/家庭互相渗透，则可能更容易形成工作/家庭冲突，从而带来角色的冲突、引发心理和生理上的压力、加剧疲劳的体验和感受，影响健康状况。而有的教师工作/家庭分离偏好程度低，所以即便是工作/家庭界面互相渗透，也没有特殊的感受。因此在探讨家庭层面导致高校教师过度劳动形成机制时要充分考虑其工作/家庭弹性意愿问题，因为高校教师的职业特征使得其拥有工作/家庭边界弹性能力的概率较高（当然，也不排除有一些高校教师工作/家庭角色转换存在困难，只是因为其工作家庭的边界弹性较大，所以比其他职业的劳动者拥有更大程度的角色转换的可能性）。

3.5 本章小结

本章主要从劳动力供给视角出发，运用劳动力供给相关理论、内部劳动力市场相关理论、人力资本相关理论以及工作/家庭相关理论来对高校教师过度劳动进行理论上的分析，具体来说，各个理论对分析高校教师过度劳动的启示和贡献如表3-1所示：

表3-1 高校教师过度劳动理论分析梳理

视角	理论名称	对高校教师过劳分析的理论价值	对实证分析的启示
劳动力供给—时间视角	劳动力供给理论	高校教师比起固定工时制的劳动者闲暇偏好低；高人力资本存量，从业前期投入的直接费用、时间成本和机会成本都较高，不工作的成本较大，因此闲暇偏好降低，替代效应会大于收入效应，劳动力供给时间延长。	高校教师的闲暇偏好程度较低是否影响过劳的形成？

---

① Edwards J R & Rothbard N P. Work and Family Stress and Well-being: An Examination of Person-environment Fit in the Work and Family Domains [J]. Organizational Behavior and Human Decision Processes, 1999, 77 (2): 85-129.

续表

视角	理论名称	对高校教师过劳分析的理论价值	对实证分析的启示
劳动力供给—时间视角	生命周期劳动力供给理论	高校教师为了弥补较高的"准固定成本"倾向于延长工作时间；职业特征导致其进入和退出劳动力市场的时间都较晚，因此生命周期内的劳动力供给时间不比普通劳动者少，甚至更多，但过度劳动可能呈现周期性。	高校教师的职业阶段（爬坡期、稳定期、衰退期）是否影响过劳的形成？
	行为经济学视角下的劳动力供给	行为偏好可能是多元的；动机不仅追求物质效应最大化，也受文化、心理等因素影响；"收入靶假说"为解释高校教师职业生涯内周期性过劳提供了思路。	追求物质收益最大化还是精神收益最大化；追求事业成功还是生活平衡是否影响过劳的形成？
劳动力供给—场所视角	高校内部劳动力市场	内部劳动力市场存在不同"身份"，会在一定程度上影响过劳；高校内部劳动力市场追求社会公益的最大化，为高校教师工作状态与教学质量带来了社会监督。	1. 高校教师的聘任形式（体制内、合同制）、组织内身份（是否担任行政职务）是否与其过劳程度显著相关？ 2. 社会大众对高校教师的期待和监督是否影响过劳的形成？
	高校劳动力市场的分割	整体高校层面，一级高校市场存在更为严酷的工作竞争压力和考核要求；单一高校层面，高校教师也存在分层，因此过劳呈现分化现象。	高校教师的任教高校所在地、任教高校层次、任教学科是否与其过劳程度显著相关？
	高校劳动力市场锦标赛制度	高校教师的职称晋升过程带有明显的锦标赛色彩，1. 作为内驱激励因素促进高校教师投身于工作；2. 作为一种"隐性强制"迫使高校教师实现更为优异成果。无论哪种对高校教师的过度劳动都会产生影响。	组织内部的职称晋升制度、晋升压力是否影响高校教师过劳的形成？

续表

视角	理论名称	对高校教师过劳分析的理论价值	对实证分析的启示
劳动力供给—时间视角	高校劳动力市场行政化	政府与高校层面的行政化：高校教师要不断地花费时间应对政府制度创新所设立的各种计划、考核与评价项目；高校内部行政化：1. "双肩挑"的教师更易过劳；2. 高校教师为应付各种行政事项造成了过多的时间浪费。	1. 无关教学、科研的杂事占用太多时间是否影响过劳的形成？2. 行政化对教学、科研效率牵制是否影响过劳的形成？3. 财务报销制度、各种流程审批制度是否影响过劳的形成？
劳动力供给—质量视角	人力资本投资理论	高校教师职业特征使其人力资本投资不断增加，人力资本的积累还会通过对劳动力参与决策、工资水平、机会成本以及效用函数的影响来对劳动力供给意愿造成影响，进而影响高校教师的过劳。	思考的随时性、人力资本投资的持续性是否影响过劳的形成？
	人力资本价值理论	人力资本价值回报不充分，需要从属于各种利益并为其奔波，增加了高校教师身体过劳的风险；人力资本回报的不充分，降低了高校教师的职业满足感，增加了心理过劳的风险。	对薪酬水平的满意度以及与知识密集型行业的其他职业人员薪酬水平相比的满意程度是否影响过劳的形成？
	技术变迁理论	技术变迁周期的缩短增加了高校教师"准固定时间成本"；技术进步降低了潜在有效供给时间；为抵消侵蚀效应，高校教师需提高自身的人力资本积累，增加工作工作时间。	技术进步需要高校教师不断学习新知识、新技能是否影响过劳的形成？
	资源保留理论	高校教师职业是高情绪劳动工作，较易遭受资源损耗的身心压力从而产生过劳；从JD-R模型出发，分析组织提供的支持和对组织的满意度等对高校教师过劳形成是否具有显著影响。	1. 情绪劳动是否影响过劳的形成？2. 对所在院系人际氛围的满意度、对所在院系的软硬件支持的满意度是否影响过劳的形成？

续表

视角	理论名称	对高校教师过劳分析的理论价值	对实证分析的启示
劳动力供给—过程视角	家庭劳动力供给理论	基于比较优势理论，高校教师在某种程度上属于专业化于市场劳动的一方，将会在市场劳动上提供更多的劳动力供给；由于组织压力的非均衡性，高校教师在家庭事务方面可能比配偶承担得更多，造成闲暇时间的侵占。	承担了过多的家庭事务（家务劳动、照料子女、赡养老人等）是否影响过劳的形成？
	工作/家庭边界理论	不同高校教师对工作/家庭边界弹性意愿和能力不同，之间存在匹配问题，不同的匹配程度可能导致工作/家庭冲突、平衡或增益三种不同结果，工作/家庭冲突会使疲劳感不能在非工作时间及时缓解，造成高校教师过劳。	工作/家庭的边界意愿情况和边界实际情况的差距是否影响过劳的形成？

第4章　高校教师过度劳动的形成机制分析

提及高校教师，不少人存在着这样的刻板印象：觉得高校教师是一个轻松、闲适的职业，尤其是不用坐班，而且每年还有两个假期。如果社会大众是这样认为的，那么真的有必要为高校教师正名：大学校园里混日子的教师有没有？当然有。不过作为一所正规大学里的称职教师，他们所承担的教学、指导学生、管理、科研等任务，足以让他们每周的工作量轻而易举地就超过我国《劳动法》规定的劳动时间，具体工作小时数在本研究的第2章2.4节已有大量笔墨陈述。而且，高校教师的薪酬也缺乏市场竞争力，在同等学历的群体中，基本处于中下等。高校教师可以说是一个辛苦活，已经成为过度劳动频发的高危职业，需要引起重视。但是不论多辛苦，在谈及自己的学生、自己的研究成果时，很多老师都会眼睛闪着光芒说，这是个幸福的职业。因此可以看出，高校教师过度劳动的形成机制肯定与其他行业的劳动者有所不同，其职业、群体特征决定了过度劳动的产生路径和传导机制的不同。只有剖析清楚这些，才能有针对性地切断其过度劳动的"传导线"，维护高校教师的职业满足感和幸福感，保护其人力资本的可持续发展，提高高校教师的身体健康水平和生活质量，从而保障高等教育的质量，推进我国高等教育的发展，这对于增强我国人力资本积累，增加居民收入乃至促进经济增长也有积极的作用。

4.1 高校教师群体特征与工作特征分析

第 3 章中关于高校教师过度劳动的理论分析中，已经论及了部分高校教师群体特征所导致的过度劳动具有特殊性和典型性，本节就在前文的基础上，总结分析高校教师与普通劳动者相比的群体特征以及与其他知识工作者相比的工作特征。

4.1.1 与普通劳动者相比的群体特征

4.1.1.1 人力资本存量较高

第一，前文的分析已经指出，高校教师人力资本形成所需的投资是技术工人的 24 倍（文跃然等，2004）[1]，也有研究表明，选择不低于自己学校声望的其他高校毕业生已经成为高校教师选拔聘用过程中的"潜规则"[2]，因此很多高校毕业生为了获得心仪高校教师岗位的入场券，会到更高声望的学校继续学习进修，进一步增加了人力资本的投入，可见高校教师是具有较高人力资本存量的群体，通过其入职之前的受教育经历就可以体现。第二，高校教师具有较高的从业后的人力资本继续投资，高校教师的工作对象是知识，通过对知识进行学习、探究、整合、传播和应用来完成工作。知识的更新速度不断加快，更新周期不断缩短，高校教师需要不断地丰富自身的知识储备，以确保站在学科知识的前沿而不被淘汰。第三，高校教师面对的服务对象是学生，学生的知识储备与见识与日俱增，高校教师也要不断地在"干中学"中进行长期的积累，教学相长、自我思考和学习，对自身人力资本进行养护和提升，以确保学生学习到的知识的时效性，以适应外界不断提出的更高要求。第四，很多高校教师在从业后都会选择各种途径继续提升自己的人力资本，比如通过增加博士后工作经历、作为访问学者出国交流学习、挂职锻炼

---

[1] 文跃然，欧阳杰. 高校教师职业特点及其收入分配改革研究 [J]. 中国高教研究，2004(1): 11-19.

[2] 刘进. 大学教师流动与学术劳动力市场 [M]. 北京：商务印书馆.

等。因此，高校教师从业后的人力资本继续投资会进一步提高其人力资本的存量，与普通劳动者相比，围绕知识进行工作的工作特性使得高校教师具有较高的人力资本存量。

4.1.1.2 职业进入和退出成本较高

首先，与其他职业相比，高校教师的专业化程度较高，需要较长的职业准备期和持久的职业发展期，这就带来了较大的进入成本。国内外大学普遍将博士学位甚至是博士后的工作经历作为高校教师入职的基本门槛，这就造成高校教师的平均修业时间和学术训练周期比其他职业要长很多，较长的职业准备期给高校教师在经济上和心理上都带来了较高的成本。其次，高校教师职业的准备期和职业的初入期通常与个体建立家庭以及生育抚育下一代的责任重叠在一起，导致社会生理年龄与其职业相互冲突，给高校教师带来了更强的时间紧迫感、心理压力及焦虑感，所以会出现一些高校青年教师戏谑地调侃自己是"青椒""工蜂"。最后，较长的修业时间、保证自身知识系统的更新投入的继续教育时间和费用（包括博士后工作经历、作为访问学者交流学习、日常知识学习更新等）以及高校教师专业性较强的工作特性等，都使得其进入和退出的机会成本较高。

4.1.1.3 人力资本使用监控难度较大

首先，高校教师运用自身的知识进行工作，其劳动过程不受固定的工作时间、确定的物理空间、规范的工作流程和步骤等限制，可以随时进行，也可以随时停止，不易监督其具体的努力程度。其次，高校教师的知识工作特征使其劳动的产出具有不确定性，知识探索过程具有难以预测性和不可控性，新发现需要较长的时间才能得到认可，因此导致高校教师的业绩难以及时、客观地做出评价。再次，就教学活动而言，教师除了传授知识技能外，还对学生的成长具有潜在影响，这种影响需要很长的时间才能体现，因而对教师教学的效果难以准确量化。最后，其劳动产出的教育效应和学术成果的贡献程度难以进行估量，其人力资本的产出价值无法准确评估，因此给人力资本的充分回报造成了困难，所以人力资本使用起来较普通劳动者更难监督和控制。

4.1.1.4 职业生涯具有积累效应

高校教师的职业生涯指的是从入职开始从事学术活动到完全退出学术活动的整个生命历程,也可以称为学术生命周期。虽然不同学科的学者从入职开始,随着工作年限的增加学术活力呈现出不同的趋势,但美国学者的研究发现,几乎所有学科,直到从业年龄 40 年左右,即实际年龄 70 岁左右,学术产出才出现明显的下滑。[①] 针对我国学者的研究也得到一致的结论,就学术业绩表现而言,因为具有经验丰富的优势,至少在 60 岁前后(普通劳动者面临要退出劳动力市场的时候,有些女性劳动者甚至更早就要退出劳动力市场),教师的学术活力没有出现明显递减的趋势。[②] 年长的高校教师其学术业绩、研究资源条件(如经费、研究助手)更为丰富、学术兴趣和内在自我激励等因素对其当下学术表现的影响可能更为突出,同时即便离开高校,也可以在社会上继续从事学术活动(如作为外聘专家从事兼职工作等),因此高校教师职业生涯具有积累效应,越到职业生涯的后期,其积累效应带来的溢出收益越多。

4.1.2 与其他知识工作者相比的工作特征

4.1.2.1 工作/家庭边界弹性大

高校教师与其他知识工作者相比,显著的职业特征就是大部分不用坐班,没有朝九晚五的固定工时,家庭时间(或者说在家办公、自由办公时间)较多,工作和家庭之间的边界十分模糊,工作与家庭之间的边界弹性大导致了工作生活的相互渗透,所带来的好处就是高校教师可以有一定的自由调配时间,对于工作/家庭边界弹性偏好较大的高校教师来说容易产生工作/家庭的增益,带来更大的整体收益。但是,这种边界弹性大的状态也让工作充斥于高校教师的生活中,工作时间被各种与科学研究无关的责任固化,生活时间不得不被占用以完成学术任务,满足考核要求以及自身继续学习的要求,延

[①] Bayer A E, Dutton J E. Career Age and Research – professional Activities of Academic Scientists: Tests of Alternative Nonlinear Models and Some Implications for Higher Education Faculty Policies [J]. The Journal of Higher Education,1977,48 (3): 259 – 282

[②] 阎光才. 年长教师:不良资产还是被限制的资源 [J]. 北京大学教育评论,2015,13 (2): 57 – 66.

长了所谓的"影子工作时间"（hidden work time）[①]，影子工作时间较长也是高校教师工作特征的一个显著体现。这种情况在我国高校教师中并不是特例，其他国家的高校教师也有类似的困境，42%的英国高校教师认为，他们为了确保工作任务的完成，不得不将私人生活的时间投入工作中去。[②] 另一项针对英国高校教师的调查也表明，英国高校的教师普遍具有这样的共识：只有那些能够在深夜、周末乃至节假日等私人生活时间里继续进行科学研究的学者，才有可能获得进一步的职业提升和事业发展。[③] 由此可见，无论是主观意愿，还是客观要求，高校教师不用坐班的工作特征导致了其工作/家庭之间的边界模糊，带来了工作/家庭之间一定程度上的时间冲突和内容渗透。

4.1.2.2 较高要求的情绪劳动

如第3章3.3节所述，情绪劳动是指压抑真实情绪，表现出符合组织要求的情绪的劳动过程，是员工为了减少表现出来的情绪和真实感受到的情绪之间的失调所做出的努力。高情绪劳动的职业有三个特点：首先，涉及与外部顾客进行面对面的接触和交流。其次，要求员工通过自身的努力和情绪带动使他人产生一种良好的情绪状态。最后，允许雇主通过训练与监督的方式对员工情绪活动进行控制。由此可以看出，高校教师是高情绪劳动职业，因为首先，上课或者课余辅导，其需要与自己的"顾客"——学生进行面对面的接触和交流。其次，需要在课堂上或者课后给学生带来良好的情绪状态，即便是在自己的情绪状态不佳的时候，也需要展现出良好的情绪状态，为学生提供足够的情绪价值。最后，高校的管理者会对高校教师工作中的情绪进行控制和监督，并且通过入职、在职培训等方式对高校教师的情绪管理能力进行培训。因此可以说，高校教师在工作中需要从事较高要求的情绪劳动，是其与其他知识工作者职业的差异所在。

[①] Storton D, Altschuler G. The Hidden Work Life of University Faculty. Retrieved April 25, 2016, from https://www.forbes.com/sites/collegeprose/2013/06/24/the-hidden-work-life-of-university-faculty/#fd794d22168f.

[②] Kinman G, Jones F. Working to the Limit [M]. London: Association of University Teachers, 2004.

[③] Barrett L, Barrett P. Women and Academic Workloads: Career Slow Lane or Cul-de-Sac? [J]. Higher Education, 2011, 61 (2): 141-155.

4.1.2.3 真正意义的自由不足

首先，探讨自由时间，工作的自由时间是一项职业很重要的内在回报之一，也是高校教师进行学术研究的必要前提。但是当前的现实是我国高校教师越来越感到时间的紧迫和不足，赶时间、挤时间、省时间成为常态，自由时间的匮乏成为高校教师工作压力和焦虑的来源。这一转变一方面源于工业—资本主义生产逻辑的根植，时间被视为稀缺商品，与资本拥有同等重要的位置；另一方面，新公共管理理念所强调的绩效、竞争、评估都渗透到了高等教育领域，要求高校教师的投入产出具有效率，即最小的投入最大的产出，这里的投入包括了时间的投入。因此虽然高校教师是一个在时间上自由度和灵活度都较高的职业，但真正意义上能够投入科学研究中的自由时间却甚少，而职业特性又要求高校教师需要有一定深度和连续的"沉浸式"时间去进行阅读、思考和写作。

其次，探讨追求学术的自由，在高等教育实现大众化，走向后大众化的时代下，大学成为更加市场化、行政化的教育机构和学术机构，学术职业的地位发生变化，工作环境不再单纯、闲适，"工业界和大学的联合破坏了学术自治和学术自由，通过对集中管理的控制强化了大学的等级结构"[1]。高校教师的学术自由状况错综复杂，而且没有人对学术自由的状况进行监督和管控，缺乏监督和管控的高校教师学术自由很难得到保障。[2] 另外，随着高校管理强调绩效、强调考核，高校教师与社会经济的联系越来越密切，他们不能随心所欲地追求自己内心向往的学术，而是要屈从于各种利益，探索更容易出成果的领域或者为了结项、评职称而将不太成熟的文章进行发表，从而继续转战其他课题项目的研究，失去了继续完善、深入的系统研究机会，逐渐从思想观念的创造者沦为实用知识的销售者，这种对外界的屈从使得高校教师学术追求的自由逐渐丧失。

---

[1] [英] 杰勒德·德兰迪. 知识社会中的大学 [M]. 黄建如译. 北京：北京大学出版社，2010：151.

[2] [美] 菲利普·G. 阿特巴赫. 变革中的学术职业：比较的视角 [M]. 别敦荣主译. 青岛：中国海洋大学出版社，2006：9.

4.1.2.4 滞胀的工作模式

"滞胀"是宏观经济学中描述"经济停滞、大量失业和严重通胀并存"的一种经济现象。借鉴此概念描述高校教师滞胀的工作模式主要体现在，严重的身体、心理疲惫与持续的努力工作并存的工作状态。高校教师职业过大的工作压力、过多的工作任务等都容易导致高校教师身体和心理上的疲惫与倦怠，加之知识工作结果的不确定性，更加剧了其焦虑和不安。但是高校教师具有较高的需求层次，大部分将工作当成事业和追求而不是简单的谋生手段，高校教师对工作充满热情，具有突破的欲望，自我要求较高，自我实现的动机较强，工作追求高涨，因此常常处于身心疲惫与持续的努力工作并存的工作状态。工作滞胀最容易出现在职业生涯关键事件的节点（如职称的晋升、项目的评审与考核、聘期述职等）。因为高校里每一项任务都有其自身的时间节奏和时间节点，近年来，各项工作的时间节奏都有加快趋势，革新的速度不断增加，高校教师自身知识系统的更新频率也越来越快，然而知识创新这一职业目标又不是短期内可以实现和超越的，因此高校教师只能通过更高强度的工作来适应这种变化，学术工作在竞争、比较和硬性考核指标中进入了加速轨道，这种倒计时的压力下高校教师滞胀的工作模式更容易显现。

4.2 宏观层面成因——PEST视角下象牙塔里的艰辛

4.2.1 政策环境的影响

高等教育的普及、研究生培养力度的加大、对高等教育质量要求的提升都对高校教师提出了更高的工作要求，增加了其工作任务和工作难度，加大了过度劳动的风险。

随着1999年我国高校开始实施扩招政策，高校在校生数就急剧增加，虽然专任教师数量也有较大幅度的增长，但与学生的增长速度相比，仍有较大差距，高校生师比从2007—2015年稳定在17.3—17.8，如图4-1所示（各国高等教育生师比具体数据见附录Ⅴ)。随之而来的是教学科研服务等任务的加重,近年来国家又加大了对专业学位研究生的培养力度,研究生数量的增长率不低于本科生,如图4-2所示,但其与本科生不同,研究生的培养更注重学术性和专业性,因此给高校教师带来了更高的职业要求。

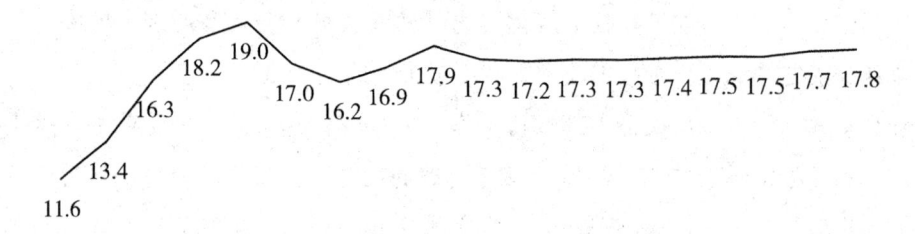

图4-1 1998—2015年全国普通高校生师比

资料来源:笔者根据全国教育事业发展统计公报数据整理绘制。

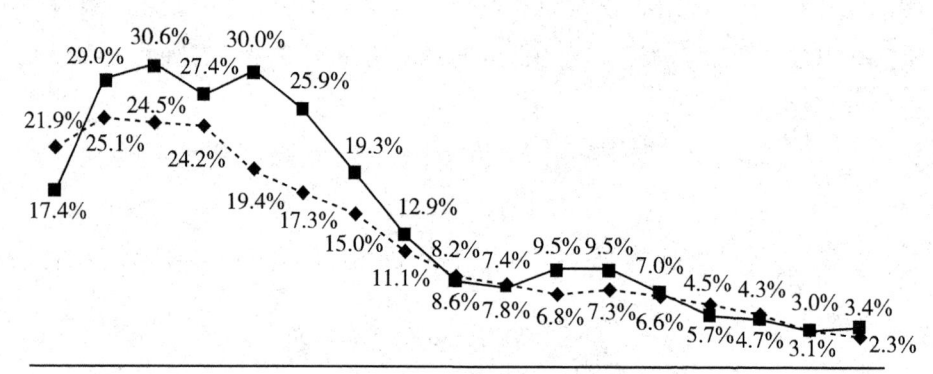

图4-2 1999—2015年全国在校本科生、研究生增长率

资料来源:笔者根据《全国教育事业发展统计公报数据》、中华人民共和国教育部教育统计数据整理绘制。

当前,我国一些经济发达省市地区的高等教育发展应该进入后大众化阶段（可以理解为"大众化后期"或者"基本实现大众化之后"），而其他省市地区也紧随其后，可以说我国高等教育的发展正在走向一个全面后大众化阶段。① 这不仅意味着高等教育规模会进一步的扩张，更意味着高等教育的社会经济环境及其功能结构都会发生深刻变化，在这一新时期，如何增进高等教育的效率，提高教育质量，促进高等教育与社会要求协调发展，增强高等教育的特色和国际竞争力，是一个亟须解决的问题。和发达国家的高等教育相比，我们国家的高等教育发展得相对较晚，目前属于赶超阶段，因此高校教师承担了更大的工作负荷和工作压力，也给高校教师带来了更大的职业挑战。另外，从经济学角度看，高等教育是"准公共商品"，且高等教育个人收益率高于社会收益率，个人有必要承担一部分成本。尤其是在高等教育经费日益紧缩、生均成本逐渐上升的现阶段，高等教育成本以分担制向学生及家长转嫁，可以在一定程度上促进公平、效率，但是随之而来的就是社会公众对高等教育质量的监督，给高校教师提出了更高的工作要求。工作任务的增加、工作要求的提高无疑增加了高校教师的职业压力，加大了高校教师过度劳动的风险。

4.2.2 经济环境的影响

经济新常态向人才要红利对高等教育质量提出了更高的要求，教育财政投入的紧缩迫使高校更具竞争性并多元化筹措经费，这些都在一定程度上通过提高对高校教师的要求来保障和实现。

2016年，我国普通高等教育本专科在校生2695.84万人，本专科共招生748.61多万人，研究生招生66.71万人，各类高等教育在读学生总规模达到3699万人，高等教育毛入学率达到了42.7%。② 在1998年的时候，高校每年招生才100多万人，这些快速的增长都是在过去十几年发生的，因为人才培养有一定的滞后性，这就意味着目前阶段，充盈在劳动力市场中的劳动力的教育水平还不是特别高，但是可以预计在未来的几年、十几年中，劳动力市

---

① 冒荣，宗晓华. 合作博弈与区域集群——后大众化时代我国高等教育发展机制初析 [J]. 高等教育研究，2010（4）：35-40.
② 中华人民共和国教育部. 2016年全国教育事业发展统计公报. [EB/OL]. http://www.moe.edu.cn/jyb_sjzl/sjzl_fztjgb/201707/t20170710_309042.html，2017-07-10.

场中的受教育水平将会大幅提升，因此我国的人才潜力从数量上讲是充足的，这就对人才质量提出了要求。现阶段我国进入经济发展的新常态阶段，粗放式的经济增长方式难以为继，逐渐从人口红利转向人才红利，因此教育受到了全社会的关注。人力资本与物质资本的本质区别在于人力资本的投入产出具有时滞性，需要一定时间的转化，因此可以说今天的教育水平决定了明天的经济发展水平，这更进一步说明，为了实现人才红利，提高教育水平和教育质量的重要性。高等教育质量要求的提升，无疑是对高校教师的教学能力、水平和成效提出了更高的要求。

虽然我国一直在加大教育财政经费的投入，但由于我国经济体量的高速发展以及高等教育的逐步扩张和市场化，高等教育经费的财政投入占国内生产总值（GDP）的比例和发达国家相比还有差距，我国为1.36%[①]，国际经合组织的数据显示，发达国家中的高等教育经费投入占GDP的比例为：芬兰（2%）、瑞典（1.94%）、奥地利（1.79%）、美国（1.75%）、荷兰（1.69%）、新西兰（1.58%）、比利时（1.45%）、英国（1.39%）、澳大利亚（1.39%）。[②] 这一方面是由于尽管高等教育非常重要，但在公共资源争夺的过程中优先地位有所下降，作为大学投资主体的政府为了提高效率不得不制定和推行一些政策实行资源配置的倾斜，逐渐从固定拨款转向特定目标导向的拨款模式，而大学面临扩张，对资金的需求则更加迫切，因此为了争夺有限的资源，不得不适应政府的政策导向，为了获取资源展开竞争，竞争性的投入将市场机制引入高等教育系统，高校不得不调整组织结构和行为，努力使自身变得更具竞争性，从而寻求利益最大化；另一方面，高等教育展现出了较强的"自助能力"，高校可以通过资本化和市场化来进行知识和技

[①] 笔者根据教育部网站公布的《教育部关于2016年全国教育经费统计快报》数据计算而得。报告显示，2016年全国高等教育经费总投入10110亿元，2016年我国GDP为744127亿元，计算得到的高等教育占GDP比例为1.36%，但这部分教育经费投资中还包括普通高职高专（1828亿元）、大专院校（没有具体数值）的经费投资，因此真正意义上用于本研究的研究对象的高校中的经费投入应少于此，具体说应少于1.1%（按照扣除普通高职高专院校经费投入后的数值进行计算所得）。资料来源：中华人民共和国教育部. 教育部关于2016年全国教育经费统计快报. [EB/OL]. http://www.moe.gov.cn/jyb_xwfb/moe_1946/fj_2017/201705/t20170503_303596.html, 2017-05-23.

[②] 资料来源：UNESCO. INSTITUTE FOR STATISTICS. http://uis.unesco.org/indicator/edu-fin-total-edu_exp_r_gov_exp.

术的变现，而这种表面上的、在公共投入不足的情况下仍能运转的自助能力，可能会使高等教育继续逐渐失去公共投入。在这样的循环下，高校需要教师这一知识和技术的载体来实现技术和知识的变现，因此财政紧缩带来的压力无疑从高校逐渐转嫁给了高校教师，需要高校教师更具竞争性，在一定程度上从事市场化的活动来对高校紧缩的财政进行多元化的资金筹措和补偿，使高校教师的工作任务更为繁重，加大了高校教师的工作压力、身心负荷，增加了过劳的风险。

4.2.3 技术环境的影响

技术进步侵蚀着高校教师的人力资本存量，增加了高校教师的工作准备时间；"互联网+教育"的融合模式对高校教师的教学手段、方式、理念、模式都提出了更高的要求；知识创业、学术创业的兴起、知识创新的压力增加了高校教师角色冲突的风险和工作负荷，对高校教师过度劳动产生影响。

技术进步会对人力资本积累产生负向效应，这种负向就是技术进步对人力资本的"侵蚀效应"（erosion effect）[1]。技术进步率的提高拉低了现有的人力资本水平，要使人力资本紧跟上新技术，就需要不断地提高人力资本水平，而这部分提高的人力资本通过弥补新技术与现有技术的差距来维持不变的人力资本积累率。因此可以说，高速发展的现代化技术削弱了人力资本适应新技术环境的能力，而提高教育水平会带来人力资本水平的提高，从而抵消侵蚀效应的负向作用。具体到高校教师身上，职业特性要求他们要始终维持在一个较高的人力资本存量水平上，所以就需要不断地通过干中学、在职培训、继续教育等行为来提高自身的人力资本水平，不断学习和掌握新知识、新技能，以缓解技术进步对人力资本水平的逆向冲击。

2015年，我国《政府工作报告》提出"互联网+"的概念，并要求各行业制订"互联网+"行动计划，互联网与各领域的融合正在为包括高等教育在内的传统行业的发展提供着广阔的空间和无限的潜力。高等教育承载着培养人才的战略任务，公众对获取高质量高等教育的需求也越来越强烈，"互联网+教育"的模式对我国高校的教学理念、手段和模式都产生了深远

---

[1] Galor Oded. From Stagnation to Growth: Unified Growth Theory [M]. Holland: Elsevier, 2005.

影响。慕课、翻转课堂、手机微课堂等新兴的教学模式不断兴起，在这个过程中，高校教师既是教育变革的对象也是教育变革的主体，其工作内容、工作方式以及社会期待都产生了巨大变化，高校教师的工作性质更多的是创造而非传承，在封闭式教育转型为开放式教育的背景下，高校教师既是知识的输出者，又是学生自主学习的引导者和知识的构建者，多重职业角色期望对高校教师提出了更高的工作要求，同时也需要高校教师花费时间对新技术进行学习，延长了其工作准备时间。

知识经济的时代背景下，知识成为最重要的社会发展引擎，现在科学技术不断提高更新和发展的速度，产业界对大学先进知识和技术的需求更加迫切，高校教师成为强势的人力资本被纳入市场体系中。与此同时，学术资本主义的兴起也带来了高校教师知识创业、学术创业的浪潮，这一方面给知识成果和专利技术的转化提供了平台和渠道，另一方面也增加了高校教师的任务多样性与工作负荷，使高校教师产生角色模糊进而产生工作压力、疲劳倦怠等。另外，大学教师的知识创新对全社会有着重要意义，是推动社会进步发展的关键力量，因此时间作为衡量标尺（如知识创新的周期长短等），对大学教师的知识创新形成了加速增长的压力。

4.2.4　社会文化的影响

评估运动的兴起、教育问责的倾向、高等教育成本的上升以及传统的文化观念都给高校以及高校教师带来了新的公众监督，让社会、媒体、大众的监管压力渗透到高校，对高校教师职业提出了更大的期望和要求，期望与实际能力之间的差距成为高校教师的压力所在。

自 20 世纪 80 年代开始，世界高等教育领域兴起了一场轰轰烈烈的评估运动，如今这场运动所掀起的高潮几乎横扫了高等教育机构的所有角落，每个高等教育领导者、政策制定者和管理者，甚至是敏锐的社会公众都已经注意到，一个强势力量正在深刻地改变着高等教育所涉及的方方面面。市场价值、成本收益、战略规划、绩效指标、质量保证、问责和审计等经济管理领域的专业概念，已经成为高等教育领域中的热门词汇。教育机构的办学水平，综合实力，人才培养质量，学生学习成果等，似乎只有经过评估才能获得合法性，评估运动的兴起让公众的监督压力渗透到高校，高校教师要面对的社会监管力量更为强大。具有明显"工具理性"取向的外部压力与日俱增，各种各样的评估和排名已经直接影响到高校教师。

近年来，随着新公共管理理论的广泛应用，"问责"一词开始在我国政府部门出现，高等教育实践也开始了教育问责的倾向。所谓教育问责制就是通过责任的规范、绩效评估、信息报告、责任追究等制度建设使得高等学校接受更广泛和全面的监督，问责的目的是通过汇报、解释、证明等方式，确保政府部门、社会机构或个人对高等院校经费使用情况及使用效果进行监督。高等教育成本的上升带来了新的公众监督，教育问责制的倾向也给高校教师的职业提出了更高的要求，教育问责制一方面有助于保障权力使用的规范和教育质量的提高，另一方面也让社会、媒体和大众的压力渗透到学校，施加到高校教师身上。

另外，传统观念使得大众对高校教师寄予了较高的期望。中国自古就有尊师重道的民间传统，对教师表现出极高的尊重和信赖，第六次中国公众科学素养调查显示，我国公众认为教师的职业声望最高，公众在期望子女从事最好职业的选择中，教师职业的期望值也是最高的。[①] 社会大众对高校教师的高期望与高校教师实际能力之间的差距，对每一个就职于大学的高校教师来说，都可能会成为压力和煎熬的根源。教育作为社会化的途径，其意义在于塑造合格的社会公民，尤其是高等教育，社会大众期望高校教师运用先进的理念和精神来影响、引导、熏陶学生，通过影响未来的社会变革力量来间接地对社会、政治、经济与文化产生推动作用，正如前文所述，教育的今天就是经济的明天。高等教育工作具有明显的外部效应和代际效应，学生由于高校教师的传授获得了知识、方法和技能，从中受益，并且随着走上社会而成为社会收益，言传身教的内容内化到学生身上影响其一生。另外，公众期望高校教师成为大学生健康人格的塑造者，教书育人、为人师表，教师都应身体力行，因此要求高校教师不但要是知识的传授者，还要是灵魂的塑造者。

---

① 新华网. 第六次中国公众科学素养调查显示父母最希望子女当教师 [EB/OL]. (2006-12-06) [2006-12-06]. http://news.163.com/06/1206/08/31L5LJAD000120GU.html.

社会文化观念的影响与渗透使得高校教师在享受民众的崇敬之余多了些许忐忑与谨慎。

4.3 中观层面成因——内部劳动力市场制度偏颇与权利错位

4.3.1 学术人才年轻化的偏好

无论是政府政策制定，还是公众媒体宣传，都表现出了对学术人才年轻化的偏好，这种偏好在一定程度上可以激发年轻学者的学术活力，但毫无弹性的生理年龄限制会使高校教师陷入压缩职业准备期的困局之中，也会存在职业成长期与个人家庭组建、生养下一代等社会职责相冲突，造成高校教师身心俱疲。

高校教师从事的是知识工作，探索新知识，进行科学研究、创新与创造的工作特性使得其职业发展具有其独特性，需要在职业生涯的每一个阶段都进行持续的人力资本投入和专业能力的发展。诸多的研究也表明，如果以个体的"年龄"作为生理特征和社会实践时间的代表，那么高校教师群体在学术职业发展过程中有明显的积累优势效应，无论国内学者还是国外学者。针对国外学者的研究表明，年龄对美国高校教师科研能力具有明显的正面影响，且在69岁左右还会出现科研成果的又一次爆发期（林曾，2009[①]）。国内高校教师就学术业绩表现而言，因为具有经验丰富的优势，至少在60岁前后（普通劳动者面临要退出劳动力市场的时候，有些女性劳动者甚至更早就要退出劳动力市场），教师的学术活力没有出现明显递减的趋势（阎光才，2015[②]）。

但在当下我国的教育环境中，不仅舆论呈现出对年轻学术人才的偏好

[①] 林曾. 夕阳无限好——从美国大学教授发表期刊文章看年龄与科研能力之间的关系[J]. 北京大学教育评论，2009（1）：108-123.

[②] 阎光才. 年长教师：不良资产还是被闲置的资源[J]. 北京大学教育评论，2015（2）：57-66.

(例如，我们可以经常看到某某高校最年轻的博导等报道)，而且诸如教师的聘任、职称的晋升、课题的申报、人才计划的评选等学术制度也以年龄作为界限来制定制度，重点关注、支持和资助年轻化的人才。这类制度在一定程度上有助于矫正学术界的"老人统治"（年长教师在资源分配等方面具有相对优势，还有一些高校有论资排辈的文化），但随着学术劳动力市场买方市场的形成以及某些科学研究领域研究范式的剧烈转变，新近入职的掌握了国际先进研究方法的年轻教师的优势逐渐体现，学术管理的低龄偏好有助于激发年轻学者的学术活力，推动科学研究发展，但这种年轻化的偏好应该摒弃生理年龄的规则，制度的制定应该秉持年龄友好型的态度（如以职业年龄、职业发展阶段代替生理年龄，因为不乏有些高校教师在职业准备期花费了大量时间）。学术知识创新的内生力量始终应该是学者通过长时间的探索、思考、沉淀而实现的知识积累，进而进行知识的创新，高校对于学术人才的年轻化偏好会使高校教师陷入压缩职业准备期的困局之中，也会存在职业成长期与个人家庭组建、生养下一代等社会职责相冲突的焦虑。大器晚成的学者和深入持久的研究者难以有专业发展的时间和资源作为保障，处于职业中后期的学者也缺乏职业发展的必要激励。北京大学中国语言文学系教授陈平原在谈到这个问题时曾表示："40 岁以下的教师，一方面还有朝气，还想往上走，不愿意就此停下来；另一方面，学校压给他们的任务比较重，因而心力交瘁。"[①] 由此也可以看出，学术人才年轻化的偏好使得高校教师，尤其是青年教师成为过度劳动的高危群体。

4.3.2 具有锦标赛色彩的晋升制度

锦标赛式的职业晋升制度"隐性强制"着高校教师不得不在锦标赛规则要求之下实现更为优异成果，对高校教师的工作状态、精力投入和心理压力都产生影响；聘任制对高校教师工作绩效的评价、排序、评比等都使得高校教师面临沉重的工作和心理压力，成为过度劳动的高危人群。

随着高校教师入职门槛的提升，初级职称（如助教）正逐渐淡出学术职

---

① 人民网. 高校教师生存状况调查显示：八成"亚历山大" [EB/OL]. (2014-09-09) [2014-09-09] http://society.people.com.cn/n/2014/0909/c1008-25627263.html.

称的序列，学术等级的缩短，高级职称比例逐渐接近国家规定的上限，这些都导致高校教师在晋升过程中需要遵从锦标赛制的规则。与此同时，当前高校聘任制改革的背景下，通常三年为一个聘期，聘期结束后对高校教师工作绩效的评价、排序、评比等都使得高校教师面临沉重的工作和心理压力。

然而在对高校教师的考核评价上，由于教学质量评价具有难度且有主观性，因此只要教师的教学课时量达到一定标准就有晋升和继续聘任的资格，这一点上很难有区分度，所以科研成果成为高校教师晋升和评价的主要指标。但是考评是有规律的，科研却是没有规律的，灵感也可能不会来，因此高校内部的锦标赛制度使高校教师中的大部分已经不再是科塞所描述的"为了理念而生，而非靠理念吃饭"①的"理念人"型知识工作者，他们要面临世俗生活中的种种压力，包括物质压力和精神压力，在某种程度上说，他们已经不再是靠理念和学术吃饭，学术已经不再是一种寻求普遍意义的手段，而是成为被量化的产品与绩效，甚至是与生产流水线上的商品可以同等看待，与教师晋升和收入等现实利益直接相关。

整体上高校教师的职业展开过程的锦标赛色彩在一方面可以作为内驱激励因素促进高校教师投身于工作，激励教师加大科研投入，提高科研产出，追求晋升从而实现自我价值；另一方面也可以看成一种"隐性强制"强迫着高校教师不得不在锦标赛要求之下实现更为优异的成果，从而给教师带来更多的纷扰。因此无论是哪方面原因，都会对高校教师工作状态和精力投入产生影响，更会影响心境并带来主动、被动或是隐性强制形式的过度劳动现象。

4.3.3 回报不完全的薪酬水平

一方面，高校教师的人力资本积累过程中产生了大量的机会成本，因此高校教师需要增加工作投入、多渠道地获取经济收入来填补机会成本的缺口；另一方面，高校教师人力资本回报不完全，薪酬水平没有竞争力，面对经济社会飞速发展带来的高房价、高物价、高子女教育费用等，不得不更大限度地延长工作时间，压缩休息时间来获得市场性的外部收入，产生了极大的过劳风险。

---

① [德] 刘易斯·科塞. 理念人 [M]. 郭方等译. 北京：中央编译出版社，2001：20.

2014年8月,麦可思研究院对高校教师生存状况进行了调查,共有8612名本科教师参加了调研,数据显示:在过去两年中,"个人财务状况"是造成高校教师压力大的首要来源,47%的本科教师都表示有经济压力,被调查的本科教师月收入在5000元及以下的比例为73%。[1] 一项针对全球28国高校教师收入国际比较(2012)的研究显示,中国教师月收入平均为720美元,在所有受调查的国家中排名倒数第三,具体如表4-1所示。就工资水平来看,高校教师的工资很难与经过同等教育程度的从事其他职业尤其是专业技术人员的工资相比,发展中国家这一情况尤其严重,高校教师的工资"甚至连中产阶级的生活方式也无法维持,学术职业逐渐沦为外围职业"[2],这样受过高等教育,付出了巨大物质和心理成本的高校教师群体就会产生巨大的焦虑和压力,而且越是生存压力大、教学经验不足的年轻教师,越是承担了更多的教学任务,大大延长了其工作准备时间,同时与其他收入相比,课时费的收入又是相对较低的,更加剧了年轻教师的生活窘迫。高等院校经费中用于人力开支的比例较低,麦可思研究2016年8月进行的"大学教师薪酬福利调查"结果显示,85%的高校教师认为自己的工作付出和实际月收入不匹配。[3] 虽然缺乏具体的科研工作者的工资数据,但是哈佛大学的经济学家Richard Freeman表示,不同性质的工作单位中的收入差距已经达到了将有才华的年轻人推离高校的程度,在《自然》杂志2016年的工资调查中也印证了这一点,一半以上的高校教师认为他们为进入高校而放弃了优厚的工资待遇。[4]

---

[1] 人民网. 高校教师生存状况调查显示:八成"亚历山大"[EB/OL]. (2014-09-09) [2014-09-09] http://society.people.com.cn/n/2014/0909/c1008-25627263.html.

[2] [美]菲利普·G. 阿特巴赫. 全球高等教育趋势:追踪学术革命轨迹 [M]. 姜有国译. 上海:上海交通大学出版社, 2010: 18.

[3] 麦可思研究. 大学教师平均工资超过5000 过半青年教师兼职 [EB/OL]. (2016-09-09) [2016-09-09] http://edu.sina.com.cn/zl/edu/2016-09-09/12003902.shtml.

[4] Lok C. Science's 1%: How Income Inequality Is Getting Worse in Research [J]. Nature, 2016, 537 (7621): 471-473.

表4-1　28国高校教师收入水平　　　　　　单位：美元

国家	平均值	国家	平均值	国家	平均值
亚美尼亚	538	巴西	3179	澳大利亚	5713
俄罗斯	617	日本	3473	英国	5943
中国	720	法国	3484	沙特阿拉伯	6002
埃塞俄比亚	1207	阿根廷	3755	美国	6054
哈萨克斯坦	1553	马来西亚	4628	印度	6070
拉脱维亚	1785	尼日利亚	4629	南非	6531
墨西哥	1941	以色列	4747	意大利	6955
捷克	2495	挪威	4940	加拿大	7196
土耳其	2597	德国	5141		
哥伦比亚	2702	荷兰	5313		

资料来源：Laura E. Rumbley, Ivan F. Pacheco G. Altbach. International Comparison of Academic Salaries：An Exploratory Study. Boston College (Not Published). 转引自刘进. 大学教师流动与学术劳动力市场 [M]. 北京：商务印书馆，2015：73.

这种人力资本价值回报不充分、人力资本定价不合理、薪酬制度设计没有考虑高校教师人力资本价值的积累性和滞后性等问题，导致高校教师不能真正进行自由研究，与此同时，学术资本主义（Academic Capitalism，指院校及其教师为确保外来资金所做出的市场行为或类似市场的行为[①]）的兴起使高校教师可以通过其他途径增加收入，这种间接的方式主要就包括出售知识和智慧，最大潜力的额外收入来自政府和私有部门的合同。因此高校教师会更大限度地延长自己的工作时间，从属于各种利益并为其奔波，压缩休息时间来获得市场性的外部收入，增加了高校教师身体过劳的风险；另外，学术工作需要学者以一种好奇的、耐心的和开放的状态来面对和探索未知领域，进而进行知识的创新和创造。与生产线上的匀速生产截然不同，学术工作需要高校教师饱含热情地沉浸在未知世界的探索中，并且面临着灵感或许不会

---

① [美] 希拉·斯劳特，拉里·莱斯利. 学术资本主义：政治、政策和创业型大学 [M]. 北京：北京大学出版社，2008：8.

来的风险。① 因此从这个意义上讲，高校教师需要连续的时间投入进行沉浸式的思考，人力资本回报应该充分考虑和关注其劳动的深度和价值。但现阶段高校教师的薪酬制度和水平显然与高校教师的人力资本水平不匹配，人力资本回报的不充分，降低了高校教师的职业满足感，挫伤了职业自尊，降低了高校教师自身的效用水平，增加了心理过劳的风险。

4.3.4 行政化的介入与干扰

行政化的介入首先表现为政府相关部门与高校之间，高校教师要不断地花费时间应对政府相关部门制度创新所设立的各种工程计划、考核与评价项目；其次表现为高校内部管理事务优先于科研，高校教师掌控私人时间的能力降低，科研所需要的时间深度无法保障，间接导致了一些高校教师深夜工作的习惯，增加了过劳的风险；最后表现为高校内部行政、学术任务双肩挑，导致这部分教师工作繁多、负荷加重、角色多样，具有更大的过劳可能。

高校劳动力市场行政化的情况在本书第 3 章 3.2 节已经进行了谈论和阐述，在此补充说明两点，首先，行政职能部门对于高校教师科研和教学行为的烦琐要求，不仅会增加行政运行成本，而且对学术活动的展开具有约束甚至是妨碍作用，有关办事流程、操作规程等制度运行中，行政职能部门没有保持足够的弹性和灵活性，丧失了承担服务性职能的工作要求。高校教师为应付各种行政事项和无关学术的杂事、会议等造成了过多的时间浪费，对其过度劳动产生影响。尤其是高校教师的工作职责随着高校管理变革的加速而不断增加，工作时间不仅要分配给教学、科研这些传统的核心学术工作，还要分配给与学术关联较弱的次级工作（second-tier activities），比如科研团队的协调、项目经费的筹集、研究进程的控制等非学术性工作。② 这些"次级工作"大多数由高校内部的行政管理衍生而来，内容繁杂琐碎，且与学术研究之间具有较低的关联性，成为损害高校教师工作热情、阻碍高校教师工作投入的罪魁祸首。在高校教师工作内容的时间序列里，教学时间的组织化程

---

① [德]马克斯·韦伯. 学术与政治[M]. 冯克利译. 北京：生活·读书·新知三联书店，1998.

② Enders J, Weert E D. Science, Training and Career: Changing Modes of Knowledge Production and Labor Markets [J]. Higher Education Policy, 2004, 17 (2): 135-152.

度最高，通常以"课程表"的形式刚化起来，是具有最强优先权的时间，管理活动一般缺乏系统的计划，具有临时性，一般以领导意识为主，但因为管理活动与组织目标之间的关联性较大，又受到行政力量的推动，因此在高校中获得了相对的优先权。"搞科研、做研究"并不能成为高校管理者眼中正当的不参加会议的理由[1]，因此高校内部的行政化导致了管理事务优先于科研时间，高校教师掌控时间的自主权降低，时间计划随时可能会被拥有更高权力的个体打乱，导致科研工作最需要时间深度却无法获得时间优先权，这成为高校教师时间压力的主要来源，也间接导致一些高校教师深夜工作的习惯，增加了过劳的风险。其次，学术和行政融合造成的"双肩挑"现象，导致这部分精英教师工作繁多、负荷加重、角色多样，具有更大的过劳风险。

4.3.5 缺乏保护的时间权利

高校教师的时间权利缺乏必要的保护，高校内部任何利益主体都可以侵占其工作或者私人时间，现在通信技术的发达更是碎片化了高校教师的时间，同时，大量时间和精力被各种申请、汇报、跑项目以及考评等琐碎事务侵占，高校教师需要利用更多的自我时间进行学术研究，无限制地延长工作时间，加大了过劳发生的可能。

高校教师工作时间的碎片化在我国高校的日常工作情境中经常出现，高校内部的不同利益主体（如学校、院系各级管理人员与不同部门的行政人员，甚至是学生）都希望并且要求获得高校教师的时间，高校教师的时间权利缺乏保护。繁杂琐碎的、缺乏计划性的时间要求给高校教师带来了极大的困扰，很多教师甚至自嘲是"填表教师""贴票专家"。另外，现代通信技术的不断发达，带来便利的同时也使高校教师本就有限的自由时间被碎片化，现代通信技术改变着人们的时间观，单位内处理任务的数量明显增加且不分地点和场合，私人时间可以随时转化为工作时间。这种快节奏、即时性的处理方式短期内看是提高了工作效率，但长期来讲，一定会对高校教师群体的身心健康和家庭生活质量带来负面影响。同时，这种碎片化的时间侵占与高

---

[1] 李琳琳. 时不我待：中国大学教师学术工作的时间观研究 [J]. 北京大学教育评论，2017，15（1）：107－119.

校教师学术探索需要的沉浸式、慢时间相互矛盾，侵扰高校教师的工作时间深度，给高校教师带来焦虑，影响其身心健康。已有的研究结果也显示，针对全国50多所高水平大学（传统研究生院高校）的部分优秀学科教师做的问卷调查显示，高校教师对于目前高校"无关学术杂务繁多"给予不同程度认可的达到70%，非常认可的占23%，是非常不认可的13倍；在每周有效工作的时间内，认为被"杂务"所占用的时间平均为16%；针对如选"长江学者计划"的高校教师进行进一步询问，其认为目前国内学术环境问题主要集中在"太多的时间浪费在杂务上"，"各种项目申请、评审过多，消耗大量精力"。[①] 时间上的挤占不仅仅是牺牲了高校教师的有效工作时间，带来的更多的是心境的扰乱、情绪的起伏以及学术思考时间的中断。然而，时间上的挤占并没有带来考核要求的降低，因此高校教师需要利用更多的自我时间进行学术研究，无限制地延长工作时间，产生大量的影子工作时间，加大了过劳的风险与可能。

4.4 微观层面成因——高校教师个体偏好差异与偏好依存

"理性人"是新古典经济学中最为基础的分析性概念，主要针对的是个体在给定的"手段—目的"框架内如何进行效用最大化的计算，但这其中的最大化概念的内核是什么，个体的偏好、效应函数到底是什么内容，新古典经济学主张在具体的例子中"经验地确定"[②]。因此为了更好地解释和预测个体行为，经济学需要结合心理学、行为科学乃至神经科学等学科的知识来打开个体行为决策的过程黑箱，于是行为经济学逐渐兴起。行为经济学为高校教师群体的行为偏好、动机和个体异质性提供了研究的新视角。具体来说，首先，承认行为偏好是多元的，如有学者从实验经济学中的最后通牒试验得

[①] 阎光才. 让高校学人"静下心来做学问"[N]. 光明日报，2013-07-10 (016).

[②] 莫志宏，申良平. 从理性人到行为人：评行为经济学对新古典正统理论的挑战[J]. 南方经济，2014，32 (7)：73-87.

出的证据出发,认为个体具有各种"社会性偏好",如对公正的偏好、对顾及他人利益的偏好等,并且认为这些偏好是个体表现出利他性或其他亲社会的行为的原因。①其次,由于偏好的多元化,动机也不仅仅局限于追求物质利益效应的最大化,还受文化、心理等因素影响呈现多元化趋势,如追求事业成功、声誉最大化等。最后,个体的异质性也会影响偏好并最终导致不同的个体决策行为等。因此本节针对高校教师过度劳动产生原因的微观层面分析就主要借鉴行为经济学研究的视角,从个体决策的偏好、动机、行为以及个体之间的异质性等方面进行阐述。

4.4.1 个体决策的偏好差异

个体决策偏好的差异体现在,有的高校教师会以追求经济利益的最大化为行为决策的依据,而有的高校教师则将工作作为事业来看待,认为高校教师职业是一种天职(calling),将追求事业成功、职业成就作为行为决策的依据。这些都会导致其过度劳动的产生路径不同。

首先,分析高校教师个体决策偏好为经济利益最大化时过度劳动的产生原因。如前文所述,高校教师这一群体人力资本投资较大、在人力资本积累形成的过程中又产生了大量的机会成本,所以在步入工作岗位以后亟须对人力资本进行回报,尤其是身处大城市的年轻教师,物质水平的不断提高、生活成本的不断增加,给高校教师带来更大的生存压力。大学教师这个群体的知识储备属于社会的中层,但是他们的收入在同等受教育程度的群体中处于底层,产生了社会资本、文化资本倒置的现象,这种倒置一方面会使高校教师在经济利益的驱动下不断地增加自己的工作时间和工作任务,加大身体的劳动负荷;另一方面会使高校教师产生职业困惑,对职业的归属感和满意度下降,甚至对自身的价值产生怀疑,这样的心理负荷更容易增加高校教师的疲惫感,增加过度劳动的风险和可能性。另外,前文已经分析过,高校教师真正的学术自由受到了环境和制度的限制,只能在学科专业标准的规训之下,生产高度专业化的知识产品,并且按照学科的等级评价制度,追逐更高、更

---

① Fehr E, Gintis H. Human Motivation and Social Cooperation: Experimental and Analytical Foundations [J]. Annu Rev Social, 2007, 33: 43 - 64.

多的文化资本和专业权威。随着资本的扩张和利益的诱惑,绝大多数知识分子不得不花费时间和精力为稻粱谋。因此可以说,高校教师在追求经济利益最大化的驱动下,过劳的产生带有被动的倾向。

其次,分析高校教师个体决策偏好为追求职业成功、声誉最大化时过劳的产生原因。高校教师群体的特殊性除了高人力资本存量之外,还有一个不容忽视的特性就是高校教师群体的需求层次较高,追求自我实现,很多高校教师将工作当作自己毕生的事业去做,因此在面对工作的时候会产生一种内驱力,自我敦促式地去进行更多的工作投入,乐在其中而不觉苦,因为学生的成长成才、科研成果的获得、同行的肯定等带来的工作边际正效应大于其为此付出的包括时间、精力在内的工作边际负效应。因此可以说,高校教师在追求职业成功的驱动下,过度劳动的产生是具有主动性的,但这种高投入的工作状态时间久了难免积劳成疾,虽然从工作中得到的回报可以在一定程度上缓解过劳的感受,但是身体机能的损耗是切实存在的,因此这种过劳更需要引起高校教师的重视。

4.4.2　个体行为决策中的攀比效应

个体行为决策的过程中,他人的行为会对其自身造成相互依存式的影响,心理学和经济学中都对个体决策过程中这种偏好依存的效应做出过研究,比如相对收入效应,指的是一些人的收入增加会直接降低其他人的效用,这种现象可以用心理学中的相对收入理论(Relative Income Theory)或攀比效应(Aspiration Theory)来解释,在经济学中,波洛克也曾提出过"相互依存的偏好"理论(Interdependent Preferences Theory),用以解释人们相互攀比以及社会比较这类行为对自身效用产生的影响。[1] 个体的收入和消费行为中存在着的攀比效应是过度劳动的诱因之一,攀比效应认为个体的效用与自身的收入和消费水平正相关,但是与参照群体的平均收入和消费水平负相关。攀比行为指的是不同企业或不同行业的劳动者相互比较其劳动收入和劳动支出,并在这种比较的基础上采取的力图使其劳动收支趋于均衡的行为方式。[2]

---

[1] 田国强,杨立岩. 对"幸福—收入之谜"的一个解答 [J]. 经济研究,2006 (11): 4-15.
[2] 李实,刘小玄. 攀比行为和攀比效应 [J]. 经济研究,1986 (8): 74-78.

由于高校教师群体的收入没有优势，与同龄人相比，其他职业的从业者可能在大学本科毕业就开始工作，到高校教师参加工作的时候，他们已经工作七八年，可能已经身处中层管理者的位置或已经成为单位的骨干员工，这给高校教师继续修业带来了巨大的机会成本；另外，高校教师与同等受教育水平的其他专业技术人员相比，薪酬水平也不具有优势，攀比效应显现带来攀比行为，高校教师会努力通过增加实际工作时间、加强劳动强度、拓展经济收入渠道等方式，弥补攀比的缺口。即便是有些高校教师对自己的劳动收支状态很满意，但是由于存在攀比效应，他人收入的增加会对其自身效用产生负面影响，因此只要有一部分高校教师通过增加实际工作时间、加强劳动强度、拓展经济收入渠道等途径获得了更多的收益，而他们恰恰有这种自由选择的权利，就会降低不采取这种行为的高校教师的效用水平，因此他们也会投身于这样的工作方式中以求自身的效用不变。

高校教师人力资本的特殊性导致其人力资本产权归人力资本载体个人私有，因此其可以通过出售自身知识、技能和智慧来获得更多的经济收入，其工作自由度和灵活度都较高的特性也为从事这些活动创造了可能，因此高校教师更容易受攀比效应的影响产生攀比行为，攀比行为在一定程度上可以提高高校教师的工作效率、促进高校教师进行精力、资源、时间的合理配置，发挥其潜能和专长，并且在这一过程中获得大量信息，较为客观地把握攀比系数（也就是说，可以在攀比的过程中发现自身和他人的差距，承认这种差距的现实存在并接受，这对于高校教师的健康持续的发展是有促进作用的）。另外，攀比行为内化为不断地延长工作时间，增加工作投入，使身心都保持在高负荷的状态，对于过度劳动的产生具有促进效应，是高校教师过度劳动的诱因之一。

4.4.3 双重身份、多元角色与目标冲突

高校教师一方面隶属于大学、院系等有形组织，另一方面又是以学科、专业为依托的学术共同体成员，因此，高校教师在学术组织中具有"单位人"和"学术人"的双重身份，相应的也是具有忠诚于学校和忠诚于学科的"双重忠诚"的职业生涯。双重身份、双重忠诚带来双重责任，一方面作为

学术人，要守护大学的本职和精神，努力改变各种不利于文化和教育长远发展的制度和规矩，现阶段高等教育正处于一个大变革的制度重建的年代，高校教师守护、创造大学的根本利益，还原大学的本来面貌是时代对其的要求之一，也是高校教师在大学工作的理想；另一方面作为单位人，高校教师隶属于高校，只是其中的一位普通的教职员工，要遵守组织既有的制度和规矩，在现有体制下工作，并努力为个人和学校争取更多的荣誉。双重身份的冲突给高校教师带来了矛盾和困惑，而双重身份的融合又加剧了高校教师的工作任务和工作难度。

高校教师的主要工作内容包括教学活动、科研活动、社会服务活动、学术交流活动和学术事务管理活动。[①] 高校教师学术活动的多样化为高校教师在学术场域中的行为提供了多元化的平台，使高校教师的学术事业发展具有多重选择，但也导致了其需要适应和担任多元角色，分散了高校教师的时间、精力和关注力，使高校教师陷入了时间紧迫的旋涡中。有研究显示，教师整个职业生涯中多达1/3的时间处于一个"非常或极度紧张"的状态。[②]

另外，在高校内部，制度规范具有强势地位，高校教师处于屈从和被支配的地位，在高校的管理目标与高校教师自身发展目标冲突碰撞的过程中，高校教师面对来自内部价值动荡的困惑和外部严苛考核的压力。高校为了便于管理，对教师实行的职务评聘、分层分级、绩效考核、业绩评价等市场化规则，与高校教师传统的"学术人"价值评价体系相违背，高校教师原有的隐忍、谦让、清贫乐道、学术至上等品质成了不合时宜的负担，学术人格和精神气质受到挑战。高校教师为了迎合考核，不得不在正常的教学、科研学术工作之余，寻求更多的发展机会，积累更为有利的学术资本。

因此，高校教师在大学组织和学术组织中的双重身份带来的冲突、多元学术活动中的角色冲突以及多重目标撞击下的内在价值冲突都使高校教师的工作任务更加繁重、工作时间更加紧迫、工作强度更加沉重，对工作业绩提

---

① 张焱. 诱惑、变革与守望——我国学术场域中的大学教师行为研究 [M]. 南京：南京大学出版社，2014.
② Kyriacou C. Teacher Stress: Directions for Future Research [J]. Educational Review, 2001, 53 (1): 27 – 35.

出了更高要求,使高校教师更容易成为过劳问题的频发群体。

4.4.4 家庭分工与工作/家庭关系

2014年8月,麦可思研究院对高校教师生存状况进行了调查,共有8612名本科教师参加了调研,数据显示:压力较大的高校教师主要分布在31—35岁以及41—50岁。31—35岁的高校教师处于事业起步的关键时期,同时面临成家立业、结婚生子等事情,因而压力较大。而41—50岁这部分教龄较长的教师在压力较大的教师中占比高或许源自进入职业生涯中期带来的晋升和科研压力,同时在生活方面还可能面临子女教育、赡养老人等问题。[①]诚然,数据调研的结果只是在一个侧面反映了高校教师的工作家庭状况,这一特性并不是高校教师所特有的,可能处于这个年龄段的任何职业从业者都将面临这样的压力,但是高校教师因其工作自由度较高,不用坐班,有寒暑假等特性,所以可能比起组织时间规范更为严苛的其他从业者,会更多地承担起照顾家庭的责任。有研究也证实,家庭成员家务时间配置与工作时间的自由度差异呈强相关性,是影响家庭成员家务时间分配的主要因素(陈惠雄,2007)[②]。另外,如前文分析,高校教师进入劳动力市场的时间较晚,导致其事业起步的关键期与组成家庭、生养抚育下一代的社会家庭职责相互重叠,加剧了高校教师的过度劳动状态。

工作/家庭之间的关系如何平衡也是高校教师要面临的挑战,因其工作特征导致工作/家庭的边界较为模糊,角色相互渗透,产生两方面效应:一方面是工作/家庭的增益,也就是说两个界面角色的相互影响带来了积极效应,这类的高校教师一般倾向于拥有高弹性的工作/家庭边界,工作中的正效应带回家庭,家庭中的正效应带到工作中,互相促进,使得高校教师有一种内在动力更加努力地进行工作,从而产生一种主动型的过劳;另一方面是工作/家庭的冲突,也就是说两个界面的角色的相互影响带来了消极效应,工作中的压力和不满带到家庭生活中,导致在非工作时间也无法得到

[①] 人民网.高校教师生存状况调查显示:八成"亚历山大"[EB/OL].(2014-09-09)[2014-09-09] http://society.people.com.cn/n/2014/0909/c1008-25627263.html.

[②] 陈惠雄.基于家庭分工与非均衡组织压力的大学教师工作压力研究[J].现代教育科学,2007(6):104-106.

完全的休息和放松，家庭中的负效应带到工作中，导致工作的过程中效率低下，只能通过更多的工作时间投入和工作强度来弥补效率缺口，然而这种疲劳在家庭生活中又得不到充分恢复，带来认知资源丧失螺旋，加大了过度劳动的风险。

4.4.5　其他人口统计学变量与个人特质

高校教师个体的异质性也会引起过度劳动的发生和发展路径有所不同，比如年龄、教龄、性别、婚姻状况、职称、是否担任行政职务、职业发展所处期等，这些因素的差异都会导致高校教师的过度劳动成因及状况有所不同。比如，我们可以从直觉上感知到，高校教师的过度劳动可能与年龄和教龄呈现倒 U 形的关系，即随着年龄和教龄的增加，过度劳动情况逐渐增加，到达峰值后开始下降，这与其所处职业发展阶段也有密切关系，职业发展的爬坡期，过度劳动情况较为明显，职业发展的衰退期，过度劳动的情况可能有所缓解。另外，担任行政职务的高校教师应该会比不具有行政职务的教师更有过劳的风险，如此种种，不一而足。另外，高校教师的性格特质是具有强烈的成就动机、追求冒险、勇于挑战、好奇心强、愿意尝试新鲜事物，还是追求多方面的平衡、更倾向于安稳的生活、不确定的事物不愿意尝试，对过度劳动的形成都有所影响。但事实上，由于过度劳动本身就是一个发展的过程，是生理、心理和行为的综合反映，因而就人口统计学变量与过劳两者的关系而言，其实是模糊不清很难界定的，需要我们在接下来的实证研究中进行具体探索和分析。

4.5　本章小结

本章从廓清高校教师与普通劳动者相比具有哪些群体特征以及与同时知识工作者的其他职业相比具有哪些工作特征入手，发现高校教师群体人力资本存量较高、职业的进入和退出都具有较大的成本、人力资本使用过程中监控难度较大、职业生涯具有积累效应是高校教师与普通劳动者相比较为显著的区别；工作/家庭边界弹性大、从事较高要求的情绪劳动、真正意义的自由不足以及滞胀的工作模式是高校教师与其他知识工作者相比较为显著的工作特征。

在这样的特征之下，本章从宏观、中观和微观三个层面入手，对高校教师过度劳动的成因进行了较为深入的剖析，构建了高校教师过度劳动的形成机制图，如图4-3所示。

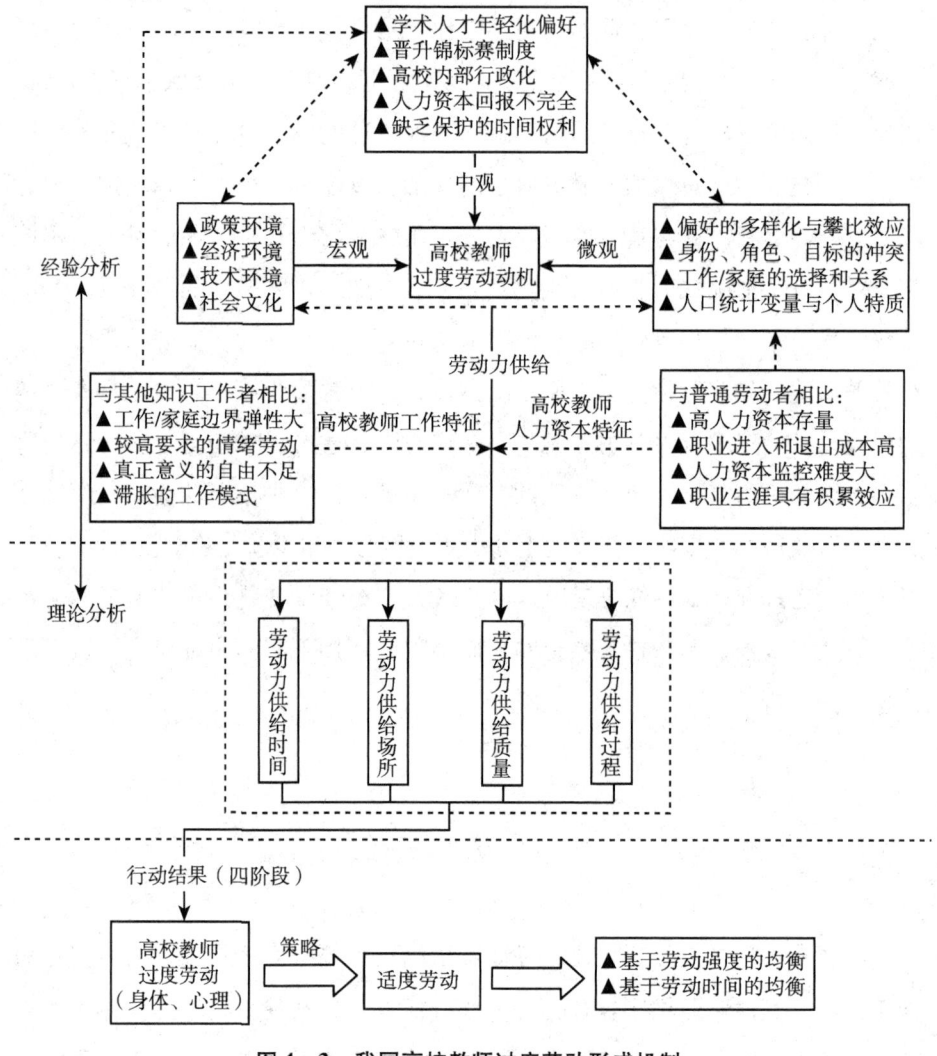

图4-3 我国高校教师过度劳动形成机制

宏观层面政策上高等教育的普及、研究生培养力度的加大、对高等教育质量要求的提升都对高校教师提出了更高的工作要求；经济上新常态时期向人才要红利、教育财政投入的紧缩迫使高校更具竞争性并多元化筹措经费，这些都在一定程度上通过提高对高校教师的要求来保障和实现；技术环境上进步侵蚀着高校教师的人力资本存量，"互联网＋教育"的融合模式，知识创业、学术创业的兴起，知识创新的压力增加了高校教师角色冲突的风险和工作负荷，对高校教师过劳产生影响；社会文化上评估活动、教育问责的倾向、高等教育成本的上升以及传统的文化观念都让社会、媒体、大众的监管压力渗透到高校，对高校教师职业提出了更高的期望和要求。

中观层面上，高校内部劳动力市场学术人才年轻化的偏好严重压缩了高校教师的职业准备期，使得高校教师陷入挤时间、赶时间的状态而身心俱疲；具有锦标赛色彩的晋升制度"隐性强制"着高校教师不得不在锦标赛规则要求之下实现更为优异的成果，对高校教师的工作状态、精力投入和心理压力都产生影响；与人力资本投资不匹配的薪酬回报水平更是使高校教师延长工作时间，压缩休息时间来获得市场性的外部收入；行政化的介入与干扰导致高校教师工作繁多、负荷加重、角色多样，具有更大的过劳可能；缺乏保护的时间权利使高校教师的时间严重碎片化，不能进行深入思考，需要利用更多的自我时间进行学术研究，这些都使高校教师的过劳被进一步地促成和强化。

微观层面个体决策的偏好差异，个体决策过程中的攀比效应，双重身份、多元角色与重重目标的交织与冲突，家庭分工与工作/家庭的关系以及高校教师的异质性等，都使得高校教师过劳的成因、发展的路径有所不同，呈现出不同的过劳状态，需要在接下来的一章中通过实证进行进一步的分析和探索。

第5章 我国高校教师过劳状况、特征与成因的实证分析

本研究第3章以经济学相关理论为视角,分别从劳动力供给的时间、场所、质量和过程四个方面对高校教师过度劳动的相关理论进行分析,从而在理论上勾勒出高校教师劳动力供给影响因素的框架结构,接着在第4章以经验分析为主,在廓清高校教师群体特征和工作特征的基础上,从宏观层面、中观层面和微观层面分别阐述其对高校教师过度劳动形成的影响。本章将在此基础上,通过实证调研的数据分析,对我国高校教师过度劳动的状况、特征、影响因素等进行进一步的研究、探索与验证。

5.1 研究设计

5.1.1 调研工具:问卷的编制与说明

虽然已经有一些研究团队和民间智库组织对高校教师工作、生活、职业状况进行了全国范围内的调研(如沈红[1]、廉思[2]、麦可思研究院[3]等),但是相关数据都没有公开,并且几乎没有涉及"高校教师过度劳动"这一主题

---

[1] 作为"变革中的学术职业"(Changing Academic Profession, CAP)这一国际项目的中国大陆研究团队,沈红老师的团队曾于2007年在全国范围内对中国大学教师进行了一次调查,主要调查内容包含高校教师工作状况与职业发展等,并于2014年进行了第二轮全国调查。

[2] 廉思老师的研究团队自2011年以来对全国40岁以下的高校青年教师的工作和生活状态进行了调查,并出版《工蜂:大学青年教师生存实录》一书。

[3] 麦可思研究院近年来连续针对高校教师进行了社会调研,如2014年《高校教师生存状况调查》,2015年《大学教师职业倦怠调查》,2016年《大学教师薪酬福利调研》等。

的调研，因此为了获得所需要的数据，本研究采取问卷调查的方式收集数据。为了设计出相对满意的调查问卷，笔者在问卷设计前参考了大量国内外相关研究的文献，结合本研究目的和研究假设，编制了《高校教师工作状态与职业健康调查问卷》，问卷初步设计完成后选取笔者所在高校进行了试调查，试调查主要是通过与12位受访者①面对面对问卷进行探讨，征询其对问卷的意见，并在此基础上对问卷题目进行增减、修正和明细，主要包括：

（1）将原问卷A1：我所在的城市经济压力给我带来了沉重的负担；A2：房贷、车贷给我带来了沉重的经济负担；A3：赡养老人、抚育孩子给我带来了沉重的经济负担；题目合并为A1：经济压力给我带来了沉重的负担。

（2）将原问卷中A30：我所在的城市空气质量差，使我更容易产生疲劳；A31：我所在的城市交通拥堵，使我更容易产生疲劳；A32：我所在的城市人口密度大，使我更容易产生疲劳；题目合并为A30：我所在的城市环境（如雾霾、交通拥堵、人口密度大等）使我更容易产生疲劳。

（3）增加A31：人才年轻化的趋势给我带来了很大的压力。

（4）由于信息获取困难，删除关于高校教师科研成果的统计题目。

（5）对深夜工作时间进行了界定，为夜里10点到次日凌晨5点。

（6）增加B11：深夜工作时间和B14：深夜工作的原因。

（7）将任教高校所在地的选项由具体到市改为具体到省。

（8）将D13：月均收入和D14：月均支出两题合并为D13：平均每月的生活支出占月收入的百分比。

在此基础上形成了最终的调查问卷，全部问卷信息如附录Ⅰ所示。

这里需要说明的是，对于过度劳动的测度和衡量，在技术上是十分复杂和困难的，涉及多学科的交叉应用，如生理学、心理学、人工效能学、力学、劳动保护学等，受研究领域、个人能力、时间和篇幅所限，本研究难以在如何测量过劳方面开发专门针对高校教师群体的测量工具，且开发测量工具也不是本研究的重点所在，同时新开发的测量工具在信度、效度等方面都有待

---

① 12位参加试调查的高校教师基本信息为：男教师5位，女教师7位；平均年龄41岁；平均教龄10.5年；已婚10位，未婚2位；讲师1位，副教授9位，教授2位。

检验。因此，在测量高校教师过劳方面，本研究选取成熟量表进行测量，即日本厚生劳动省中央劳动灾害防治协会（2003）的《疲劳蓄积度自测诊断量表》，该量表主要基于医学研究成果进行开发[①②]，也是目前在国内过劳研究领域运用最为广泛的量表，多位学者都已对其进行了实证检验并且取得了良好的效果，如王丹、杨河清（2010）[③]，孟续铎、王欣（2014）[④]，王欣、杨河清（2016）[⑤]。下面就具体介绍调研问卷各部分的主要内容以及问卷信效度检验情况。

5.1.1.1　问卷的结构

《高校教师工作状态与职业健康调查问卷》主要分为四部分内容。第一部分为工作感受，包括31道题目，采取的填写方式为五点量表。从1分到5分别代表从非常不符合到非常符合，要求受访高校教师按照自身感受对题目所描述的内容的符合程度进行填写。第二部分为工作状态，包括14道题目，采取封闭式选择的填写方式。要求受访教师根据个人实际的工作状态情况进行选择填写。第三部分为职业健康状况，包括6道题，填写方式为封闭式选择。其中第1题和第2题为日本厚生劳动省中央劳动灾害防治协会（2003）的《疲劳蓄积度自测诊断量表》，第3题询问高校教师对自己过劳状况的主观感受，第4题为询问高校教师日常养生保健的情况，第5题为高校教师自身健康的总体状况，第6题为高校教师出勤主义情况，均为五点量表选项。下面具体介绍测量高校教师过劳的问卷内容与评分标准。第1题为自觉症状内容，要求受访教师根据自己近一个月来的实际情况和感受选择最为符合的选项填写，具体内容与计分标准如表5-1所示。

---

①　中央労働災害防止協会. 労働者の疲労蓄積度自己診断チェックリスト［EB/OL］. http://www.jaish.gr.jp/anzen/hor/hombun/hor1-44/hor1-44-55-1-0.htm, 2015-07-07.

②　厚生労働省労働基準局労働衛生課. 労働者の疲労蓄積度自己診断チェックリストの公開について［J］. 労働基準, 2003, 55 (8): 2-4.

③　王丹, 杨河清. 北京地区企事业单位劳动者的过劳情况调查［J］. 中国人力资源开发, 2010 (9): 38-39.

④　孟续铎, 王欣. 企业员工"过劳"现状及其影响因素的研究——基于"推—拉"模型的分析［J］. 人口与经济, 2014 (3): 92-100.

⑤　王欣, 杨河清. 对企业中"强制自发性"型员工"过劳"的研究［J］. 软科学, 2016, 30 (10): 104-108.

表 5 - 1　自觉症状量表内容与选项计分标准

题目内容	选项与计分标准		
1. 急躁、烦躁、悲观，不能控制自己的情绪	几乎没有（0）	有时有（1）	经常有（3）
2. 思考问题时思路不清晰	几乎没有（0）	有时有（1）	经常有（3）
3. 静不下心，对事情放不下心	几乎没有（0）	有时有（1）	经常有（3）
4. 记忆力减退，开始忘记熟人的名字	几乎没有（0）	有时有（1）	经常有（3）
5. 睡眠质量低，失眠、多梦、睡起后不解乏	几乎没有（0）	有时有（1）	经常有（3）
6. 身体状况不好，但医学检查无异常	几乎没有（0）	有时有（1）	经常有（3）
7. 不能集中精神，厌于思考问题	几乎没有（0）	有时有（1）	经常有（3）
8. 做事经常出错，反应变慢	几乎没有（0）	有时有（1）	经常有（3）
9. 工作中，感到强烈的睡意	几乎没有（0）	有时有（1）	经常有（3）
10. 没有干劲，做事不积极	几乎没有（0）	有时有（1）	经常有（3）
11. 感到疲惫不堪（运动后除外）	几乎没有（0）	有时有（1）	经常有（3）
12. 早晨起床时感到精疲力竭	几乎没有（0）	有时有（1）	经常有（3）
13. 与以前相比，容易疲劳	几乎没有（0）	有时有（1）	经常有（3）
☆加总计分等级标准：			
Ⅰ	0—4 分　Ⅱ　5—10 分	Ⅲ　11—20 分	Ⅳ　21 分及以上

第 2 题为工作负担内容，要求受访教师根据自己近一个月来的实际情况和感受选择最为符合的选项填写，具体内容与计分标准如表 5 - 2 所示。

表 5 - 2　工作负担量表内容与选项计分标准

1. 一个月内的"八小时"之外的工作时间	没有或适当（0）	多（1）	非常多（3）
2. 不规律的工作（预定的工作变更、突发性的工作）	少（0）	多（1）	——
3. 出差造成的负担（频率、时间约束、时差等）	没有或很小（0）	大（1）	——

续表

4. 深夜工作造成的负担（晚10点至早5点的工作，从频率、时间长短等方面进行综合判断）	没有或很小（0）	大（1）	非常大（3）
5. 休息、小睡的时间数以及设施	适当（0）	不适当（1）	3.——
6. 工作带来的精神负担、精神压力	小（0）	大（1）	非常大（3）
7. 工作带来的身体负担、感觉身体累、缓不过来	小（0）	大（1）	非常大（3）
☆加总计分等级标准：			
A	0分	B	1—2分	C	3—5分	D	6分及以上

  两部分各自计分，之后对照表5-3对自觉症状和工作负担得分进行交叉分析，综合两部分分数最终得到高校教师疲劳蓄积程度得分。该分值取值范围为[0, 7]，数值越大表明疲劳蓄积的程度越深，过劳的程度越重。为便于统计分析，将其划分为四阶段：0—1分判定为"不过劳"，2—3分判定为"轻度过劳"，4—5分判定为"中度过劳"，6—7分判定为"重度过劳"。这里需要说明的是，得分为1分时是存在过劳可能的转折点，日本的量表将0—1分判定为"不过劳"，是基于两方面考虑：首先，由过劳的定义进行判定，过劳的逻辑起点是"由于工作引起的"；其次，基于量表考察的侧重点进行判定，量表考察过劳的侧重点在于疲劳的蓄积，过劳形成是疲劳蓄积是一个过程，需要到达一定程度，并且通过短暂的小休憩也无法进行缓解的时候，则过劳产生。再分析量表中得分为1的两种情况，第一种情况是工作负担A与自觉症状Ⅳ的组合，很明显虽然此时的自觉症状得分很高，但工作负担为0，因此自觉症状不是由工作引起的，因此不属于过劳定义的范畴，所以此种情况判定为"不过劳"（但可能存在其他的生理或心理问题）；第二种情况是工作负担B与自觉症状Ⅱ的组合，此时的疲劳蓄积到一定程度，属于暂时性的疲劳、急性或者亚急性疲劳，可以通过自发的小休憩进行缓解和恢复，因此达不到过劳的程度，所以将0—1分判定为"不过劳"。

表 5-3　疲劳蓄积程度分数表

		工作负担状况			
		A	B	C	D
自觉症状	I	0	0	2	4
	II	0	1	3	5
	III	0	2	4	6
	IV	1	3	5	7

日本的量表通过两部分来分别反映劳动者自我感知到的疲劳的蓄积情况以及超时、超强度的工作负担情况，并通过两部分综合判断劳动者疲劳蓄积的程度，并以此来反映劳动者过劳的程度。而本书在第 2 章 2.2 节就明确提出本研究中过劳的定义为：第一方面由于超时、超强度的市场性劳动行为引起（劳动行为的有酬性，既包括工作带来的物质酬劳也包括精神酬劳，但不包括家务劳动、义务劳动、体育运动等）；第二方面该市场性劳动行为引起了劳动者身体或心理的疲劳，并带来了健康状况不佳、闲暇时间减少、生活质量降低等一系列负效应；第三方面是劳动者由于某些驱动因素仍然保持这样的市场性劳动行为，由此引发了疲劳的蓄积并通过小休憩而无法缓解的一种身心状态，可以称为过度劳动。因此，本研究过劳的内涵界定与量表中过劳的内涵高度相符，因此运用该量表可以较好地实现本研究的研究目的，测量出高校教师的过劳程度。

问卷的第四部分为基本信息，包括 13 道题，填写方式有两种：封闭式选择与开放式填写。要求受访教师根据自己的实际情况进行填写，包括性别、年龄、教龄、婚姻状况、职称、所属学科、任教高校所在地、任教高校层次、是否为硕博导、税后月收入、月支出占收入比以及距离上次职称评审时间。

5.1.1.2　问卷的信效度检验

首先，调查问卷是否具有可靠性与稳定性，各测量指标是否具有较高的内部一致性，需要用问卷的信度来检验。常用的信度检验工具为 Cronbach's Alpha 系数，如果 α 系数大于 0.8，则调查问卷有较高的内部一致性与稳定性，如果α系数在0.7—0.8，则调查问卷的内部一致性基本可以接受，如果α系数低于0.7，则最好重新修订量表[①]。本研究采用α系数对各部分问卷的信度进行检验，结果如表5-4所示，可以看出各部分量表和整体量表的α系数均在0.7以上，问卷信度较高。

表5-4 问卷的信度检验

题号	被检验的问卷内容	Cronbach's Alpha 系数	N of Items	整体α系数
第一部分	工作感受	0.778	32	
第二部分	工作状态	0.708	13	0.773
第三部分	职业健康情况	0.863	23	

注：第一部分包括31道题，但因为其中第9题分成两种情况进行询问，因此进行信度检验的题目数量为32项。

其次，问卷设计的过程中通过试调查征询了高校教师的意见，均表示测量题目表述清晰，能够反映测量主题，具有良好的内容效度。

最后，通过因子分析对问卷结构效度进行验证，相关题目的KMO值为0.741，大于0.5，且Bartlett球度检验近似卡方值为9020.768，统计值的显著性概率为0.000，小于0.01，说明问卷具有良好的结构效度。

5.1.2 调研过程：数据收集与样本分布

本研究第1章1.1节对研究对象的界定为："高校教师"特指在高校中从事教学和科研方面工作的教职人员，包括以科研、教学为主，兼任部分行政职能的专任教师，但不包括专门从事行政、管理工作的教辅、机关管理岗位等非教学人员。其中"高校"的界定为：截至2013年6月21日，教育部批准的全国普通高等学校（不含独立学院），且办学层次为"本科"的院校。此次调研正是在这样的界定下进行调研对象的选取。

5.1.2.1 样本容量

本研究采取问卷调查的方式获取数据，样本容量如果过小，会导致分析

[①] 朱建平．SPSS在统计分析中的应用［M］．北京：清华大学出版社，2007．

结果的信度降低，而样本容量如果过大，也会导致运用一些模型拟合指数的判断变得不够准确。因此，学界应用比较广泛的样本容量选择标准是 Gorsuch（1983）提出的观点，他认为样本量的大小要满足测量题数与被调查者数量的比例保持在 1:5 以上，最大达到 1:10[①]。本研究按照此原则进行样本容量的确定，调查问卷中测量题数为 80 道，因此样本容量应该在 400—800 份。为使样本数据更具有代表性，本研究按照教育部网站公布的办学层次为"本科"的全国普通高等学校在各省的数量分布比例进行分层抽样，以总样本为 800 份按比例计算确定各省市的样本数量，在各省市中进行抽样，以期样本能够在最大限度上反映高校教师的整体实际情况。

5.1.2.2 问卷收集与数据处理

问卷的发放和回收集中于三个时间段，第一个时间段是 2016 年 7—9 月，主要采取的形式是网络问卷和纸质问卷相结合的方式，网络问卷主要依托问卷星平台，纸质问卷主要依托中国适度劳动研究中心举办的适度劳动研究年会以及导师社会关系，现场发放问卷并当场回收，共收集问卷 299 份。第二个时间段是 2017 年 2—4 月，主要采取的形式为网络问卷，依托腾讯问卷平台，并通过笔者的社会关系以邮件的方式发放问卷，共收集问卷 315 份。第三个时间段是 2017 年 6—7 月，主要根据分层抽样的样本数量比例，对回收问卷数量较少的省份进行调查，通过邮件方式联系该地区高校教师进行问卷发放和回收，共收集问卷 113 份。

本研究共收集问卷 727 份，剔除个人信息部分严重缺失的问卷、连续多题答案空缺的问卷以及具有明显答题规律、答案集中的问卷 16 份，得到有效问卷 711 份，问卷回收质量较高，有效率 97.8%，且符合样本容量的选取要求。有效问卷中没有个人信息缺失情况，对于问卷其他部分中存在的缺失值，本研究采用序列均值替代。

5.1.3 基本判断：研究假设的提出

基于本研究第 3 章的理论分析和第 4 章的经验分析，可以做出一些基本

---

① 黄芳铭. 结构方程模型［M］. 北京：中国税务出版社，2003：256.

判断并提出本研究的研究假设：

假设1：我国高校教师普遍存在着过度劳动的情况，且过度劳动的程度较深。

假设2：高校教师的个人信息情况（包括性别、年龄、教龄、职称、婚姻状况、是否硕博导、是否为211高校、任教学科、税后收入）会导致其过度劳动的程度呈现出显著性差异。

假设3：高教教师在高校组织中的身份（包括是否担任行政职务、聘任方式）会导致其过度劳动的程度呈现出显著性差异。

假设4：高校教师过度劳动的成因受到宏观（经济、技术、政策、社会环境）、中观（组织管理制度、行政化氛围、时间保护、人力资本回报、时间紧迫感、组织支持、职业特征、工作模式）和微观（行为追求偏好、工作/家庭、职业生涯、健康意识）三个层面的因素影响，使其过度劳动的程度呈现出显著性差异。

5.2 我国高校教师过度劳动的基本状况

5.2.1 样本基本情况

5.2.1.1 样本区域分布情况

调查样本在全国的分布情况如表5-5所示，样本共覆盖全国20个省、4个直辖市、3个自治区，未覆盖甘肃、宁夏、青海、西藏、香港、澳门、台湾七个地区。其中北京地区样本量最多，占全部样本的9.6%，海南和内蒙古地区的样本量最少，分别占全部样本的1.3%。

表5-5 各地区样本数量及占比与各地区高校占比

地区	问卷数量	高校占比	问卷占比	地区	问卷数量	高校占比	问卷占比
安徽	30	3.8%	4.2%	江西	24	3.1%	3.4%
北京	68	6.7%	9.6%	辽宁	43	5.7%	6.0%
福建	13	2.6%	1.8%	内蒙古	9	1.5%	1.3%
广东	32	4.7%	4.5%	山东	45	5.9%	6.3%

续表

地区	问卷数量	高校占比	问卷占比	地区	问卷数量	高校占比	问卷占比
广西	12	2.6%	1.7%	山西	19	2.4%	2.7%
贵州	14	2.1%	2.0%	陕西	30	4.8%	4.2%
海南	9	0.7%	1.3%	上海	30	3.8%	4.2%
河北	27	4.6%	3.8%	四川	33	4.1%	4.6%
河南	29	4.8%	4.1%	天津	18	2.2%	2.5%
黑龙江	34	4.0%	4.8%	新疆	10	1.5%	1.4%
湖北	35	4.7%	4.9%	云南	11	2.5%	1.5%
湖南	27	3.7%	3.8%	浙江	28	3.9%	3.9%
吉林	28	3.4%	3.9%	重庆	17	2.1%	2.4%
江苏	36	5.5%	5.1%	合计	711	100%	100%

通过图 5-1 的虚实折线可以更为直观地看出，样本在各省、自治区、直辖分布的比例基本与该地区高校数量占全国高校数量的比例相符，这在最大限度上增加样本的代表性。

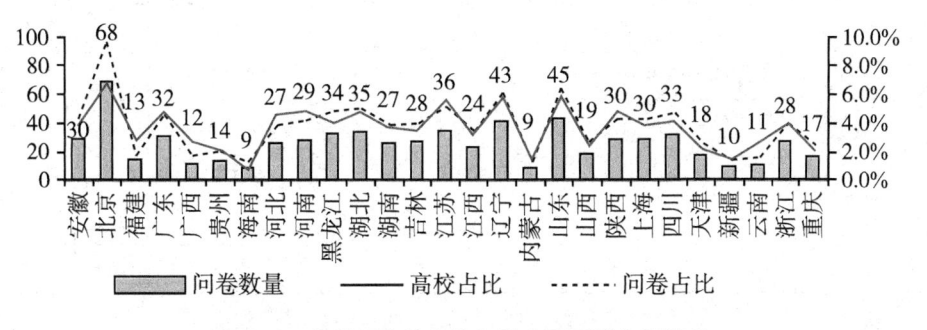

图 5-1 各地区高校占比与样本量区域分布情况

5.2.1.2 样本基本信息统计

回收的 711 份有效问卷的基本情况如表 5-6 所示。这里需要说明是：本章中所有统计分析的计算采取四舍五入的方式，因此表格中的百分比总和可能不等于 100%。

表 5-6 有效样本基本情况统计表

背景变量	统计量		背景变量		统计量	
	频数	百分比（%）			频数	百分比（%）
性别	男	314	44.2	是否是硕博导	是硕导	147	20.7
	女	397	55.8		硕博导	100	14.1
职称	助教	95	13.4		都不是	464	65.3
	讲师	236	33.2	教龄	5 年以下	161	22.6
	副教授	255	35.9		5—9 年	162	22.8
	教授	125	17.6		10—14 年	180	25.3
年龄	35 岁以下	230	32.3		15—19 年	70	9.8
	36—45 岁	293	41.2		20 年及以上	138	19.4
	46—60 岁	166	23.3	所属学科	工学	89	12.5
	60 岁以上	22	3.1		医学	26	3.7
婚姻状况	已婚	603	84.8		理学	41	5.8
	未婚	108	15.2		农学	16	2.3
月均税后职业收入	4000 元以下	78	11.0		经济学	155	21.8
	4000—5999 元	225	31.6		文学	22	3.1
	6000—7999 元	170	23.9		法学	22	3.1
	8000—9999 元	143	20.1		历史学	7	1.0
	1 万元及以上	94	13.2		教育学	33	4.6
是否 211 院校	是	253	35.6		管理学	294	41.4
	否	458	64.4		哲学	6	0.8

5.2.2 我国高校教师过度劳动的总体状况

5.2.2.1 基于量表测量的我国高校教师过劳情况统计

根据问卷调查结果计算我国高校教师过度劳动得分，结果显示：我国高校教师过劳得分最大值为 7 分，最小值为 2 分，表明我国高校教师普遍存在过度劳动情况；均值为 5.21 分，表明平均过劳状况较为严重，处于"中度过劳"程度；标准差为 1.208，按照本章 5.1 节过劳得分分类划分标准得出，轻度过劳的高校教师占 8.6%，中度过劳的高校教师占 45.4%，重度过劳的高校教师占46%，我国高校教师过度劳动情况较为严重；过劳得分中位数为5分，众数为6分。以上调查结果验证了研究假设1，具体情况如表5-7所示：

表5-7 高校教师过劳得分情况统计表

过劳等级	过劳具体得分	频数	有效百分比（%）	分类百分比合计（%）
轻度过劳	2分	11	1.6	8.6
	3分	50	7.0	
中度过劳	4分	143	20.1	45.4
	5分	180	25.3	
重度过劳	6分	227	31.9	46.0
	7分	100	14.1	

分别按照经济区域和行政区域两种划分方式统计各地区高校教师过劳得分的均值，如图5-2所示，可以看出，按经济区域划分时，东部地区高校教师过劳情况最严重；按行政区域划分时，华东地区高校教师过劳情况最严重。

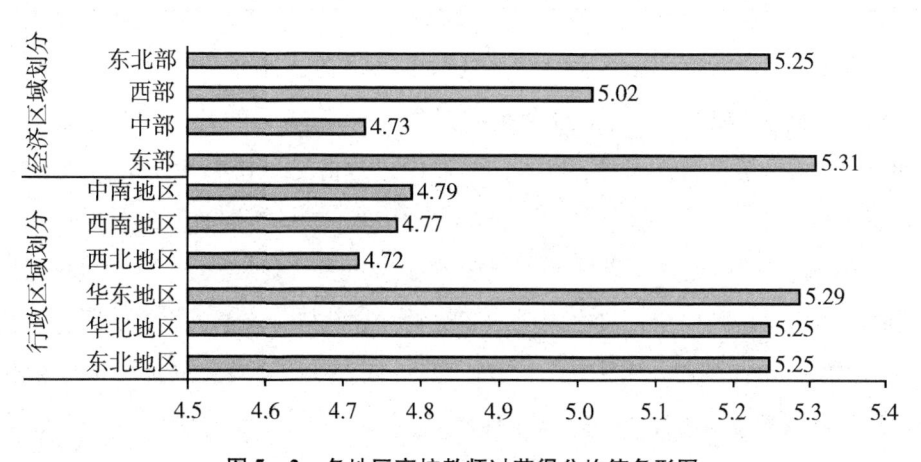

经济区域划分：
- 东北部 5.25
- 西部 5.02
- 中部 4.73
- 东部 5.31

行政区域划分：
- 中南地区 4.79
- 西南地区 4.77
- 西北地区 4.72
- 华东地区 5.29
- 华北地区 5.25
- 东北地区 5.25

图5-2 各地区高校教师过劳得分均值条形图

选取地区人均 GDP 和人均收入与该地区高校教师过劳得分进行相关分析，结果如表 5-8 所示。可以看出，地区人均 GDP 和地区人均收入与高校教师过劳得分的相关系数分别为 0.655 和 0.468，说明地区人均 GDP 和地区人均收入与高校教师过劳得分呈现正相关关系，且人均 GDP（Sig. =0.003）、人均收入（Sig. =0.014）与高校教师过劳得分相关性显著。也就是说，地区人均 GDP、人均收入越高，该地区高校教师过劳情况越严重，可以从两方面进行解释，一方面，是由于地区人均 GDP、人均收入反映的是该地区经济、消费、生活的整体水平，水平越高，带来的经济负担和压力越大，竞争也越激烈；另一方面，本研究第 4 章分析过高校教师之间的偏好依存与攀比效应，攀比效应使自身效用与参照群体的平均收入和消费水平负相关，因此在平均收入和消费水平较高的地区，高校教师自身效用水平降低，因此更容易通过过度劳动来弥补攀比缺口。

表 5-8　高校教师过劳得分与所在地区人均 GDP、人均收入的相关分析

		人均 GDP（元）	人均收入（元）
过劳得分	Person 相关性	0.655**	0.468*
	Sig.（双侧）	0.003	0.014
	N	27	27

5.2.2.2　基于主观感受的我国高校教师过劳情况分析

调查问卷中对高校教师过劳情况进行了主观感受的询问，结果显示，98.3% 的高校教师认为自己存在不同程度的过劳情况，其中 57.1% 的高校教师认为自己比较过劳甚至更严重（见表 5-9）。如果按照百分制换算，0—100 分代表过劳感受从一点儿都不过劳到非常过劳，则高校教师自觉过劳情况的平均分为 70.91 分。量表测量的高校教师过劳得分均值为 5.21 分（七分制），换算成百分制为 74.43 分，由此可见，高校教师对自身过劳状况的主观判断与量表测量结果比较一致和吻合，基本可以说明高校教师对自身过度劳动状况有较为准确的认识和感知。

表 5-9 高校教师自觉过劳状况统计表

	频数	百分比（%）	累计百分比（%）	百分制得分	标准差
非常过劳	66	9.3	9.3	70.91	0.839
比较过劳	340	47.8	57.1		
一般	233	32.8	89.9		
有一点儿过劳	60	8.4	98.3		
不过劳	12	1.7	100.0		

另外，问卷中还询问了高校教师的自觉健康状况，结果显示，42.5%的高校教师对自身健康状况持乐观态度，认为自己比较健康或者非常健康，17.8%的高校教师认为自身健康状况不佳，比较不健康或者非常不健康，另外39.7%的高校教师认为自身健康状况一般。如果按照百分制换算，0—100分代表从非常不健康到非常健康，则高校教师自觉健康状况的平均分为65.5分（见表5-10）。

表 5-10 高校教师自觉健康状况统计表

	频数	百分比（%）	累计百分比（%）	百分制得分（分）	标准差
非常健康	28	3.9	3.9	65.5	0.825
比较健康	274	38.5	42.5		
一般	282	39.7	82.1		
比较不健康	119	16.7	99.9		
非常不健康	8	1.1	100.0		

另外，问卷中还询问了高校教师出勤主义（pressenteeism）的情况，根据《2014中国劳动力市场发展报告——迈向高收入国家进程中的工作时间》报告阐述，我国经济高速发展过程存在隐患，劳动者普遍存在过度劳动问题，科技工作者、行政工作者、教师等群体少休或不休病假的情况最为普遍（赖德胜等，2014）。通过调研发现，80.5%的高校教师在六个月的回忆周期中有出勤主义的情况，出勤主义将加剧高校教师疲劳蓄积，不利于身体和认知资源的恢复，对过度劳动带来直接影响。

5.2.2.3 基于工作时间的我国高校教师过劳情况分析

通过数据可以看出，高校教师平均周工作时间为46.96小时，高于《劳动法》第36条的规定，即国家实行劳动者每日工作时间不超过8小时、平均每周工作时间不超过 44 小时的工作制度。受访高校教师平均每周工作时间超过了法定时间的 6.7%。目前来说，企业人力资源管理实务中基本执行的是《国务院关于职工工作时间的规定》第 3 条，即施行标准工时制的企业，只要每周安排劳动者的工作时间超出了 40 个小时，就作为加班处理。因此，本研究将每周工作时间超出 40 小时按超时工作处理，按此计算，高校教师每周超时工作近 6.96 小时，超时工作时间占规定时间的 17.4%。虽然高校教师采取的并不是标准工时制，但是由于其他工时制度并没有给出相应的工作时间上限规定，因此标准工时制度的工作时间具有一定的指导和借鉴意义。

另外，将每天 22 点至次日凌晨 5 点的工作时间定义为深夜工作时间，通过表 5-11 可以看出，高校教师平均每周深夜工作时间为 6.97 小时，占工作总时间的 14.8%，按每周工作 5 天计算，每天平均深夜工作 1.4 小时。高校教师除去深夜工作时间外，白天工作时间平均每周约 40 小时，超时工作时间部分主要体现在深夜工作现象较为严重上。

表 5-11 深夜工作（22：00—5：00）增加了我的工作压力和身体压力

	频率	百分比（%）	累计百分比（%）
非常不符合	25	3.5	3.5
比较不符合	71	10.0	13.5
一般	193	27.1	40.6
比较符合	247	34.7	75.4
非常符合	175	24.6	100.0
合计	711	100.0	

调查问卷中针对深夜工作情况对高校教师进行了询问，有 39.1% 的高校教师选择深夜工作是因为个人喜好，另外 60.9% 的高校教师则是不得已而为之，这也验证了前文的分析，办公的随时化、行政事务的干扰、时间的缺乏保护等使高校教师白天的时间常被打断，而科学研究又是需要时间深度的，因此高校教师不得不选择深夜工作。

深夜工作对教师过劳也产生了一定程度的影响，问卷询问了高校教师对"深夜工作增加了我的工作压力和身体压力"的认可程度，59.3% 的高校教师认为非常符合和比较符合自己的实际情况，只有 13.5% 的高校教师认为比较不符合和非常不符合，那么这部分高校教师应该就是因为个人喜好而选择深夜工作的，其余高校教师深夜工作则为不得已之选择。

将高校教师平均周工作时间、深夜工作时间与过劳得分进行相关分析，结果显示，周工作时间（Sig. =0.000）与过劳情况之间在 P=0.01 水平上存在显著的正相关关系，周工作时间越长，过劳情况越重；深夜工作时间（Sig. =0.000）与过劳情况之间在 P=0.01 水平上存在显著的正相关关系，深夜工作时间越长，过劳情况越重（见表5-12）。

表 5-12　工作时间、深夜工作时间与过劳情况的相关分析

	极小值	极大值	均值	标准差	过劳得分 Person 相关性	Sig.（双侧）
工作时间	12	80	46.96	10.764	0.134***	0.000
其中：深夜工作时间	0	21	6.97	4.116	0.291***	0.000

将高校教师平均周工作时间、深夜工作时间与过劳均值进行交叉分析，结果如表5-13所示，周工作时间在71—80小时的高校教师过劳情况较重，过劳均值达到了6分，处于重度过劳阶段，不超过40小时的高校教师过劳情况较轻；周深夜工作时间在16—20小时的高校教师过劳情况较重，过劳均值达到了6.09分，处于重度过劳阶段，0—5小时的高校教师过劳情况较轻。由此可见，控制工作时间和深夜工作时间是缓解、预防过劳的方式之一。这里需要说明的是，虽然工作时间、深夜工作时间与过劳情况之间存在显著的相关性，但是由于这两项内容在过劳测量量表中均有所体现，因此不再作为影响因素进入下一节的回归分析模型中。

表 5-13　工作时间、深夜工作时间与过劳得分的交叉分析

背景变量	统计量		背景变量	统计量	
	过劳均值	标准差		过劳均值	标准差
工作时间（小时）	不超过40　5.04　1.216		深夜工作时间（小时）	0—5　4.79　1.165	
	41—50　5.30　1.151			6—10　5.42　1.197	
	51—60　5.25　1.296			11—15　5.53　1.055	
	61—70　5.25　1.138			16—20　6.09　0.868	
	71—80　6.00　0.655			20 以上　5.50　0.577	

另外，问卷还询问了高校教师工作内容中自觉最累的项目，结果如表 5-14 所示：42.3% 的高校教师认为科研任务是最累的，23.8% 的高校教师认为处理行政事务是最累的，相关分析的结果也显示，工作内容（Sig. = 0.007）与过劳得分之间在 P = 0.05 水平上显著相关。

表 5-14　自觉最累的工作内容统计表

工作内容	频率	百分比（%）
教学任务	97	13.6
备课以及准备和课程相关的事情（如课件制作、批改作业、考核学生等）	141	19.8
科研任务	301	42.3
行政事务（包括行政管理工作以及处理、应对组织内行政事务的要求等）	169	23.8
教研、出差、社会兼职、参加培训等	3	0.4
合计	711	100.0

5.2.3　基于个人基本信息的高校教师过劳分析

5.2.3.1　个人基本信息情况与过劳状况交叉分析

将高校教师个人基本信息情况与过劳得分均值进行交叉分析，如表 5-15 所示：可以看出，在性别方面，女教师过劳情况比男教师严重；在职称方面，讲师的过劳情况最重，副教授的过劳情况最轻；在年龄方面，35 岁以下的高校教师过劳情况最重，60 岁以上的高校教师过劳情况最轻；在婚姻状况方面，已婚教师过劳情况比未婚教师严重；在职业收入方面，月收入 6000—7999 元的高校教师过劳情况最轻，月收入 4000—5999 元的高校教师过劳情况最重；在高校层次方面，211 高校的教师过劳情况比非 211 高校的教师严重；在是否是硕、博导方面，既是硕导又是博导的教师过劳情况最重，仅是硕导的教师过劳情况最轻；在教龄方面，5—9 年教龄的高校教师过劳情况最重，20 年及以上教龄的高校教师过劳情况最轻；在所属学科方面，文学学科的高校教师过劳情况最重，历史学学科的高校教师过劳情况最轻。其他具体情况如表 5-15 所示，此表显示的仅为高校教师不同基本信息变量分组与过劳均值的交叉分析，具体这些变量对高校教师过劳是否具有显著影响，还要在下一小节进行进一步的分析。

表 5-15　高校教师基本信息与过劳均值的交叉分析

背景变量	统计量		背景变量	统计量	
	过劳均值	标准差		过劳均值	标准差
性别	男	5.13	1.295	是否是硕博导	是硕导	4.93	1.231
	女	5.28	1.133		硕博导	5.48	1.039
职称	助教	5.26	1.064		都不是	5.24	1.220
	讲师	5.49	1.105	教龄	5年以下	5.19	1.008
	副教授	5.02	1.250		5—9年	5.64	1.013
	教授	5.05	1.319		10—14年	5.04	1.272
年龄	35岁以下	5.23	1.084		15—19年	5.10	1.416
	36—45岁	5.31	1.220		20年及以上	5.01	1.323
	46—60岁	5.09	1.334	所属学科	工学	5.54	.826
	60岁以上	4.59	1.098		医学	4.85	.834
婚姻状况	已婚	5.23	1.233		理学	4.61	1.046
	未婚	5.14	1.063		农学	5.81	.750
月均税后职业收入	4000元以下	5.24	1.047		经济学	5.19	1.127
	4000—5999元	5.36	1.114		文学	5.68	1.129
	6000—7999元	4.92	1.374		法学	4.77	.922
	8000—9999元	5.34	1.132		历史学	3.57	1.397
	1万元及以上	5.18	1.271		教育学	4.97	1.185
是否211院校	是	5.65	1.042		管理学	5.28	1.347
	否	4.97	1.228		哲学	4.83	1.602

5.2.3.2　个人基本信息与过劳状况的相关分析

将高校教师个人基本信息情况与过劳得分进行相关分析，考察高校教师个人基本信息情况与过劳之间的相关性，具体情况如表 5-16 所示：通过相关分析的结果可以看出，年龄、教龄、职称、是否为 211 高校和是否是硕、博导与过劳状况之间相关性显著，而性别、婚姻状况、任教学科和月均税后工资与过劳状况之间不存在统计意义上的显著相关性。具体来说，年龄

(Sig. =0.047) 与过劳状况之间在 P=0.1 水平上存在显著的负相关关系，年龄越大，过劳情况越轻；教龄（Sig. =0.006）与过劳状况之间在 P=0.05 水平上存在显著的负相关关系，教龄越长，过劳状况越轻；职称（Sig. =0.001）与过劳状况之间在 P=0.05 水平上存在显著的负相关关系，职称越高，过劳状况越轻；是否为 211 高校（Sig. =0.000）与过劳状况之间在 P=0.01 水平上存在显著的负相关关系，非 211 高校的教师比 211 高校的教师过劳状况轻；是否是硕、博导（Sig. =0.033）与过劳状况之间在 P=0.1 水平上存在显著的正相关关系，仅是硕导的教师比既是硕导又是博导的教师以及既不是硕导也不是博导的教师过劳状况轻。以上调查结果验证了研究假设 2。

表 5-16 高校教师基本信息与过劳状况的相关分析

背景变量	过劳得分	
	Person 相关性	Sig.（双侧）
性别（1=男，2=女）	0.063	0.095
年龄（1=35 岁及以下，2=36—45 岁，3=45—60 岁，4=60 岁及以上）	-0.275*	0.047
教龄（1=5 年以下，2=5—9 年，3=10—14 年，4=15—19 年，5=20 年及以上）	-0.203**	0.006
婚姻状况（1=已婚，2=未婚）	-0.026	0.493
职称（1=助教，2=讲师，3=副教授，4=教授）	-0.319**	0.001
任教学科（1=工学，2=医学，3=理学，4=农学，5=经济学，6=文学，7=法学，8=历史学，9=教育学，10=管理学，11=哲学）	-0.012	0.746
是否为 211 高校（1=是，2=否）	-0.468***	0.000
是否是硕、博导（1=是硕导，2=是硕博导，3,都不是）	0.180*	0.033
月均税后工资（1=4000 元以下，2=4000—5999 元，3=6000—7999 元，4=8000—9999 元，5=1 万元及以上）	-0.026	0.496

5.2.3.3 显著变量与过劳状况的进一步分析

（1）年龄。相关分析结果显示，年龄与过劳状况之间在 P=0.1 水平上存在显著相关性，表5-17显示了年龄与过劳状况的交叉分析情况以及各年龄段过劳状况的均值。可以看出，随着年龄的增加，处于轻度过劳的比例逐渐增加，36—45岁年龄段的高校教师重度过劳比例最大，且过劳均值得分最高，这个年龄段的高校教师是过劳较为严重的群体，可能是由于此年龄段的高校教师正处于事业的上升关键时期，也是所在组织的中流砥柱，工作上的压力和负担较重，另外，此年龄段的高校教师处于责任叠加阶段，除了工作上的负担外，抚养孩子、照顾老人等生活责任也不断增加，带来的经济负担也较重，经济、家庭负担虽然不属于过劳的内涵，但是肯定会影响其在非工作时间进行疲劳的缓解和自身的恢复，因此间接导致了工作上疲劳的蓄积，引起过劳。

表5-17 年龄与过劳状况的交叉分析

过劳状况	35岁及以下 频数	35岁及以下 百分比（%）	36—45岁 频数	36—45岁 百分比（%）	46—60岁 频数	46—60岁 百分比（%）	60岁以上 频数	60岁以上 百分比（%）
轻度过劳	10	4.3	27	9.2	20	12.0	4	18.2
中度过劳	120	52.2	114	38.9	72	46.4	12	54.5
重度过劳	100	43.5	152	51.9	69	41.6	6	27.3
合计	230	100.0	293	100.0	166	100.0	22	100.0
过劳均值	5.23		5.31		5.09		4.59	

这里需要说明的是，年龄和过劳之间的关系并不能作为过劳的形成机制的变量，因为不同年龄段只是反映高校教师过劳呈现的不同分布特征，而不是导致过劳的原因，不能说因为人到中年，所以过劳，只能说明中年教师由于各方面的原因其过劳状况更严重。以下变量的分析同理，因此个人信息部分的显著变量只作为过劳的分布特征进行分析和呈现，均不作为自变量进入下一节中高校教师过度劳动形成机制的回归分析中。

（2）教龄。相关分析结果显示，教龄与过劳状况之间在 $P=0.05$ 水平上存在显著相关性，表5-18显示了教龄与过劳状况的交叉分析情况以及各教龄段过劳状况的均值。可以看出，教龄为5—9年的高校教师处于中度过劳和重度过劳的最多，占 98.1%，过劳均值也最高，达到 5.64 分，过劳状况较严重。15—19 年教龄的高校教师轻度过劳的占比最多，为 17.1%，20 年及以上教龄的高校教师重度过劳的占比最少，为 39.9%，过劳均值得分也最低，为 5.01 分。

表 5-18 教龄与过劳状况的交叉分析

过劳状况	5 年以下 频数	5 年以下 百分比 (%)	5—9 年 频数	5—9 年 百分比 (%)	10—14 年 频数	10—14 年 百分比 (%)	15—19 年 频数	15—19 年 百分比 (%)	20 年及以上 频数	20 年及以上 百分比 (%)
轻度过劳	5	3.1	3	1.9	25	13.9	12	17.1	16	11.6
中度过劳	88	54.7	64	39.5	81	45.0	23	32.9	67	48.6
重度过劳	68	42.2	95	58.6	74	41.1	35	50.0	55	39.9
合计	161	100.0	162	100.0	180	100.0	70	100.0	138	100.0
过劳均值	5.19		5.64		5.04		5.10		5.01	

（3）职称。相关分析结果显示，职称与过劳状况之间在 P=0.05 水平上存在显著相关性，表 5-19 显示了职称与过劳状况的交叉分析情况以及各教龄段过劳状况的均值。可以看出，教授处于轻度过劳的比例最大，讲师处于重度过劳的比例最大，讲师的过劳均值也最高。这可能有三方面原因：首先，随着近年来高校对教师入职门槛的提高，初级职称（如助教）正逐渐淡出学术职称的序列，高校教师基本上一入职就是讲师职称，多年的修业导致机会成本较大，因此初入职场的高校教师在一定程度上需要更多的物质回报来弥补机会成本，因此工作投入更大，更容易产生过劳。其次，此时的高校教师面临职业成长期与个人家庭组建、生养下一代等社会职责相叠加的局面，这些虽然不属于工作内容，但是严重影响了高校教师在非工作时间的认知资源恢复和疲劳缓解，导致了工作疲劳的蓄积，间接导致了过劳。最后，这部分高校教师初入高校，为自己职业生涯的起步和发展打基础的同时，还面临职称晋升的压力，又有较为繁重的课时量、备课任务较为繁重，还同时需要辅导学生（如担任班主任、辅导员等），面临多重角色多重任务，因此其过劳状况较严重。

表 5 – 19　职称与过劳状况的交叉分析

过劳状况	助教 频数	助教 百分比（%）	讲师 频数	讲师 百分比（%）	副教授 频数	副教授 百分比（%）	教授 频数	教授 百分比（%）
轻度过劳	2	2.1	12	5.1	29	11.4	18	14.4
中度过劳	52	54.7	95	40.3	122	47.8	54	43.2
重度过劳	41	43.2	129	54.7	104	40.8	53	42.4
合计	95	100.0	236	100.0	255	100.0	125	100.0
过劳均值	5.26		5.49		5.02		5.05	

(4) 是否为 211 高校。相关分析结果显示，是否为 211 高校与过劳状况之间在 $P=0.01$ 水平上存在显著相关性，表 5 – 20 显示了是否为 211 高校与过劳状况的交叉分析情况以及各类型高校教师过劳状况的均值。可以看出，211 高校的教师处于重度过劳的占 62.8%，过劳均值为 5.65 分，过劳状况较严重，此结果也验证了本研究第 3 章中提出的：在整体高校层面上（与单一高校层面相对应，具体见下一部分分析），高校内部劳动力市场呈现出分割状态，导致高校教师过劳也呈现出分化现象。

表 5 – 20　任教高校层次与过劳状况的交叉分析

过劳状况	211 高校 频数	211 高校 百分比（%）	非 211 高校 频数	非 211 高校 百分比（%）
轻度过劳	9	3.6	52	11.4
中度过劳	85	33.6	238	52.0
重度过劳	159	62.8	168	36.7
合计	253	100.0	458	100.0
过劳均值	5.65		4.97	

(5) 是否是硕、博导。相关分析结果显示，是否是硕、博导与过劳状况之间在 $P=0.01$ 水平上存在显著相关性，表 5 – 21 显示了是否是硕、博导与过劳状况的交叉分析情况以及各类型高校教师过劳状况的均值。可以看出，轻度过劳中硕导身份的教师占比最高（11.6%），既是硕导又是博导的教师

占比最低（1%）；重度过劳中硕导身份的教师占比最低（37.4%），既是硕导又是博导的教师占比最高（52.0%）。既是硕导又是博导的教师过劳均值也最高，为 5.48 分，仅是硕导的教师过劳均值最低，为 4.93 分。

表 5-21 是否是硕博导与过劳状况的交叉分析

过劳状况	硕导 频数	硕导 百分比（%）	硕博导 频数	硕博导 百分比（%）	都不是 频数	都不是 百分比（%）
轻度过劳	17	11.6	1	1.0	43	9.3
中度过劳	75	51.0	47	47.0	201	43.3
重度过劳	55	37.4	52	52.0	220	47.4
合计	147	100.0	100	100.0	464	100.0
过劳均值	4.93		5.48		5.24	

产生这样的结果分两方面分析：一方面，既是硕导又是博导的教师，在一定程度上可以说属于高校的精英群体，能力越强、责任越大，这部分高校教师承担的各方面任务较多（如承担更多的课题、承担行政职务、承担学术兼职等），因此更容易过劳，而且知识具有累积优势和溢出效应，这部分高校教师的学术业绩、研究资源条件更为丰富、学术兴趣和内在自我激励等因素也会导致其主动过劳；另一方面，不是硕导、博导的教师由于缺少必要的资源（如学术资源、研究经费、研究助手等），需要有更多的工作投入，又由于存在评选硕导的压力，需要更多的工作业绩和成果，因此过劳状况也较严重。此结果也验证了本研究第 3 章提出的：在单一高校层面，高校内部劳动力市场呈现分割状态，导致高校教师过劳也呈现出分化现象。

5.2.4 基于组织内身份特征的高校教师过劳分析

5.2.4.1 组织内身份特征与过劳状况交叉分析

组织内身份特征主要考察两方面：高校教师是否承担行政职务以及高校教师聘任方式。这里需要说明的是，随着聘任制改革在我国高校内部不断的推行和深入，大部分高校教师开始实行合同制，但受长期计划经济和传统观念的影响，这种合同制的制度设计相对温和，存在很多保护性措施，只要教师不犯重大错误，通常学校不会解聘教师，缺乏退出机制，因此调研中所说的"体制内"聘任方式更侧重于指的是高校教师在高校拥有终身制、稳定的工作和职业生涯，一般不会出现被解雇的现象，而"合同制"则更侧重于在合同中明文规定教师的聘任期限以及双方的权利义务，并且聘任期满后高校教师选择自由、来去自由，可以自由流动。

将高校教师组织内身份特征与过劳得分均值进行交叉分析，如表5-22所示：可以看出，担任行政职务的教师过劳均值高于不担任行政职务的教师，体制内的教师过劳均值高于合同制教师。

表5-22　组织内身份特征与过劳均值的交叉分析

背景变量		统计量	
		过劳均值	标准差
是否担任行政职务	否	5.13	1.207
	是	5.29	1.206
聘任方式	合同制	4.85	1.140
	体制内	5.36	1.206

5.2.4.2　组织内身份特征与过劳状况的相关分析

将高校教师组织内身份特征与过劳状况进行相关分析，考察高校教师组织内身份特征与过劳状况之间的相关性，具体情况如表5-23所示：可以看出，是否担任行政职务和聘任方式与过劳状况之间相关性显著，是否担任行政职务（Sig. =0.000）与过劳状况之间在 $P=0.01$ 水平上存在显著的相关关系，担任行政职务的高校教师过劳状况比不担任行政职务的高校教师严重；聘任方式（Sig. =0.004）与过劳状况之间在 $P=0.05$ 水平上存在显著的相关关系，体制内的高校教师过劳状况比合同制的高校教师严重。以上调查结果验证了研究假设3。

表5-23　组织内身份特征与过劳状况的相关分析

背景变量	过劳状况	
	Person 相关性	Sig. （双侧）
是否承担行政职务（1=否，2=是）	0.189***	0.000
聘任方式（1=合同制，2=体制内）	0.107**	0.004

5.2.4.3 显著变量与过劳状况的进一步分析

（1）是否担任行政职务。相关分析结果显示，是否担任行政职务与过劳状况之间在 P = 0.01 水平上存在显著的相关关系，担任行政职务的教师 92.7% 存在中度以上过劳现象，担任行政职务分散了高校教师的时间、精力和关注力，使高校教师陷入了时间紧迫的旋涡中，这类高校教师存在多重角色、多重身份、多重任务的目标冲突，加大了过劳的风险，此结果也验证了前文的分析（见表 5 - 24）。

表 5 - 24　是否担任行政职务与过劳状况的交叉分析

过劳状况	没有行政职务 频数	没有行政职务 百分比（%）	担任行政事务 频数	担任行政事务 百分比（%）
轻度过劳	35	9.9	26	7.3
中度过劳	167	47.0	156	43.8
重度过劳	153	43.1	174	48.9
合计	355	100.0	236	100.0
过劳均值	5.13		5.29	

（2）聘任方式。相关分析结果显示，聘任方式与过劳状况之间在 P = 0.05 水平上存在显著的相关关系，体制内的教师 52.7% 属于重度过劳，而合同制教师只有 29.4% 属于重度过劳，具体情况见表 5 - 25。这样的结果可能有三方面的原因：首先，高校教师将工作视为一种高尚的事业追求，因此面对工作具有自我鞭促效应，高校教师群体自尊水平较高，虽然不受外界条件的约束也可以呈现出较高的行为规范水平，因此即便是拥有"铁饭碗"的体制内高校教师也努力工作，全力投入；其次，体制内高校教师拥有终身制的职业生涯，因此比起合同制教师，其对所在高校、组织具有较高的忠诚度，这种忠诚度的内在激励会让他们更多地进行工作投入；最后，随着聘任制改革的深入，高校聘请的合同制教师都比较优秀，在组织内部产生了"鲇鱼效应"，这些合同制教师起到了标杆作用，给体制内高校教师带来了一定程度的工作动力，同时也带来了较大的工作压力，营造的比学赶超的氛围对体制内高校教师过劳具有间接的促进作用。

表 5-25　聘任方式与过劳状况的交叉分析

过劳状况	合同制 频数	合同制 百分比（%）	体制内 频数	体制内 百分比（%）
轻度过劳	27	13.2	34	6.7
中度过劳	117	57.4	206	40.6
重度过劳	60	29.4	267	52.7
合计	204	100.0	507	100.0
过劳均值	4.85		5.36	

问卷中涉及的题目也验证了以上的分析，37.1%的高校教师表示，学校聘任的合同制教师非常优秀，给自己带来了很大压力这一说法比较符合实情和非常符合实情。具体情况见表5-26。

表 5-26　学校聘请的合同制教师非常优秀，给我带来很大压力

	频数	百分比（%）	累计百分比（%）
非常不符合	60	11.8	8.4
比较不符合	96	18.9	30.8
一般	163	32.1	62.9
比较符合	113	22.3	85.2
非常符合	75	14.8	100.0

5.3　我国高校教师过度劳动成因的实证检验

5.3.1　研究变量的选取与解释

5.3.1.1　因变量的选取与说明

本节主要检验我国高校教师过度劳动的成因，因此选取"高校教师的过劳等级"为因变量，按照本章5.1节对过劳得分划分的标准：将0—1分划分为"不过劳"，赋值为1；将2—3分划分为"轻度过劳"，赋值为2；将4—5分划分为"中度过劳"，赋值为3；将6—7分划分为"重度过劳"，赋值为

4。该变量类型为顺序变量,数值越高表明高校教师的过劳越严重。

5.3.1.2 自变量的选取与说明

关于自变量的选取有两点说明:首先,前文已经分析过,尽管高校教师的某些个人信息情况以及其在高校组织中的身份特征与高校教师过劳显著相关,但这些背景变量只作为影响高校教师过劳呈现出不同的分布特征的因素去分析,本研究中不将其作为高校教师过劳的成因去分析。其次,关于工作时间、深夜工作时间、深夜工作带来的身体压力和工作压力等变量,因在过劳测量量表中对其有所涉及,因此这些变量的内容其实是涵盖在因变量"过劳等级"中,因此不能再作为自变量进行选取。在此基础上,根据前文的分析选取38个自变量,具体变量的分组、编码及含义如表5-27所示:

表5-27 变量的分组、编码及含义

一级变量	二级变量	对应题目	变量编码	具体变量含义
宏观层面	经济环境	A1	a_1	经济压力
		A2	a_2	生活压力
		D13	a_3	收入支出比
	技术环境	A3	a_4	知识更新
	政策环境	A5	a_5	高校扩招
	社会环境	A4	a_6	社会期望
		A30	a_7	城市环境
中观层面	组织管理制度	A13	b_1	职称评审与晋升
		A17	b_2	考核制度
		A18	b_3	晋升制度
	行政化	A8	b_4	行政化色彩
	时间保护	A6	b_5	杂事占用时间
		A10	b_6	财务审批占用时间
	人力资本回报	A15	b_7	价值回报
		A16	b_8	薪酬比较
	时间紧迫感	A31	b_9	人才年轻化趋势

续表

一级变量	二级变量	对应题目	变量编码	具体变量含义
中观层面	组织支持	A12	b_{10}	硬件设施
		A14	b_{11}	归属感
		A19	b_{12}	组织氛围
	职业特征	A20	b_{13}	事业心
		A26	b_{14}	工作满足感
		A29	b_{15}	情绪劳动
	工作模式	A28	b_{16}	工作随时性
		B4	b_{17}	学术、行政兼职
		B13	b_{18}	工作追求
微观层面	行为追求偏好	A11	c_1	工作态度
		B3	c_2	教学科研观
		B6	c_3	效用最大化偏好
		A21	c_4	过度承诺
		A22	c_5	闲暇偏好
		B12	c_6	性格特质
	工作/家庭	A24	c_7	承担家务
		A25	c_8	家务挤占闲暇
		B7	c_9	工作/家庭关系
		B9.1	c_{10}	边界弹性与意愿
	职业生涯	B2	c_{11}	职业生涯阶段
		D7	c_{12}	距下次职称评审
	健康意识	C4	c_{13}	健康保健

这里需要说明的是，自变量包括三种类型：顺序型变量、数值型变量和分类型变量。顺序型变量有32个，大部分变量采用李克特五点量表进行赋值，用以表示题目所描述的情况与自身实际感受的符合程度，1代表非常不符合，2代表比较不符合，3代表一般，4代表比较符合，5代表非常符合，从1分到5分别代表从非常不符合到非常符合。还有三个顺序型变量需要特

别说明：（1）工作/家庭关系：1代表工作/家庭促进，2代表工作家庭/平衡，3代表工作/家庭冲突；（2）边界弹性与意愿：是根据问卷中高校教师"工作/家庭的实际边界情况"和"期望的工作/家庭边界情况"之间的差值计算得出，按照差值的绝对值进行重新划分、定义，差值为0时，定义为1，代表工作/家庭边界的实际情况与意愿情况完全吻合，差值绝对值为1时，定义为2，代表比较吻合，差值绝对值为2时，定义为3，代表吻合程度一般，差值绝对值为3时，定义为4，代表比较不吻合，差值绝对值为4时，定义为5，代表非常不吻合；（3）职业生涯阶段：1代表爬坡期，2代表稳定期，3代表衰退期。

数值型变量有二个：（1）平均每月支出占收入比，通过此变量反映高校教师高校教师所面临的经济环境压力；（2）距下次职称评审还有多少年，通过此变量考察高校教师的职业生涯阶段和周期。

分类型变量有四个，均为二分类变量：（1）是否有校内外的兼职工作（包括校内承担行政职务）：1代表无，2代表有；（2）教学科研观：1代表教学科研是挑战型压力，2代表教学科研是阻碍型压力；（3）效用最大化追求偏好：1代表追求物质效用最大化，2代表追求精神效用最大化；（4）性格特质：1代表追求事业成功，2代表追求各方面平衡。

5.3.2 研究方法与研究假设

由于因变量"过劳程度"是顺序变量，数值越高表明高校教师的过劳程度越高。因此，使用STATA11.0中的ologit（序次回归order logit）命令来解决有序响应的问题，该命令主要用来考察自变量对因变量选择的概率影响[①]。具体操作步骤如下：

首先，通过vif命令对回归模型进行多重共线性检验，由于本研究中的自变量较多，为了得到拟合程度更好的回归方程，将不显著的自变量剔除后再进行ologit回归分析，形成最终的回归方程。

其次，由于ologit回归模型的回归符号不能直接反映自变量对因变量的影响方向，其回归系数也不能直接反映各自变量对因变量的影响程度的真实

---

① 张鹏伟，李嫣怡. STATA 统计分析与应用 [M]. 北京：电子工业出版社，2011：266.

大小，只能作为各自变量相互比较、排序的依据，因此各自变量对高校教师过劳程度的影响大小和方向需要通过定量计算得到具体数值，本研究中采取将常对数模型转换为弹性进行分析，即通过计算出各自变量对因变量的边际贡献来讨论其影响[①]。在 STATA11.0 中运用 mfx 命令求解出 d（lny）/d（lnx），即各自变量的边际贡献，某个自变量对因变量的边际贡献是指在其他变量取均值时，该自变量变动 1 个单位对因变量选择的概率影响，边际贡献的符号更为准确地代表了自变量和因变量之间的影响方向。

最后，通过每个自变量边际贡献的绝对值占所有自变量边际贡献绝对值总和的百分比来计算各自变量对因变量的实际作用效果百分比。

同时，在研究假设 4 的基础上进一步提出更为具体的研究假设：

假设 4.1：高校教师过度劳动的成因受到宏观层面因素影响效果显著，且具有正向的促进效果，即宏观层面表现越突出，高校教师过劳程度越重。

假设 4.2：高校教师过度劳动的成因受到中观层面因素影响效果显著，且具有正向的促进效果，即中观层面表现越突出，高校教师过劳程度越重。

假设 4.3：高校教师过度劳动的成因受到微观层面因素影响效果显著，且具有正向的促进效果，即微观层面表现越突出，高校教师过劳程度越重。

假设 4.4：微观层面因素的影响效果大于中观、宏观层面因素的影响效果，我国高校教师过度劳动的成因主要是微观层面的因素造成的。

5.3.3 回归方程的构建

5.3.3.1 全自变量多响应回归方程分析

用理论模型中的因变量和自变量构建多变量响应回归方程，各变量的方差膨胀因子取值明显小于 10，且均值 1.80 小于 5.00，说明各自变量间相关度较低，多重共线性问题对于回归结果的影响较小。由多响应回归分析结果可知，有效观察变量 N = 667，R^2 = 0.2658，LR chi2（38）= 352.06，P = 0.0000 < 0.0001，说明以高校教师过劳程度为因变量的回归方程具有统计学意义。

---

① [美] 杰弗里·M. 伍德里奇. 计量经济学导论（第四版）[M]. 费剑平译. 北京：中国人民大学出版社，2010：42.

在所有自变量中，宏观层面的变量 a_6 社会期望、中观层面的变量 b_1 职称评审与晋升、b_5 杂事占用时间、b_9 人才年轻化趋势、b_{18} 工作追求和微观层面的变量 c_5 闲暇偏好、c_6 性格特质、c_8 家务挤占闲暇、c_9 工作/家庭关系、c_{10} 边界弹性与意愿、c_{12} 距下次职称评审这 11 个变量的参数估计值的 z 值统计量较大且对应的概率值 P 较小（P < 0.05），说明这 11 个变量至少在 P = 0.05 的水平上具有统计学意义。而其他的变量 z 值统计量较小且对应的概率值 P 较大，说明不具有统计学意义。由此可以说明，全自变量回归分析中只有 11 个变量对于高校教师过劳程度的影响作用显著。全自变量多响应回归方程的结果及共线性检验完整版表格如附录Ⅱ所示。

5.3.3.2 回归方程的优化

为了使回归方程拥有更好的拟合优度，将不显著的自变量剔除，对回归方程进行优化，形成最终的多响应回归方程。如表 5-28 所示，各自变量的方差膨胀因子取值均在 1 以内，明显小于 10，且均值 1.14 小于 5.00，说明各自变量间相关度较低，多重共线性问题对于回归结果的影响较小。由多响应回归分析结果可知，有效观察变量 N = 667 个，R^2 = 0.2804，LR chi2 (11) = 320.78，P = 0.0000 < 0.0001，说明调整后的回归方程具有统计学意义且拟合得更好。

表 5-28　调整后方程多响应回归分析结果及共线性检验

编码	变量含义	回归系数	z 值	P 值	VIF 值
a_6	社会期望	0.2514796	4.67	0.000***	1.21
b_1	职称评审与晋升	0.2501927	4.67	0.000***	1.27
b_5	杂事占用时间	0.2087768	3.52	0.002**	1.14
b_9	人才年轻化趋势	0.2444108	3.52	0.002**	1.03
b_{18}	工作追求	0.1825413	2.74	0.032*	1.14
c_5	闲暇偏好	0.1886339	3.34	0.007**	1.07
c_6	性格特质	-0.5699148	-3.57	0.002**	1.08
c_8	家务挤占闲暇	0.3749637	4.44	0.000***	1.22
c_9	工作/家庭关系	1.051806	6.08	0.000***	1.17

续表

编码	变量含义	回归系数	z 值	P 值	VIF 值
c_{10}	边界弹性与意愿	0.2406179	2.92	0.009**	1.13
c_{12}	距下次职称评审	-1.184207	-12.33	0.000***	1.07

注：* $P<0.05$，** $P<0.01$，*** $P<0.001$。

由于 ologit 回归模型的回归符号不能直接反映自变量对因变量的影响方向，其回归系数也不能直接反映各自变量对因变量的影响程度的真实大小，所以本研究采取计算出各自变量对因变量的边际贡献来讨论其影响。运用 mfx 命令求解出 d(lny)/d(lnx)，即各自变量的边际贡献。具体如表 5-29 所示：

表 5-29　显著变量的弹性系数

一级分类	二级分类	编码	变量含义	弹性系数
宏观	社会环境	a_6	社会期望	0.3265
中观	组织管理制度	b_1	职称评审与晋升	0.3358
	时间保护	b_5	杂事占用时间	0.3065
	时间紧迫感	b_9	人才年轻化趋势	0.3284
	工作模式	b_{18}	工作追求	0.3671
微观	行为追求偏好	c_5	闲暇偏好	0.2192
		c_6	性格特质	-0.2689
	工作/家庭	c_8	家务挤占闲暇	0.2634
		c_9	工作/家庭关系	0.321
		c_{10}	边界弹性与意愿	0.1738
	职业生涯	c_{12}	距下次职称评审	-0.1555

5.3.4　回归方程的结果分析

根据回归分析结果中各个显著变量的弹性系数的大小和符号可以判断其对高校教师过度劳动的影响程度与方向，具体分析如下：

5.3.4.1　宏观层面

社会大众的高期望、高要求会增加高校教师的过劳程度。正如前文分析所指出的,传统观念使大众对高校教师寄予了较高的期望,并赋予了较高的责任要求,社会大众期望高校教师言传身教的内容内化到学生身上,期望高校教师成为教书育人、为人师表、身体力行,期望高校教师不但要是知识的传授者,还要是灵魂的塑造者……回归分析的结果表明,社会大众对高校教师的期望和要求过高,给高校教师带来了无形的压力,且社会大众对高校教师的期望和要求每增加1个单位,高校教师过劳程度就会增加0.3265个单位,实证结果验证了前文的分析,也验证了本节的研究假设4.1。

5.3.4.2 中观层面

(1)职称评审与晋升的压力会增加高校教师的过劳程度。正如前文分析所指出的,高校教师的职称评审与晋升过程带有明显的锦标赛制度色彩,这在一方面可以作为内驱激励因素促进高校教师投身于工作,激励教师加大工作投入,提高教研产出,追求职称晋升从而实现自我价值;另一方面可以看成一种"隐性强制"强迫着高校教师不得不在锦标赛要求之下实现更为优异的成果,从而给教师带来更大的过劳风险与可能。回归分析的结果表明,职称评审与晋升给高校教师带来了很大的压力,这种压力每增加1个单位,高校教师过劳程度就会增加0.3358个单位。实证结果验证了前文的分析。

(2)杂事占用时间过多会增加高校教师的过劳程度。正如前文分析所指出的,高校教师的时间权利缺乏必要的保护,高校内部任何利益主体都可以侵占其工作或者私人时间,而且随着现代通信技术的发达,高校教师的时间被严重碎片化,而科学研究又是需要时间深度的,因此高校教师需要利用更多的自我时间进行科学研究,无限制地延长工作时间,加大了过度劳动发生的可能。回归分析的结果表明,无关教学、科研的琐事和杂务占用的时间每增加1个单位,高校教师过劳程度就会增加0.3065个单位。实证结果验证了前文的分析。

(3)人才年轻化趋势会增加高校教师的过劳程度。正如前文分析所指出的,在当下我国的教育环境中,不仅舆论呈现出对年轻学术人才的偏好,而且诸如教师的聘任、职称的晋升、课题的申报、人才计划的评选等学术制度也以年龄作为界限来制定制度,这种偏好在一定程度上可以激发年轻学者的学术活力,但毫无弹性的生理年龄限制会使高校教师陷入压缩职业准备期的困局之中，也会存在职业成长期与个人家庭组建、生养下一代等社会职责相冲突的焦虑。大器晚成的学者和深入持久的研究者难以有专业发展的时间和资源作为保障，处于职业中后期的学者也缺乏职业发展的必要激励，造成高校教师身心俱疲。回归分析的结果表明，人才年轻化趋势给高校教师带来的压力每增加 1 个单位，高校教师过劳程度就会增加 0.3284 个单位。实证结果验证了前文的分析。

（4）工作追求会增加高校教师的过劳程度。正如前文分析所指出的，高校教师多数需求层次较高，大部分将工作当成事业和追求而不是简单的谋生手段，高校教师对工作充满热情，具有突破的欲望，自我要求较高，自我实现的动机较强，另外，过大的工作压力、过多的工作任务、加之知识工作结果的不确定性，都容易导致高校教师身体和心理上的疲惫与倦怠，使高校教师常常处于身心疲惫与持续的努力工作并存的工作状态，加剧了其过劳的风险。回归分析的结果表明，即便非常疲惫，但对工作的热情和追求会让高校教师仍然不想放松，对这种状态的认可程度每增加 1 个单位，高校教师过劳程度就会增加 0.3671 个单位。实证结果验证了前文的分析。

5.3.4.3　微观层面

（1）闲暇偏好程度低会增加高校教师的过劳程度。正如前文分析所指出的，高校教师的闲暇偏好程度较低，首先，因为高校教师工作本身具有挑战性，且没有固定的工作制，因此教师可以充分调整自身的状态，过劳副效用出现就会较迟，或者对过度劳动副效用的体验敏感性降低，工作的负效用就会出现得越晚，因此闲暇需求也就相应较小。其次，高校教师对工作的热情、对事业的追求以及工作带来的回报和成就感，使其易于从工作中感受到快乐，因此工作负效用出现得更慢更缓，减少了对闲暇的需求。最后，教育可以提高个人利用时间的能力，使可以通过更充分地利用闲暇时间而不是延长闲暇时间而享受到同样的效用，因此闲暇时间的深度利用也会减少对闲暇的需求。调查问卷的结果也验证了这一观点，当被问及自身的时间利用能力，只有 21.7% 的高校教师认为自己的时间利用能力不是特别强，如表 5-30 所示。

表 5-30　我自身的时间利用能力很强

	频数	百分比（%）	累计百分比（%）
非常不符合	19	2.7	2.7
比较不符合	135	19.0	21.7
一般	302	42.5	64.1
比较符合	186	26.2	90.3
非常符合	69	9.7	100.0

问卷调查结果还显示，只有31.3%的高校教师认为自己对闲暇时间的偏好程度较高，如表5-31所示。因此综合以上三点以及问卷调查结果可以看出，高校教师的对闲暇的偏好程度较低，对闲暇时间的偏好程度较低会导致替代效应较强，个人劳动力供给曲线的拐点出现得较晚，期望的工作时间增加，加剧了过劳的可能和风险。回归分析的结果表明，对闲暇时间偏好的程度每降低1个单位，高校教师过劳程度就会增加0.2192个单位。实证结果验证了前文的分析。

表 5-31　我自身对"闲暇时间"的偏好程度不高

	频数	百分比（%）	累计百分比（%）
非常不符合	62	8.7	8.7
比较不符合	161	22.6	31.3
一般	184	25.9	57.2
比较符合	224	31.5	88.7
非常符合	80	11.3	100.0

（2）追求各方面的平衡的性格特质会缓解高校教师的过劳程度。正如前文分析所指出的，追求事业成功的性格会使高校教师投入更多的工作时间、工作精力，并且多数为自我驱动型；而追求各方面的平衡的性格会使高校教师更倾向于多方面的协调，努力平衡工作和生活，相比于事业成功，更为在意多方面的均衡发展，这对过度劳动具有缓解作用。回归分析的结果表明，追求各个方面的平衡的性格特质每增加1个单位，高校教师过劳程度就会降低0.2689个单位。实证结果验证了前文的分析。

(3) 家务挤占闲暇会增加高校教师的过劳程度。正如前文分析所指出的,家庭成员之间的家务劳动在一定程度上需要基于"组织压力规则"进行分配,时间资源可相对自由支配的家庭成员可能需要承担较多的家务(陈惠雄,2007)[①]。与现代社会组织中的各行各业相比,高校教师是具有显著自由行为特征的职业,因此高校教师存在承担更多家务工作的可能性。与此同时,高校教师在工作上的投入量却并没有因为"组织压力规则"较小而减少,调查问卷的结果显示,已婚的603名高校教师中,在工作上投入的时间和精力比配偶少的仅占19.4%,具体如表5-32所示。家务劳动造成的疲劳不属于本研究界定的过度劳动研究范畴,但因为教师主要是脑力劳动者,其劳动过程具有随时性,因此在进行家务劳动的时候如果仍然在思索问题,其劳动过程也属于和工作相关,但具有分割性,即身体的疲劳是由于家务劳动造成,但心理、脑力的疲劳是由于工作造成,因此需要辩证地看待家务劳动对高校教师过劳的影响。但有一点是可以肯定的是,家务挤占闲暇导致高校教师不能很好地利用闲暇时间恢复自身认知资源和缓解工作带来的疲劳,很容易造成认知资源耗竭、疲劳的蓄积并最终导致过度劳动。回归分析的结果表明,家务挤占闲暇的时间每增加1个单位,高校教师过劳程度就会增加0.2634个单位。实证结果验证了前文的分析。

表5-32 和您的配偶相比,您在工作上投入的时间和精力

	频数	百分比(%)	累计百分比(%)
比配偶更多	306	50.75	50.75
和配偶一样多	180	29.85	80.60
比配偶更少	117	19.40	100.0

(4) 工作/家庭之间的相互冲突会增加高校教师的过劳程度。正如前文分析所指出的,高校教师工作特征导致工作/家庭的边界较为模糊,角色相互渗透,工作/家庭的冲突使得高校教师将工作中的压力和不满带到家庭生活中,导致在非工作时间也无法得到完全的休息和放松,家庭中的负效应带到

[①] 陈惠雄. 基于家庭分工与非均衡组织压力的大学教师工作压力研究[J]. 现代教育科学,2007 (6): 104-106.

工作中，导致工作的过程中效率低下，只能通过更多的工作时间投入和工作强度来弥补效率缺口，然而这种疲劳在家庭生活中又得不到充分恢复，带来认知资源丧失螺旋，加大了过度劳动的风险。回归分析的结果表明，工作/家庭之间的相互冲突每增加 1 个单位，高校教师过劳程度就会增加 0.321 个单位。实证结果验证了前文的分析。

（5）工作/家庭边界的弹性与意愿的不吻合会增加高校教师的过劳程度。正如前文分析所指出的，对工作/家庭分离的偏好程度，以及实际分离程度与知觉分离程度之间较高的匹配能够带来更高程度的健康状况以及工作家庭满意感，当工作/家庭边际弹性意愿（个人需求）和边际弹性能力（环境资源）不相匹配时，个体的紧张感、压力水平和冲突体验更为强烈，因此更有可能发生工作/家庭冲突（马红宇等，2014）[①]。偏好工作/家庭分离程度高的高校教师，但如果实际情况和感知到的情况是工作/家庭互相渗透，则可能更容易形成工作/家庭冲突，从而带来角色的冲突、引发心理和生理上的压力、加剧疲劳的体验和感受，影响健康状况。回归分析的结果表明，工作/家庭边界的弹性与意愿不吻合程度每增加 1 个单位，高校教师过劳程度就会增加 0.1738 个单位。实证结果验证了前文的分析。

（6）距离下次职称评审的时间越远，高校教师过劳的程度越低。正如前文分析所指出的，高校教师是劳动力供给行为可自由安排供给时间的职业，在短期内的供给是以一个明确的短期收入（此处的收入既包括物质收入，也包括精神收入）为收入靶，在达到收入靶前，收入边际效用递增，努力动机很强；一旦达到收入靶后，收入边际效用递减，努力动机开始减弱。这可以解释高校教师职业生涯的周期型过劳，如面临要进行职称评审的时候，过劳现象就会凸显，而职称评上后，可能就有所松懈，因为高校教师职业自由度和灵活度都较大，因此可以自行调整其努力程度。回归分析的结果表明，距离下次职称评审的时间每增加 1 个单位，高校教师过劳程度就会减少 0.1555 个单位。实证结果验证了前文的分析。

[①] 马红宇，申传刚，杨璟，唐汉瑛，谢菊兰. 边界弹性与工作——家庭冲突、增益的关系：基于人——环境匹配的视角 [J]. 心理学报，2014，46（4）：540-551.

5.3.4.3 各显著变量的实际作用效果分析

通过每个自变量边际贡献的绝对值占所有自变量边际贡献绝对值总和的百分比来计算各自变量对因变量的实际作用效果百分比,可以看出:高校教师过劳的微观层面原因占 45.72%,中观层面原因占 43.64%,宏观层面原因占 10.65%,该结果验证了研究假设 4.4。从二级分类来看,工作/家庭关系对高校教师过劳的形成作用效果最大（24.73%）。从具体变量来看,高校教师过度劳动成因的主要变量作用效果由大到小的排序分别为:工作追求（11.97%）、职称评审与晋升（10.95%）、人才年轻化趋势（10.71%）、社会期望（10.65%）、工作/家庭关系（10.47%）、杂事占用时间（10.00%）、性格特质（8.77%）、家务挤占闲暇（8.59%）闲暇偏好（7.15%）、边界弹性与意愿（5.67%）、距下次职称评审（5.07%）。具体如表 5-33 所示。

表 5-33　显著变量的实际作用效果百分比

一级分类		二级分类		编码	变量名称	作用效果百分比（%）
含义	百分比（%）	含义	百分比（%）			
宏观	10.65	社会环境	10.65	a_6	社会期望	10.65
中观	43.63	组织管理制度	10.95	b_1	职称评审与晋升	10.95
		时间保护	10.00	b_5	杂事占用时间	10.00
		时间紧迫感	10.71	b_9	人才年轻化趋势	10.71
		工作模式	11.97	b_{18}	工作追求	11.97
微观	45.72	行为追求偏好	15.92	c_5	闲暇偏好	7.15
				c_6	性格特质	8.77
		工作/家庭	24.73	c_8	家务挤占闲暇	8.59
				c_9	工作/家庭关系	10.47
				c_{10}	边界弹性与意愿	5.67
		职业生涯	5.07	c_{12}	距下次职称评审	5.07

值得注意的是,虽然调研显示高校教师普遍存在过劳状况,但这种过劳可能并不都是源于工作投入形成的,社会期望、职称评审与晋升、杂事占用

时间、人才年轻化趋势、距下次职称评审时间这五项（共占47.38%）高校教师过劳成因，其实都可以归结为是一种外在环境、意识形成的过劳，是一种高校教师身处的环境倒逼机制导致的过劳，这也是高校教师过劳的特殊之处。

5.4　本章小结

本章针对我国高校教师过度劳动的现状和成因进行了问卷调查，共获得有效问卷711份，样本覆盖全国20个省、4个直辖市、3个自治区，各地区样本分布比例与该地区高校比例相当，问卷具有一定的代表性。调研结果在一定程度上反映了我国高校教师过度劳动的基本状况，通过相关分析得出基于个人基本信息和组织内身份的高校教师过劳分布特征，最后，通过构建回归方程检验高校教师过劳成因的研究理论假设，并通过计算得出各影响因素的实际作用效果程度。具体来说，主要有以下几点结论：

（1）我国高校教师普遍存在过度劳动情况，轻度过劳的高校教师占8.6%，中度过劳的高校教师占45.4%，重度过劳的高校教师占46%。地区人均GDP和地区人均收入与高校教师过劳程度呈现显著的正相关关系。量表测量的高校教师过劳平均得分为74.43分，高校教师自觉过劳程度的平均得分为70.91分，高校教师对自身过劳程度的主观判断与量表测量结果比较吻合。高校教师自觉健康状况一般，平均分为65.5分。高校教师平均周工作时间46.96小时，其中深夜工作时间为6.97小时，工作时间与深夜工作时间与过劳程度之间存在显著的正相关关系。

（2）高校教师个人基本信息中，年龄、教龄、职称、是否为211高校和是否是硕导、博导与过劳程度之间相关性显著。高校教师组织内身份特征中，是否担任行政职务和聘任方式与过劳程度之间相关性显著。

（3）回归分析的结果表明，我国高校教师过度劳动的形成机制中，宏观层面的变量a_6社会期望、中观层面的变量b_1职称评审与晋升、b_5杂事占用时间、b_9人才年轻化趋势、b_{18}工作追求和微观层面的变量c_5闲暇偏好、c_6性格特质、c_8家务挤占闲暇、c_9工作/家庭关系、c_{10}边界弹性与意愿、c_{12}距下次职称评审这11个变量对于高校教师过劳形成的影响作用显著。通过计算各变量的实际作用百分比得出,高校教师过度劳动的形成机制中,微观层面原因占45.72%,中观层面原因占43.64%,宏观层面原因占10.65%。具体各级变量的实际作用效果与排序如表5-34所示。

表5-34 各级变量的实际作用效果排序

\multicolumn{3}{c	}{一级分类排序}	\multicolumn{3}{c	}{二级分类排序}	\multicolumn{3}{c}{具体变量排序}
排序	含义	百分比(%)	排序	含义	百分比(%)	排序	含义	百分比(%)
1	微观	45.72	1	工作/家庭	24.73	1	工作追求	11.97
2	中观	43.63	2	行为追求偏好	15.92	2	职称评审与晋升	10.95
3	宏观	10.65	3	工作模式	11.97	3	人才年轻化趋势	10.71
			4	组织管理制度	10.95	4	社会期望	10.65
			5	时间紧迫感	10.71	5	工作/家庭关系	10.47
			6	社会环境	10.65	6	杂事占用时间	10.00
			7	时间保护	10.00	7	性格特质	8.77
			8	职业生涯	5.07	8	家务挤占闲暇	8.59
						9	闲暇偏好	7.15
						10	边界弹性与意愿	5.67
						11	距下次职称评审	5.07

最后需要说明的是,本章旨在通过实证调研大致摸清和呈现我国高校教师过度劳动的基本状况、特征以及成因,但是由于受到抽样样本自身的影响,某些因素在实证分析结果中不显著,这说明它们在普遍情况下对高校教师的过劳影响效果不突出,但具体到某个人或某个群体,这些因素很可能起到了重要作用,因此从这个角度上讲,并不能否定和忽视那些不显著因素的研究意义,所以本研究在第3章和第4章进行了较为详细和深入的阐述,实证部分,这些不显著变量对于高校教师过劳的影响还有进一步深入研究和探索的空间。

第6章 高校教师过劳的再审视与应对措施

本研究第2章提出了本研究中过度劳动的内涵,其中"输入因素"中最关键的两个要件为超时、超强度的市场性劳动,本章将分别从劳动强度和劳动时间两个要件出发,对高校教师过度劳动的状况进行进一步的探讨和反思。首先,从劳动强度视角出发,对高校教师过度劳动的形成以及适度劳动的实现进行理论初探;其次,从劳动时间视角出发,提出"过劳程度"和"过劳率"两个概念,并通过面板数据全面展示各行业、各职业从业人员的过劳程度和过劳率,以此与本研究的研究结果中高校教师的过劳程度和过劳率进行比较,客观地审视高校教师的过劳情况;最后,结合上一章实证分析的结果,针对高校教师过劳的显著影响因素,提出缓解高校教师过劳的建议。

6.1 高校教师劳动强度探析

6.1.1 经济学科研究劳动强度的现实困难

探讨过度劳动问题,我们强调是一种超时、超强度的持续工作状态,因此除了"劳动时间"这一衡量指标之外,还有一个非常重要的构件需要考虑,就是劳动强度。马克思在《资本论》第一卷中就对劳动强度进行了阐述,但此时的劳动强度是作为一个衡量社会必要劳动时间的工具和标准出现,如"社会必要劳动时间是在现有的社会正常的生产条件下,在社会平均的劳动熟练程度和劳动强度下制造某种使用价值所需要的劳动时间"①。马克思认为劳动强度是资本主义实现剥削的手段，在工作日的时间延长受到限制的情况下，加大劳动强度可以增加资本对剩余价值的占用。因为加大劳动强度可以增加工人在单位时间内的劳动内涵量，增加了剩余劳动时间中工人创造的价值，另外，劳动强度的加大提高了劳动力价值，缩短了必要劳动时间，从而增加了剩余劳动时间。但是马克思没有对劳动强度概念进行系统的技术性、理论性的分析，而是运用大量的感性材料来描述劳动强度的深化对工人的剥削程度，这些描述分为两部分，一部分是通过工人投入生产中的活动量大小来描述剥削，如工人的产量、看管机器数、牵伸次数等，另一部分主要是描述过度劳动对工人造成的伤害，如死亡率、死亡年龄、工人患病率等②。

在马克思主义政治经济学的理论指导下，1983 年我国制定了体力劳动强度分级的国家标准（GB/T 3869—83），该标准主要是为劳动保护提供科学依据，具有较强的可操作性，将体力劳动强度分为四个等级，这也是目前唯一对体力劳动强度进行测量、分级的标准。具体如表 6-1 所示：

表 6-1 体力劳动强度国家分级标准

级别	I	II	III	IV
劳动强度指数	≤15	~20	~25	>25
◆劳动强度指数计算公式：I = 3T + 7M				
指标解释：I：劳动强度指数 T：劳动时间率 = 工作日内净劳动时间（分）/工作日总工时（分） M：8 小时工作日能量代谢率（大卡/分·米²） 3：劳动时间率的计算系数 7：能量代谢率的计算系数				

注：净劳动时间为一个工作日除去休息及工作中间暂停的全部时间，其中劳动时间率的依据是工人填写的劳动时间测定记录表，能量代谢率依靠对肺通气量的测量③。

马克思主义政治经济学之后的古典与新古典经济学中对劳动强度的研究

---

① ［德］马克思. 资本论 [M]. 中共中央马克思恩格斯列宁斯大林著作编译局编译. 北京：人民出版社，1975：52.
② 这些内容主要集中在《资本论》第一卷第四篇第十三章和第三卷第一篇第五章。
③ GB/T 3869—83，体力劳动强度分级 [S]. 北京：中国标准出版社，1983.

则更少，西方经济学家普遍承认劳动的痛苦，或者将这种痛苦延伸为一种负效用，但对劳动强度的研究也仅此而已，并没有过多深入。亚当·斯密认为劳动是获得物品所必须要付出的代价，把劳动视为辛苦与麻烦①。戈森试图精确化地计量这种"辛苦与麻烦"，把这种"辛苦与麻烦"概括为劳动的痛苦所在，并延伸他对效用理论的研究，将劳动的这种痛苦与效用建立起替代关系，他认为效用最大化与劳动痛苦最小化是一致的，边际效用递减对应的就是劳动的边际痛苦递增。戈森还提到把劳动分为"与享受相连的劳动"和"与痛苦相连的劳动"②，但在他的分析中忽略了"与享受相连的劳动"。虽然戈森并没有直接提出劳动强度的概念，但是他的思想中包含了对劳动强度的关注。

杰文斯沿着戈森的思路前进，在探讨劳动量的时候为了方便，用 E 代表劳动强度，以 ME 代表生产某种商品所费去的劳动总量，但只是为了方便，因为他认为效用（U）与劳动强度（E）根本上是性质相同的量，如有差别，只是源于 E 代表的通常是负数，U 代表的通常是正数③。同时，杰文斯看到了劳动的内在价值，认为"劳动强度有二义：它可以指示所成就的工作量，又可以指示勉力为此工作的痛苦，前者是劳动的报酬，后者是劳动的刑罚。"④

在杰文斯之后，劳动强度的研究离开了西方经济学家的视野，但是关于劳动负效用的思想被继续下来，后来的经济学家用"闲暇"分析继承和发展了劳动负效用思想，闲暇作为劳动的负面，具有正效用，可以像一般商品一样进入效用函数，而劳动强度的研究则就此被放弃了。在当代，福格尔的研究让劳动强度的概念再次出现，然而只是通过劳动强度的历史变化轨迹来分

---

① ［英］亚当·斯密. 国民财富的性质和原因的研究 ［M］. 唐日松译. 北京：华夏出版社，2005：26.

② ［德］赫尔曼·海因里希·戈森. 人类交换规律与人类行为准则的发展 ［M］. 陈秀山译. 北京：商务印书馆，1997：70.

③ ［英］威廉姆·斯坦利·杰文斯. 政治经济学理论 ［M］. 郭大力译. 北京：商务印书馆，1984：142.

④ ［英］威廉姆·斯坦利·杰文斯. 政治经济学理论 ［M］. 郭大力译. 北京：商务印书馆，1984：133.

析经济增长规律，对劳动强度概念本身的研究并不多①。

通过上述简要地回顾可以看出，劳动强度作为描述劳动者在劳动的过程中的疲惫和劳累程度的概念，在经济学领域曾经引起学者的思考，无论是马克思主义政治经济学，还是古典与新古典经济学中，都有所论述，但整体来看，始终没有形成系统的关于劳动强度的理论体系。但是在非经济学科，劳动强度的研究受到了很大关注，有着较为深入的研究，这些学科都带有很强的自然科学特质，如生理学、劳动保护学、职业病学、人类工效学等。但这些学科中对劳动强度的研究主要集中在对体力劳动强度的研究，对脑力劳动强度的研究也十分薄弱。

因此可以说，关于劳动强度的研究，尤其是高校教师是典型的脑力劳动者，从经济学视角出发，对脑力劳动强度的研究具有现实的困难，限于笔者专业限制以及能力有限，在本研究中关于高校教师劳动强度的研究仅作初步规范性的思考与探讨，以期为后续学者的研究提供些许思路与借鉴。

6.1.2 高校教师劳动强度的规范性思考

对高校教师劳动强度的规范性思考，主要是初步探讨高校教师劳动强度的价值以及价值失衡的原因。这里借用伦理学的价值含义，认为价值包括工具性价值和内在价值，不是每样东西都可以用其内在价值来评估，但是任何东西都具有工具性价值②。高校教师的劳动强度既具有工具性价值（Instrumental Value）也具有内在价值（Intrinsic Value）。

就高校教师的劳动强度来看，工具性价值主要体现在生产效率、工资收入等方面，在一定程度内，劳动强度的提高可以增加工作效率，提高劳动产出，加深高校教师多渠道获取外部利益的程度，最终表现为工资收入的提升，物质回报的增加；内在价值体现在享受劳动带来的乐趣，尤其是高校教师职业的特性，会使其在劳动的过程中享受到比普通劳动者更多的乐趣，如学生

---

① 张守凯. 诺贝尔经济学奖颁奖词与获奖演说全集 [M]. 浙江：浙江工商大学出版社，2015. 参考其中罗伯特·威廉·福格尔1993年获奖演说《经济增长、人口理论和生理学：长期过程对制定经济政策的影响》.

② [美] 赫尔曼·E. 戴利，肯尼思·N. 汤森. 珍惜地球——经济学生态学伦理学 [M]. 北京：商务印书馆，2001：240. 参考其中第11章约翰·科布的文章《生态、伦理和神学》.

的成长、成才，科研成果的认可、同行里声誉的提升等，都是其在劳动中获得的内在价值，另外，高校教师多数将工作作为毕生的事业去追求而不仅仅是赚钱谋生的手段，因此在劳动的过程中追求事业的成功所带来的美好感受，也是劳动强度的一种很重要的内在价值。

由此可以看出，工具性价值要求高校教师提高劳动强度，增加利润、工资或消费品的数量，内在价值也要求高校教师增加劳动强度以享受劳动带来的事业成就感。但我们知道，劳动作为提高人们生活质量的手段之一，还有一个比较重要的内在价值就是可以让人们免除劳作之苦，享受轻松与休闲，因此这种内在价值又要求劳动者降低劳动强度，对高校教师而言，劳动强度的工具性价值与内在价值在一定程度上会产生矛盾，造成劳动强度的价值失衡，也就是一方面高校教师会通过提高自己的劳动强度来获得更多的经济收益以及职业成就感，另一方面身体的疲惫与劳累又使高校教师不得不降低这种劳动强度。此时到底哪种力量起到决定性作用，决定着高校教师劳动强度的具体情况。经验告诉我们，劳动强度的内在价值中，追求职业成功、事业成就、自我实现这部分的力量往往使高校教师忽视甚至忘记了劳作之苦，也不愿意去享受清闲，因此就产生了劳动强度的价值失衡。第 5 章的实证分析也验证了这一点，高校教师对工作的追求是所有影响高校教师过度劳动的因素中作用效果最大的因素。

6.1.3　基于劳动强度的高校教师适度劳动均衡模型构建

基于前文的分析，绘制劳动强度的工具性价值曲线和内在价值曲线，如图 6-1 所示，纵坐标 0 点以上表示快乐，0 点以下表示痛苦，劳动强度的内在价值曲线为 U_1，在开始劳动的一瞬间，由于身心尚不惯工作之故，通常劳动强度的内在价值上觉得工作有点儿苦，但是随着劳动强度的增加，劳动强度的内在价值曲线呈现出上升的趋势，在 b 点表现为既不快乐也不痛苦，随后工作体验中快乐多于痛苦，也就是说高校教师内在价值中追求职业成功、事业成就、自我实现的部分力量强于劳动所带来的劳作之苦，c 点之后，由于劳动强度的持续增加，高校教师的能力、精力被耗竭，呈现出想免除劳力之苦的感受，即劳动带来的痛苦多于快乐。劳动强度的工具性价值曲线用 U_2

表示，只要劳动一开始，就会产生工具性价值，就会带来快乐，且 0p > 0a，否则将没有工作的动机，工具性价值曲线随着劳动强度的增加而呈现倒 U 形趋势，但总体来说带来的都是快乐的体验，因为赚取了收入、获得了成果等，这当中必有一点 m，qm = dm，所得到的快乐与所受的劳苦恰好相等，稍微进过此点，痛苦就产生余额，因此 m 点可以是劳动强度视角下适度劳动的均衡点。

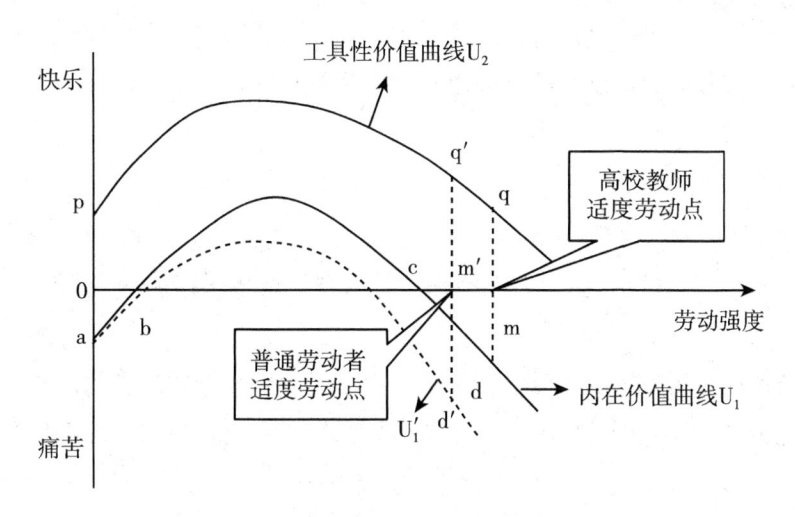

图 6-1 基于劳动强度的高校教师适度劳动均衡模型

高校教师与普通劳动者相比最大的差别应该就是劳动强度的内在价值曲线的不同，抽离地看，劳动强度的工具性价值曲线假设其都相同，即劳动所得的经济性报酬对高校教师和其他劳动者来讲能够带来相同的快乐感受。但劳动强度的内在价值曲线则有所不同，普通劳动者的内在价值曲线比高校教师的内在价值曲线要向下移动，呈现为 U_1'，因为高校教师比普通劳动者有更多种的途径可以增加工作所获得的成就感、价值感和满足感，比如培养出优秀的学生、完成科研成果、得到同行的认可等，再比如，高校教师是充满爱和奉献的职业，而这种奉献所带来的自身的满足感也格外强烈，尤其是当教师觉得自己的价值被认可，自己的奉献有所回馈或者有所成就的时候，这种满足感和成就感更强烈。所以普通劳动者适度劳动的均衡点出现在 m'，p'm' = d'm'，由此也可以看出，高校教师职业所能承受的劳动强度是较高的，这也验证了前文的分析，符合高校教师职业和群体的特征，但人体机能上并不存在说高校教师就一定比普通劳动者耐疲劳程度高，只不过是内在价值的体现缓解了疲劳的身体体验，但身体损伤是客观存在的，所以高校教师群体更需要对这种内驱力作用下引起的过度劳动予以重视。

综上所述，基于劳动强度的适度劳动确切说应该是一个均衡点，在此点上的劳动强度使得工作带给高校教师的快乐感和劳苦感恰好相等，稍微超过此点，则工作带来的痛苦产生余额。但实际的工作中很难确切地找到这样一个点，因此可以将此点拓展到一个区间，在这个区间内，劳动强度使得工作带给高校教师的快乐感和劳苦感相互作用的净感受在高校教师身心所能承受的范围之内。

6.2 基于劳动时间的高校教师过劳客观状况

通过前文的分析可以看出，关于劳动强度的研究存在现实的困难，因此对于过劳最直观的衡量标准，也是最容易进行客观比较的衡量标准便是劳动时间。虽然《劳动法》第36条规定：国家实行劳动者每日工作时间不超过8小时、平均每周工作时间不超过44小时的工作制度。但企业人力资源管理实务中基本执行的是《国务院关于职工工作时间的规定》第3条，即施行标准工时制的企业，只要每周安排劳动者的工作时间超出了40小时，就作为加班处理。因此，本研究将每周工作时间超出40小时按过劳处理，超出部分为超时工作的时间。

基于此，提出用超时工作时间来衡量过劳的两个概念：过劳率和过劳程度。

过劳率指的是从业人员中超时工作的人数占全部就业人数之比，侧重反映的是整个从业群体中有多少人处于过劳状态，侧重展现劳动者过劳的广度和普遍性，如过劳率是50%，就表明这一从业群体中有一半的从业人员处于过劳状态。

过劳程度指的是劳动者每周超时工作时间与每周法定工作时间（40小时）之比，侧重反映的是从业者具体的过劳轻重情况（这里用超时工作的时间来衡量），侧重展现劳动者过劳的深度和严重性，如过劳程度是 50%，就表明该从业群体普遍每周超时工作 20 小时。具体公式如下：

$$过劳率 = \frac{超时工作人数}{全部从业人数} \times 100\% \quad (6-1)$$

$$过劳程度 = \frac{周实际工作时间 - 周法定工作时间}{周法定工作时间} \times 100\% \quad (6-2)$$

下面就根据上述公式，通过公开的统计数据测算各行业、各职业的过劳率与过劳程度，并基于本研究的调查结果以及其他学者关于高校教师工作时间的公开调研数据计算高校教师的过劳率和过劳程度，通过比较对高校教师的过度劳动状况进行客观的再认识。

6.2.1 分行业过劳率与过劳程度

首先，对近 10 年来各行业城镇就业人员的周工作时间构成、周平均工作时间进行整理，并运用公式测算出历年各行业城镇就业人员的过劳率和过劳程度（见表 6-2、表 6-3）。这里需要注意的是，2010 年之后，行业划分标准中电力、燃气及水的生产和供应业变为电力、热力、燃气及水生产和供应业；信息传输、计算机服务和软件业变为信息传输、软件和信息技术服务业；科学研究、技术服务和地质勘查业变为科学研究和技术服务业；居民服务和其他服务业变为居民服务、修理和其他服务业；卫生、社会保障和社会福利业变为卫生和社会工作；公共管理和社会组织变成公共管理、社会保障和社会组织。因本研究只关注数据的整体变化趋势而不深究各行业具体的划分标准，因此按照 2010 年以后的行业划分标准进行数据整理。

表 6-2 按行业分城镇就业人员过劳率（2006—2014）

单位：%

年份	2006	2007	2008	2009	2010	2011	2012	2013	2014
总计	55.7	51.5	49.1	49	53	51.6	53.1	53.8	53.9
农、林、牧、渔业	50.6	39.4	36.8	35.2	45.6	38.9	34.9	35.4	35.8
采矿业	59.3	49.4	47.4	52.1	46.1	51.8	52.5	44.7	51

续表

年份	2006	2007	2008	2009	2010	2011	2012	2013	2014
制造业	65.3	65.3	61.2	62	62.7	60.4	62.8	65	65
电力、热力、燃气及水生产和供应业	30.7	26.6	27.7	26.4	27.4	30.5	33.3	32.1	34.5
建筑业	60.6	65.7	61.9	63	66.9	64.8	66.5	66.6	68
批发和零售业	61.8	58.8	56.1	55.3	57	64.2	68.6	68	68.5
交通运输、仓储和邮政业	40.6	37.9	41.3	36.2	33.1	56.3	58.8	60.2	57.7
住宿和餐饮业	75.8	68.3	65.6	66	65.1	70.8	72.7	71.8	71.1
信息传输、软件和信息技术服务业	75	71.4	69.7	67.7	68.7	60.9	54.8	52.8	51.4
金融业	24.7	24	24.3	24.4	23.3	35.5	31.3	31.5	29.1
房地产业	43.8	43.9	43.2	44.2	45	44.9	51.7	50.2	50.7
租赁和商务服务业	45.6	41.3	38.2	42.4	38.8	44.7	49.7	45.5	44
科学研究和技术服务业	22	21.3	19.8	26.5	20.4	26.1	31.9	35.3	27
水利、环境和公共设施管理业	34.2	35.4	37.6	36.1	38.9	37.1	36	41.8	41.4
居民服务、修理和其他服务业	70.1	65.6	62.6	63.4	66	62.1	65.1	66.3	67.1
卫生和社会工作	40.1	35.9	39.3	37.7	32.8	33.5	36.7	39	37.7
文化体育和娱乐业	43.2	38.8	41.8	43.1	41.5	40.8	43.5	46.1	44.7
公共管理、社会保障和社会组织	18.5	18.7	17.5	17.4	19.2	20.5	20.1	20.4	19.9
国际组织	33.3	0	0	25	16	34.1	43.9	45	45.8

资料来源：根据国家统计局历年《中国劳动统计年鉴》、劳动和社会保障部历年《中国人口和就业统计年鉴》相关数据计算得出。

表 6-3　按行业分城镇就业人员过劳程度（2006—2014）

单位:%

年份	2006	2007	2008	2009	2010	2011	2012	2013	2014
总计	18.25	13.75	11.5	11.75	17.5	15.5	15.75	16.5	16.5
农、林、牧、渔业	4.75	-4.5	-6.0	-6.0	3.75	-5.25	-4.5	-6.0	-6.5
采矿业	19.5	15.25	13	15.25	16.0	18.25	14.25	13.0	15.0
制造业	26.0	23.5	19.75	21.25	22.5	20.25	20.5	22.25	21.75
电力、热力、燃气及水生产和供应业	8.75	8.0	7.5	6.5	8.25	8.0	8.25	8.75	9.25
建筑业	28.25	24.25	20.5	21.0	25.5	22.0	23.5	24.25	24.0
批发和零售业	31.25	27.25	24.0	24.0	25.75	24.5	25.5	26.25	26.25
交通运输、仓储和邮政业	25.0	22.75	20.25	19.5	22.0	20.5	22.0	22.5	20.5
住宿和餐饮业	36.0	30.25	26.75	25.25	28.5	28.75	28.5	28.5	29.0
信息传输、软件和信息技术服务业	15.75	12.75	13.5	10.25	10.5	22.75	19.5	18.75	19
金融业	6.5	6.0	5.75	4.75	6.0	11.0	8.0	8.75	7.25
房地产业	14.5	14.25	12.25	13.5	14.5	13.75	14.75	14.75	15.0
租赁和商务服务业	16.0	12.5	11.25	11.75	12.75	14.25	15.5	14	12.75
科学研究和技术服务业	6.25	5.5	5.75	6.5	5.75	7.0	8.5	9.75	6.0
水利、环境和公共设施管理业	10.75	11.0	9.25	9.75	12.25	11.25	9.5	12.75	12.0
居民服务、修理和其他服务业	30.25	25.5	22.5	22.0	26.0	23.75	22.75	24.25	25.0
卫生和社会工作	13.25	10.5	10.25	9.75	10.0	10.25	10.75	10.25	10.25
文化体育和娱乐业	17.0	13.0	13.5	15.25	14.5	12.0	14.0	14.25	15.0
公共管理、社会保障和社会组织	5.0	4.5	3.75	3.25	5.25	5.0	4.5	4.5	4.75
国际组织	19.5	0	0	-6.25	4.75	16.75	8.5	13.25	13.0

资料来源：根据国家统计局历年《中国劳动统计年鉴》、劳动和社会保障部历年《中国人口和就业统计年鉴》相关数据计算得出。

6.2.2 分职业过劳率与过劳程度

对近10年来各行业城镇就业人员的周工作时间构成、周平均工作时间进行整理，并运用公式测算出历年各行业城镇就业人员的过劳率与过劳程度。具体如表6-4、表6-5所示。

表6-4 按职业分城镇就业人员过劳率（2006—2014）

单位:%

年份	2006	2007	2008	2009	2010	2011	2012	2013	2014
总计	55.6	51.5	49.1	49	53.1	51.6	53.1	53.8	53.9
单位负责人	48.8	48.9	52.0	51.5	45.6	50.8	54.7	54.9	54.2
专业技术人员	33.9	30.9	30.1	29.8	27.7	33.2	34.8	36.1	36.1
办事人员和有关人员	32.6	30.6	29.9	29.1	30.8	32	33.5	33.5	32.7
商业、服务业人员	69.3	65.9	63.4	63.6	63.2	63.8	66.3	66	66.2
农林牧渔水利业生产人员	50.9	39.8	37.0	35.4	45.7	39.3	35.1	36.7	36.5
生产运输设备操作人员及有关人员	66.5	65.9	62.3	63.9	65.3	62.8	65.2	66.9	67.8
其他	52.8	57.9	54.4	51.2	55.8	61	68.7	59.4	49.7

资料来源：根据国家统计局历年《中国劳动统计年鉴》、劳动和社会保障部历年《中国人口和就业统计年鉴》相关数据计算得出。

表6-5 按职业分城镇就业人员过劳程度（2006—2014）

单位:%

年份	2006	2007	2008	2009	2010	2011	2012	2013	2014
总计	18.3	13.8	11.5	11.8	17.6	15.5	15.8	16.5	16.5
单位负责人	18.3	19.3	18.8	18.8	17.7	19.3	20.5	21.0	21.0
专业技术人员	10.3	8.5	7.5	7.0	7.8	9.3	9.3	9.8	9.8
办事人员和有关人员	11.0	9.5	8.8	8.2	10.0	9.8	10.0	10.0	9.5
商业、服务业人员	30.0	25.8	22.8	22.5	24.6	23.8	24.0	24.8	24.8
农林牧渔水利业生产人员	4.8	-4.5	-5.7	-5.7	3.7	-4.5	-4.3	-4.5	-6.0
生产运输设备操作人员及有关人员	27.0	24.5	20.5	22.3	24.3	21.8	22.0	23.8	23.8
其他	21.0	16.8	17.0	15.8	19.5	19.3	24.5	23.0	10.0

资料来源：根据国家统计局历年《中国劳动统计年鉴》、劳动和社会保障部历年《中国人口和就业统计年鉴》相关数据计算得出。

6.2.3 高校教师的过劳率与过劳程度

本研究的调查结果显示,高校教师平均每周工作时间超过 40 小时的有 462 人,运用公式计算出过劳率为 64.9%;高校教师平均周工作时间为 46.96 小时,运用公式计算出过劳程度为 17.4%。用各行业、各职业从业人员 2014 年的测算数据进行比较可以看出:

从行业角度看,高校教师的过劳率没有制造业(65%)、建筑业(68%)、批发和零售业(68.5%)、住宿和餐饮业(71.1%)、居民服务、修理和其他服务业(67.1%)的从业人员高,过劳程度没有制造业(21.75%)、建筑业(24.0%)、批发和零售业(26.25%)、交通运输、仓储和邮政业(20.5%)、住宿和餐饮业(29.0%)、信息传输、软件和信息技术服务业(19%)、居民服务、修理和其他服务业(25.0%)的从业人员过劳程度高。诚然,高校教师与这些行业的从业人员相比,工作条件和工作环境都更舒适、工作时间更灵活、体力劳动强度也要小很多,这些工作特征和从业人员群体特征的差异导致高校教师过劳从形成机制上来讲具有特殊性。虽然体力劳动和脑力劳动的过劳衡量量纲是不同的,不是一个统一的系统,这样比较可能有失偏颇,但是也可以从一定程度上反映出高校教师过劳状况的客观状况。另外,从职业角度看,高校教师的过劳率没有商业、服务业人员(66.2%)、生产运输设备操作人员及有关人员(67.8%)的从业人员高,过劳程度没有单位负责人(21.0%)、商业、服务业人员(24.8%)、生产运输设备操作人员及有关人员(23.8%)的从业人员高。

由于本研究的调查结果可能受回收抽样样本量大小的影响,因此选取其他学者及研究团队的公开数据来客观展现高校教师过劳程度。作为"变革中的学术职业"(Changing Academic Profession,CAP)这一国际项目的中国研究团队,沈红老师的团队曾于 2007 年在全国范围内对中国大学教师进行了工作状况与职业发展的调查,调查结果显示,高校教师的周平均工作时间为 40.2 小时。该项目团队于 2014 年对中国大学教师进行了第二轮调查,调查结果显示，高校教师的周平均工作时间为 45 小时[①]。中国科学技术发展战略研究院于 2011 年进行了"我国科技工作者的时间利用状况调查"，调查结果显示：高校教师总体平均每周工作时间 42 小时[②]。《2014 中国劳动力市场发展报告》中指出，大学教师群体总体平均的周工作时间为 43.7 小时[③]。据此计算高校教师过劳程度如表 6-6 所示：

表 6-6　不同学者数据计算的高校教师过劳程度

数据来源	高校教师过劳程度
2007 沈红团队数据	0.5%
2011 科学技术发展战略研究院数据	5.0%
2014 赖德胜团队数据	9.25%
2014 沈红团队数据	12.5%
本研究数据	17.4%

另外，"变革中的学术职业"（Changing Academic Profession，CAP）项目针对全世界 17 个国家和中国香港地区的高校教师工作和职业发展状况进行了调研，2007 年的数据显示，我国高校教师（Senior professor 对应国内副教授、教授；junior professor 对应国内助教、讲师）的周平均工作时间并没有达到过劳的程度，不足 40 小时，而中国香港、德国、韩国三个地区的高校教师（Senior professor）的工作时间超过了 50 小时，韩国高校教师整体的工作时间都更长一些，具体结果如图 6-2 所示。由此可见，从国际比较的视野看，我国高校教师的工作时间并不是很长，但是如前所述，近些年学者的调研数据显示，我国高校教师工作时间有明显增加的趋势。

根据 CAP 的数据计算各地区和国家高校教师过劳程度，结果如图 6-3 所示：挪威、中国、巴西和阿根廷地区的高校教师（Senior professor）不存在

[①] 沈红.中国大学教师发展状况——基于"2014 中国大学教师调查"的分析 [J].高等教育研究，2016，37 (2)：37-46.

[②] 朱依娜，何光喜.高校教师工作与科研时间的性别差异及其中介效应分析——基于全国科技工作者状况调查数据 [J].科学与社会，2014，4 (3)：86-100.

[③] 赖德胜，孟大虎，李长安，王琦等.2014 中国劳动力市场发展报告——迈向高收入国家进程中的工作时间 [M].北京：北京师范大学出版社，2014.

过度劳动，其他地区的高校教师（Senior professor）都存在不同程度的过劳现象，其中韩国高校教师整体过劳现象最严重。

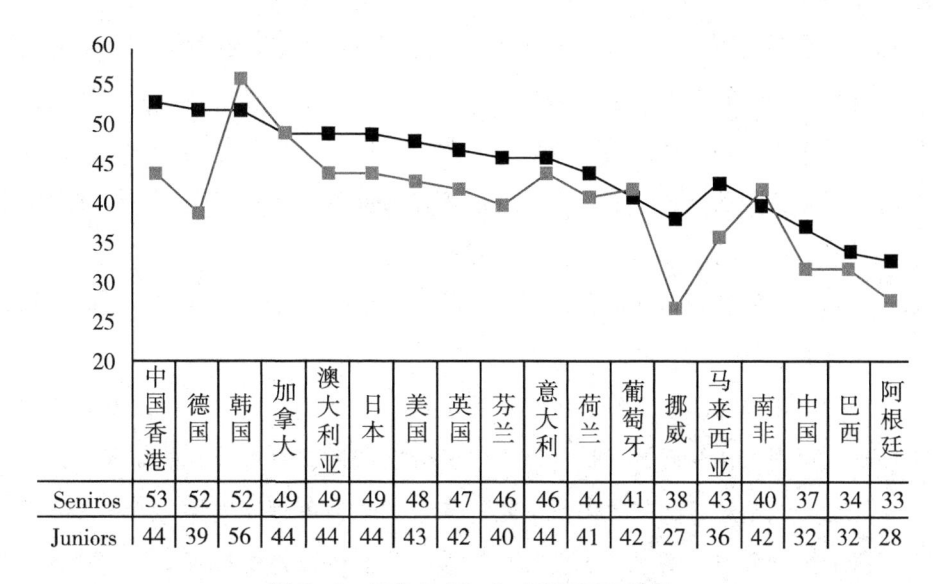

	中国香港	德国	韩国	加拿大	澳大利亚	日本	美国	英国	芬兰	意大利	荷兰	葡萄牙	挪威	马来西亚	南非	中国	巴西	阿根廷
Seniros	53	52	52	49	49	49	48	47	46	46	44	41	38	43	40	37	34	33
Juniors	44	39	56	44	44	44	43	42	40	44	41	42	27	36	42	32	32	28

图 6-2 高校教师工作时间的国际比较

资料来源：ULRICH T, AKIRA A. WILLIAM C. The Changing Academic Profession：Major Findings of a Comparative Survey [M]. Dordrecht：Springer, 2013：100.

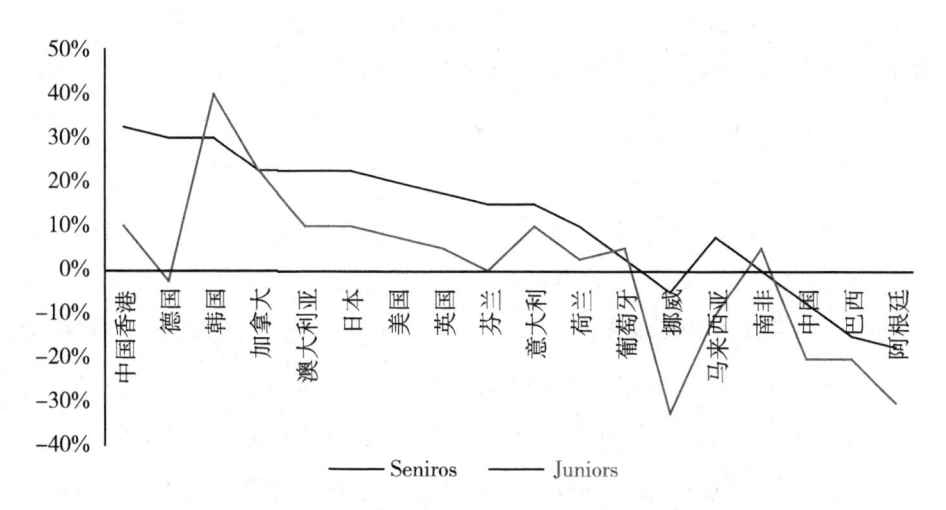

图 6-3 高校教师过劳程度的国际比较

资料来源：根据以下资料 ULRICH T, AKIRA A. WILLIAM C. The Changing Academic Profession：Major Findings of a Comparative Survey [M]. Dordrecht：Springer, 2013：100. 笔者自行计算。

6.2.4 基于劳动时间的高校教师适度劳动均衡模型构建

正如本章 6.1 节所述，经济学领域中关于劳动强度的研究在理论和实践方面均存在现实研究的困难，因此在分析过度劳动问题的时候，同时考察劳动强度和劳动时间存在一定的困难，上一节分析劳动强度价值均衡的时候已经提出了基于劳动强度的适度劳动均衡模型，这一节主要考察工作时间对高校教师过度劳动的影响。在本节中，以工作时间为变量，我们尝试构建一个高校教师工作时间的均衡模型，从而寻找出适度劳动的区间。并尝试将高校和社会两个层面的模型加进去，探讨高校教师适度劳动、过度劳动区间对高校组织层面和整个社会层面的影响。

先考虑工作时间和工作效率，不管怎样延长工作时间，最终都是有限度的，这不仅由工作时间的延长所带来的疲劳度增加导致对休息的需求上升等来自劳动力供给这方面的理由所决定，同时如果疲劳程度增加，工作效率就会下降，劳动者自身的收益也会受到影响。我们可以直觉地感受到，刚开始工作的时候需要一个工作的准备期和进入状态的时期，因此从开始工作到工作完全进入状态，工作效率是比较低的，随着工作时间的推移，效率会逐渐提高，但效率的提高也是有限度的，疲劳的增加会导致效率的下降，在图 6-4 中工作效率曲线 E 上的各点的切线斜率表示工作的边际效率，而该点与原点的连线的斜率则表示平均效率，可以看出，边际效率和平均效率都是先上升后下降的，在 A 点边际效率等于平均效率，平均效率达到最大。

高校教师收入是劳动产出的产量和劳动产出的价格的乘积，劳动产出的产量和工作效率正相关，假设劳动产出的价格不变，那么其总收入曲线 R 应该与工作效率曲线 E 形状相同，在图 6-4 中用收入曲线 R 表示，高校教师个人总成本曲线用 C_1 表示，如前文所分析，高校教师工作需要支付一部分的"准固定成本"，因此在劳动时间为零的时候，存在 OF 这部分的固定成本支付，随着工作时间的延长，高校教师身体和心理的疲劳感开始产生并逐渐强烈，因此其边际成本应该是越来越大的。高校教师工作的平均效率最大点应该为 A 点，此时对应的劳动时间为 h_1，但此时并不是高校教师总收益最大的点，因此即便是平均工作效率在下降，高校教师仍有继续工作的动力，直到到达 B 点，边际收入与边际成本相同，高校教师的个人收益达到最大，此时对应的劳动时间为 h_2，如果劳动在持续下去，边际成本大于边际收入，高校教师的总收益会持续减少，则是不经济的行为选择。

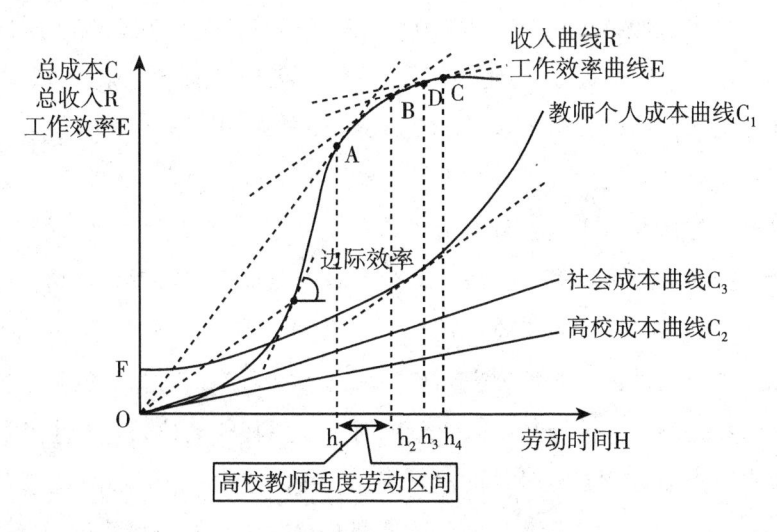

图 6-4　基于劳动时间的高校教师适度劳动均衡模型

综上分析我们可以判断，在平均效率最大的点 A 到总收益最大的点 B 之间，都可以称为高校教师适度劳动的劳动时间量（这也就是前文对高校教师过劳概念界定的时候，没有体现劳动效率下降的原因，因为虽然从 A 到 B 的过程中平均工作效率在下降，但是总收益在增加，因此这一段都可以称为高校教师适度劳动的区间），比这个劳动时间少的话，高校教师人力资本没有得到充分的发挥和利用，对于人才的培养激励没有推动作用，多于这个劳动时间的话，由于身心的疲惫带来的成本将不断侵蚀高校教师的收益，此时再继续劳动则为不经济的行为选择。因此可以说，基于劳动时间的适度劳动是一个区间，一个处于过度劳动和劳动不足之间的区域，在这个区域内，高校教师劳动带来的总收益不小于总成本。

再考虑高校组织层面，由于高校教师实行的是弹性工时制，因此延长高校教师的工作时间高校不需要支付高昂的加班工资费用（这里的延长高校教师工作时间可能存在隐蔽性，即高校可以通过较为严苛的绩效政策和较高要求的晋升制度等方式，也可能是高校教师自驱性的延长工作时间，形成影子工作时间),所以高校在高校教师延长工作时间方面的成本要比高校教师自身的成本低,因此存在高校成本 C_2 曲线,对应的收入曲线 R 则为高校教师群体为高校带来的收入,因为群体收入是个人收入的集合,因此收入曲线形状与高校教师个人收入相同。存在一点 C 使得高校的边际收益与边际成本相等,对应的劳动时间为 h_3,因此可以说,h_3 的工作时间点是高校组织层面收益最大化的点,可以看出,其工作时间长于高校教师适度劳动的区间。

但从整个社会层面看,h_3 点却不是最经济的点,因为高校教师如果出现了过度劳动的情况,产生了身心疲劳和身体损害,带来了健康问题,高校其实不用承担这些成本损失,而是转嫁给了高校教师个人或者是社会,因此存在社会成本曲线 C_3 高于高校成本曲线 C_2,但低于高校教师个人成本曲线 C_1,这是因为如果出现过劳的负效应或者过劳的极端后果,对高校教师个体人力资本来讲将是不可逆的损害,但社会层面可以用其他高校教师产生的收益弥补。存在一点 D 使得社会整体的边际收益与边际成本相等,此时对应的劳动时间为 h_4,要少于 h_3,因此可以说,h_2 到 h_4 这一段高校教师处于轻度过劳阶段,虽然对高校教师自身的总收益不是最大,但是对整个社会层面来说,高校教师轻度的过劳有益于社会总收益的增加,这也是我国在追赶发达国家高等教育水平进程中的关键所在。

综上所述,高校教师劳动状态分为四个阶段,第一阶段为 h_1 到 h_2 区间,此为高校教师适度劳动的区间,在这个区间内的高校教师的人力资本得到了充分的发挥和利用,个人的总收益一直在增加;第二阶段为 h_2 到 h_4 区间,此为高校教师轻度过劳区间,这个区间内虽然高校教师自身的总收益在减少,但是社会总收益在增加,因此可以说是高校教师轻度的过劳给社会带来的积极效应阶段;第三阶段为 h_4 到 h_3 区间,此为高校收益最大化区间,但高校教师个人和社会的总收益都不是最优状态,因此可以说此区间给高校带来积极效应,但是给社会带来了消极效应;第四阶段为劳动时间大于 h_3,此时无论是高校教师个人、高校组织还是社会,其收益都不是最大化状态,带来的效应全部为消极效应。

6.3　缓解高校教师过度劳动的三级体系架构

根据本研究实证研究的结论，分别从宏观、中观和微观三个层面出发，为保护、开发我国高校教师的人力资本，提升高校教师人力资本的配置效率，保持高校教师人力资本的可持续发展，实现高校教师适度劳动的良好局面提出有针对性的建议，构建了从"战略引导层"到"要素支持层"再到"价值驱动层"的缓解高校教师过度劳动的三级体系架构，具体如下：

6.3.1　宏观层面：战略引导层

（1）提高财政保障型薪酬，体现人力资本回报。如本研究第4章分析所指出的，高校教师人力资本积累过程中产生了大量的机会成本，因此需要增加工作投入、多渠道地获取经济收入来填补机会成本的缺口，同时，薪酬水平没有竞争力，面对经济社会飞速发展带来的各项高额支出与消费，不得不更大限度地延长工作时间，压缩休息时间来获得市场性的外部收入，产生了极大的过劳风险。实证调研中，当被问及对自己的薪酬是否满意时，总体的满意度为43.88%[1]，当被问及同其他知识密集型行业的从业人员的薪酬水平相比，高校教师对自己薪酬的总体满意度时，总体的满意度仅为38.68%，可见高校教师的薪酬并没有体现出人力资本的回报。具体情况如表6-7所示。已有的研究也证明了此观点，高校教师薪酬制度已经形成市场驱动为主，财政保障为辅的二元结构，2013年的数据显示，市场驱动型薪酬在教师总薪酬中的比例已高达80%，与此同时，高校教师的薪酬与知识密集行业薪酬水平之间存在着显著负相关性，教师薪酬的竞争力存在一定的局限，并未在知识密集型行业中形成有效的外部竞争性[2]。因此可以考虑增加财政投入，提高教师薪酬结构中财政保障型薪酬的标准和所占比例，适当控制市场化驱动

---

[1] 总体满意度的计算公式为：非常满意（百分比）×100%＋比较满意（百分比）×75%＋一般（百分比）×50%＋比较不满意（百分比）×25%＋非常不满意（百分比）×0%。
[2] 鲍威，吴红斌. 象牙塔里的薪资定价：中国高校教师薪资影响机制[J]. 北京大学教育评论，2016，14（2）：113-132.

机制对高校教师薪酬水平的影响程度，保持高校教师教学与学术产出的边际效益与薪酬定价的一致性，改善目前高校教师薪酬水平滞后于其他知识密集型行业薪酬水平的局面，体现人力资本回报，为高校教师潜心做学问、传授知识、科学研究、创新创造等提供稳定良好的生态环境。

表6-7 高校教师薪酬满意度统计表

	对自己薪酬水平		同其他知识密集型行业薪酬相比	
	频率	百分比（%）	频率	百分比（%）
非常不满意	125	17.6	161	22.6
比较不满意	175	24.6	187	26.3
一般	223	31.4	222	31.2
比较满意	127	17.9	94	13.2
非常满意	61	8.6	47	6.6

（2）避免外在刺激过度，实现学术良性竞争。如本研究第4章分析所指出的，高校教师要不断地花费时间应对、迎合政府制度创新所设立的各种工程计划、考核与评估项目，高校教师大量的时间被各种课题申请、汇报、跑项目等事情占据。总体过于量化的评价体系也给了教师很多不必要的压力，大量的考核指标，众多的排名，这些都无形之中对高校施加了太多的压力，高校只能将这些压力转移到高校教师身上，要求教师做出各种成果，这样的学术研究很难有深度，而必须完成的某些考核指标对于学术积累和教师的进步并没有帮助。同时，过于强调竞争性的资源配置的大环境下，来自政府的众多工程、项目和奖励的刺激，使高校教师在各种频繁的工程、项目、计划、奖励申报流程之中投入过多的精力与成本，这种过频、过泛的竞争会影响到高校教师的职业安全感，产生浮躁的心理，持续的紧张和压力也带来了较高的过劳风险。因此，应该避免外在的刺激过度，适当减少政府各种名目的计划项目，在政策层面减少转嫁给教师的不必要的压力，营造良好学术成长环境。诚然，学术资源配置过程中适度的竞争有利于有潜力的高校教师较快地脱颖而出，但是如果竞争过度，则会使政策效果大打折扣。即使没有过多的外在刺激，高校教师业界也存在一种为获得同行认可而竞争的良性学术竞争

状态，这种竞争状态体现的是高校教师在知识探索过程中对职业的认可与投入，是一种执着的、淡泊的学术精神，是一种应该被常态化的良性学术竞争环境。

（3）弹性学术制度设计，秉持年龄友好观念。通过第 5 章的实证分析结果可以看出，"人才年轻化趋势"在高校教师过劳成因的影响因素里排在第三位，占比 10.71%。诚然，现阶段我国学术制度中年龄的设置在一定程度上起到过滤功能，但政策的低龄偏好、与年龄相关的项目资助、学术奖励、聘任和人才政策等人为地设置了过多的刚性限制，对于年轻教师，违背了学术工作需要职业准备和职业成长期的内在要求，同时还对年轻的高校教师的家庭组建期形成压力，任务的叠加和时限的要求加剧了高校教师过劳的产生。另外，年龄的天花板效应还使得超龄的高校教师更具有紧迫感，处在一种被边缘化的地位，又不得不陷入更为严酷的竞争中，面临着过劳的风险。高校教师从事的是知识工作，知识创新具有积累性、随时性以及偶然性，因此学术制度的设计应该遵从学术创新的内在规律，保护学术工作所需要的时间长度和深度。所以，应该对学术制度进行弹性设计与调整，秉持一种"年龄友好型"的观念，摒弃"生理年龄"作为政策工具，对职业发展初期的高校教师以"职业年龄"或"职业阶段"为划分依据，如美国的"青年项目"资助对象是终身轨的助理教授[1]，澳大利亚的类似项目资助的是获得博士学位五年之内的学者或者因为一些事件中断、又想回归学术职业的学者[2]。同时，对职业中后期的高校教师尽可能放宽甚至不设置年龄限制，因此高校教师群体内部随着时间的推移会自然地形成分化的局面，如学术业绩的差异与分层，研究兴趣、领域、专长的分工等，因此对于职业中后期的高校教师，应该遵从其自然分化格局，并在此基础上给予不同选择和职业生涯目标。

（4）引导平衡优化舆论，建立恰当公众期望。通过第 5 章的实证分析结果可以看出，"公众期望"在高校教师过劳成因的影响因素里排在第四位，

---

[1] American National Science Foundation. Faculty Early Career Development Program. [EB/OL]. http://www.nsf.gov/pubs/2015/nsf15555/nsf15555.htm, 2016-04-25.

[2] Australian Research Council. Discovery Early Career Researcher Award Scheme. [EB/OL]. http://www.arc.gov.au/discovery-early-career-researcher-award, 2016-09-27.

占比 10.65%。社会大众对高校教师给予了过高的期望，这种期望作为一只"看不见的手"敦促着高校教师不断前行，高校教师不但要传道、授业、解惑，还需要塑造学生的人格，无私地奉献……家长将子女踏入社会之前的成长和教育交给高校，高校将任务交给教师，因此社会公众对高校教师的期待更多强调的是付出、奉献、知识渊博、行为楷模等，高校教师承载了太多的期望与责任。然而，期待他们成为"圣人"的前提首先是高校教师的物质利益、生活需求和心理需求要得到满足，进而他们才能有良好的精神状态投入工作中。舆论的形成是大众传播、人际传播和公众对意见环境的认知心理相互作用的结果，大众舆论的传播提示和强调具有公开性，易成为优势意见，从而使高校教师陷入"沉默的螺旋"，带来过高的公众要求和期待，引起高校教师过劳。因此，要引导社会舆论和大众媒体对高校教师设立合理的、适度的职业期望和要求，平衡社会大众对高校教师职业"神圣化"的渲染，建立恰当的公众期望和职业期待。

（5）推行学术休假制度，缓解周期性过劳。通过第 5 章的实证分析结果可以看出，"距离下次职称评审"是高校教师过劳成因的影响因素，距离下次职称评审时间越短，过劳程度越严重，这在一定程度上反映了高校教师职业生涯中周期型过劳的特征，而学术休假制度则可以在一定程度上缓解高校教师周期型过劳。原国家教委早在 1996 年制定的《高等学校教师培训工作规范》（教人〔1996〕29 号）中就对高校教师学术休假进行了规定[1]，教育部 2012 年颁发的《关于全面提高高等教育质量的若干意见》（教高〔2012〕4 号）中再次提出，建立教授、副教授学术休假制度[2]，但是直到现在学术休假制度在我国高校中也并未普遍建立起来。学术休假的本质是为有志于学术和科研的教师提供一段避免其他事务干扰、能够根据自身意愿从事学术交流和沉淀的时间，学术休假可以在一定程度上有效地缓解高校教师周期性过劳。

---

[1] 中华人民共和国教育部. 高等学校教师培训工作规范. [EB/OL]. http://old.moe.gov.cn/publicfiles/business/htmlfiles/moe/moe_621/201001/81890.html，1996 - 04 - 08.

[2] 中华人民共和国教育部. 教育部关于全面提高高等教育质量的若干意见. [EB/OL]. http://old.moe.gov.cn/publicfiles/business/htmlfiles/moe/s6342/201301/xxgk_146673.html，2012 - 03 - 16.

建议加强顶层设计，对学术休假的休假资格、休假期间待遇、审批程序、考核机制等设计具体做法，专门下发有关在高校确立学术休假制度的文件和规定，在制度上给予保障，将是否建立教师学术休假制度纳入高校考核指标体系，学术休假所需经费由教育部、学校承担，教育主管部门给高校的经费中划分出明确的用于学术休假的费用，同时教师所在课题组可以补充配套。

6.3.2 中观层面：要素支持层

（1）发挥教师发展中心作用，提供持续支持平台。近些年，我国很多大学都已经设立了教师发展中心，这些机构组织在校领导的支持下开展了促进高校教师专业发展的系列工作，但同时也应该注重高校教师个人的健康成长。面对高校教师过劳的问题，建议高校可以充分利用教师发展中心提供可持续的支持平台，以教师为本，设计和开发有效缓解高校教师过劳的项目。如本研究第4章分析所指出的，高校教师的工作中，时间缺乏保护，无关工作的杂事侵占了工作的有效时间，因此教师发展中心可以提供专门的行政管理服务，帮助高校教师处理繁杂的行政事务。又如本研究第5章的实证分析结果显示，高校教师的工作热情、性格特质是高校教师主动过劳的重要因素，因此教师发展中心可以通过开展心理工作坊等方式，对高校教师进行心理纾解，使其更为平和地面对工作和事业。另外，第5章实证分析的结果还显示，工作/家庭关系在高校教师过劳的成因中占比最高，达到24.73%，因此尤其是对女性教师，教师发展中心可以提供更有针对性的培训项目，帮助其平衡工作/家庭关系，提升职业发展能力，突破职业发展天花板。例如，牛津大学教师发展中心针对女性教师职业发展的瓶颈阶段，专门设计和开发了"Springboard：Women's Development Programme（女性发展的跳板计划）"[1]。教师发展中心设立的培训课程不局限于教师专业发展，还可以包括有益于教师家庭幸福、身心健康的课程，如开设如何改善婚姻关系、亲子关系等系列讲座来促进工作/家庭之间的平衡，以工作坊形式开设情感交流站，让配偶之间增加沟通、互相理解，增加高校教师的家庭支持。

---

[1] Oxford Learning Institute. Springboard：Women's Development Programmer [EB/OL]. (2016-10-20) [2016-10-20]. http://www.learning.ox.ac.uk/support/women/.

（2）建立正确时间观，减少行政事务侵扰。通过第 5 章的实证分析结果可以看出，"无关教学、科研的杂事占时过多"在高校教师过劳成因的影响因素中排在第六位，占比 10%。正如本研究第 4 章所述，高校教师的时间权利缺乏必要的保护，大学的行政管理部门本应该是为高校教师提供工作支持的部门，是缓冲各种行政管理对高校教师教学、学术工作时间的挤占和压力的部门，然而现实中，侵占高校教师工作时间的往往是高校的行政管理部门。高校通过聘期考核、年度考核等方式对高校教师的时间利用效率（如完成教学任务情况、科研成果情况等）进行了严格的监控，但是对于行政人员的时间利用效率缺乏必要的控制，对行政人员的时间成本也缺乏必要的关注，行政事务占用高校教师的时间往往没有上限规定和要求，各种形式化、复杂化、重复性的事务充斥在高校教师的工作中，成为制约高校教师时间利用效率的短板。因此，建议高校行政管理部门建立恰当的、正确的时间观，增强工作的计划性和协调性，减少临时性的任务对高校教师时间计划造成的冲突，建立时间预约机制，削弱行政权力占据时间优先序列的力量，减少行政事务对高校教师工作时间的侵占。同时，加强对高校行政管理人员时间管理的考核和监督，关注其工作的时间成本和效率。

（3）遵从学术活动规律，淡化锦标赛制特征。通过第 5 章的实证分析结果可以看出，"职称的评审与晋升"在高校教师过劳成因的影响因素里排在第二位，占比 10.95%；"距离下次职称评审"在高校教师过劳成因的影响因素中占比 5.07%，由此可以看出，职称的评审与晋升的相关因素能够解释高校教师过劳成因的 16%。正如本研究第 4 章所述，高校教师的学术等级晋升过程带有明显的锦标赛制特征，就学术活动规律而言，适当的竞争压力对人才能力的保持、提升和潜力的挖掘是必要的，但是持续过大的压力就会导致高校教师身心健康受损，产生过度劳动，影响工作效率，甚至会给人力资本带来不可逆的损害，因此应该遵从学术活动的内在规律，淡化晋升过程中的锦标赛制特征。以美国高校为例，一般来说，美国的高校教师只要在入职后 6—7 年中的学术成就得到认可就会自然进入终身教职序列，教授职位的获得没有定额限制，因此在整个过程中，通常不存在与他人的竞争，只要其成就被同事或者同行承认并通过规范程序认定就可以获得晋升[1]。因此可以借鉴其做法，建议高校组织把好入口关，严格筛选专任教师，择良才而用，在入职后的 6—7 年时间里为其展示实力提供必要的时间，这段时间的业绩等到认可后则应给高校教师尽可能提供独立、自由的环境，在学术等级晋升环节只要达到高校所设定的条件和资格（这个标准可以动态调整），且经过同行评议的合法程序认定就可以晋升，为保证教师质量，可以以 3—5 年为一个业绩评价周期，由专门的专家委员会对编制内高校教师进行评价，评价内容包括学术能力、教学水平以及业绩成果，并把专家评价结果作为诊断、改进的依据。

（4）权变设计组织边界，营造家庭友好文化。通过第 5 章的实证分析结果可以看出，"边界弹性与意愿"在高校教师过劳成因的影响因素里占比 5.67%，也就是说，如果高校教师期望的工作/家庭边界是比较清晰（比较模糊）的，但实际感知到的工作/家庭边界是相互渗透（截然分开）的，那就更容易增加过劳程度。由于高校教师职业的特殊性，其工作/家庭相互渗透的程度天然较高，高校教师感知到的实际的工作/家庭边界较为模糊，而期望的工作/家庭边界却是较为清晰的，因为这里的渗透已经不限于时间和空间的渗透，还包括心理、情感和角色的渗透，具体如表 6-8 所示。

表 6-8　高校教师工作/家庭边界情况

	希望的工作/家庭边界情况		实际的工作/家庭边界情况	
	频率	百分比（%）	频率	百分比（%）
非常清晰	121	17.0	46	6.5
比较清晰	443	62.3	53	7.4
一般	91	12.8	209	29.4
比较模糊	54	7.6	213	30.0
非常模糊	2	0.3	190	26.7

因此，为了最大限度地保证工作边界和高校教师的偏好相匹配，高校组织应该通过了解高校教师的偏好制定权变的工作边界，设计家庭友好政策，对于偏好工作/家庭分离的高校教师提供在校办公的场所和空间，帮助其进行

---

[1] 阎光才. 学术等级系统与锦标赛制 [J]. 北京大学教育评论，2012，10（3）：8-23.

工作/家庭物理边界的建立，减少工作/家庭冲突，提高高校教师工作效率和生活质量，同时可以通过培训来培养高校教师在家办公时的心理边界的建立。同时，营造家庭友好的组织文化，当教师面临家庭角色的紧急需求（如老人或者子女生病）时，可以得到领导和同事的理解和援助，设计家庭友好相关政策，允许高校教师将家庭放在首位，尊重高校教师家庭生活的价值观，倡导家庭、工作的同等重要性，根据教师家庭实际情况合理排课、安排任务，减少通勤时间，在教师家庭生活出现困难的时候提供必要的组织支持。

6.3.3 微观层面：价值驱动层

（1）恰当看待事业追求，建立全面活动价值观。通过第5章的实证分析结果可以看出，"工作追求"在高校教师过劳成因的影响因素里排在第一位，占比11.97%，"性格特质"在高校教师过劳成因的影响因素里占比8.77%。高校教师对工作的热情和追求使得其在即便很累的情况下仍然不想放松，追求事业成功的性格特质也导致其忽视身体疲劳，忘我地投入工作中去，这些都对过劳的形成起到了直接的促进作用，可以说是高校教师的一种自我驱动型过劳，这种主动过劳因素能够解释高校教师过劳成因的20.74%。调查结果显示，高校教师自觉的过劳程度和量表测量的过劳程度比较吻合，这就说明高校教师其实对于自身的过劳状况有较为准确的认识，但是工作热情和事业追求使得其产生一种工作惯性，无法停歇。因此，高校教师个体应该恰当、合理地看待事业的追求和事业成功，不能以牺牲自身身体健康为代价进行自我实现，职业追求的过程中不以晋升为唯一目标，客观看待学术等级等头衔，更注重内在价值的提升。建立全面活动价值观①，对所从事的各种活动价值进行整体的看待和认识，不仅工作、劳动可以带来价值，享受生活、充实闲暇时间等同样可以给人生带来同"工作"一样的价值与意义。

（2）提高闲暇价值认识，合理利用闲暇时间。通过第5章的实证分析结果可以看出，"家务挤占闲暇"在高校教师过劳成因的影响因素里排在第八位，占比8.59%；"闲暇偏好"在高校教师过劳成因的影响因素里排在第九位，占比7.15%，闲暇方面的因素能够解释高校教师过劳成因的15.74%。

---

① 束仁龙. 教师闲暇教育：内涵、价值与路径选择 [J]. 教师教育研究, 2014, 26 (1)：40.

正如本研究第 3 章分析指出，高校教师闲暇偏好较低，组织的边界规则压力又较小，因此比配偶承担了更多的家务劳动、照料子女和赡养老人等事务，挤占了大量的闲暇时间，导致高校教师工作中的疲劳蓄积得不到及时、有效的缓解，更容易形成疲劳蓄积，产生过劳。因此，高校教师个体要提高对于闲暇价值的认识，学会放松、休息，意识到闲暇时间是具有多元化价值的，而不仅仅是"玩"。闲暇时间能够帮助高校教师缓解工作疲劳、放松身体、恢复体力、发展个性、附能增效、提高审美、培养兴趣等，高校教师个体只有意识到闲暇时间的价值才能有意识地投入闲暇活动中，充分、合理地利用闲暇时间，从工作的各种角色中脱离开来，解除身份的焦虑和压力，无忧无虑地享受身心放松的状态。高校层面也可以有所作为，比如学校的教师发展中心可以聘请音乐、美术、摄影、烹饪、育儿等方面的专家，开展教师感兴趣的专题交流活动，引导教师丰富闲暇时间，降低身心的疲劳感受，缓解过劳。

（3）加强养生保健意识，提高健康重视程度。如第 5 章实证分析结果所示，0—100 分代表从非常不健康到非常健康，高校教师自觉健康状况的平均得分为 65.5 分，处于及格水平。高校教师自觉过劳程度的平均得分为 70.91 分，与量表测量结果比较吻合，说明高校教师对自身过劳的情况有较为客观准确的认识。但当被问及"十分重视自己的健康情况，有意识地进行养生和保健"时，总体的符合程度只有 56%[1]，说明高校教师虽然自觉过劳程度较深，但养生保健意识还不是特别强，具体如表 6-9 所示。

表 6-9　十分注重自己的健康状况，有意识地进行养生和保健

	频数	百分比（%）	累计百分比（%）
非常符合	71	10.0	10.0
比较符合	203	28.6	38.5
一般	262	36.8	75.4
比较不符合	173	24.3	99.7
非常不符合	2	0.3	100.0

---

[1]　总体符合程度的计算公式为：非常符合（百分比）×100% + 比较符合（百分比）×75% + 一般（百分比）×50% + 比较不符合（百分比）×25% + 非常不符合（百分比）×0%。

因此，为了缓解过劳以及其负效用的产生，高校教师首先要注重自身健康，意识到健康资源的宝贵性，将自身健康问题的优先级提升，重视过劳以及其可能产生的危害并对过劳加以预防，加强健康保健的意识；其次，意识决定行动，只有重视自身健康才能在行动上有所体现，如加强体育锻炼，提高健康敏感度，定期进行体检，合理安排作息时间，减少深夜工作，有计划性地安排工作，不熬夜工作，不透支身体，不突击工作，改变"工作优先"的观念，保持良好心情，学会主动休息，学会平衡工作/家庭，学会享受生活等；最后，要将行动进一步地固化、内化为一种习惯，一种观念，持续保持健康生活状态，时刻注重自身健康状况，在源头斩断过劳发生的可能性，实现可持续的健康发展。

6.4 本章小结

本章从过度劳动的两个基本构件：劳动强度和劳动时间出发，对高校教师过度劳动进行了再审视。首先从劳动强度出发，对劳动强度的研究历程进行了简要回顾，发现经济学视角研究劳动强度存在现实困难，尤其是脑力劳动强度。因此，本章仅尝试从理论视角出发对高校教师劳动强度进行规范性的初步探讨，认为高校教师的劳动强度同时具有工具性价值和内在价值，尝试构建基于劳动强度的高校教师适度劳动均衡模型。

其次，从劳动时间出发，提出过劳率和过劳程度两个概念，过劳率是超时工作的人数占全部就业人数之比，过劳程度是劳动者每周超时工作时间与每周法定工作时间（40小时）之比。运用本研究的实证调研数据测算出高校教师过劳率为65%，过劳程度为17.4%。从行业角度看，高校教师的过劳率没有制造业（65%）、建筑业（68%）、批发和零售业（68.5%）、住宿和餐饮业（71.1%）、居民服务、修理和其他服务业（67.1%）的从业人员高，过劳程度没有制造业（21.75%）、建筑业（24.0%）、批发和零售业（26.25%）、交通运输、仓储和邮政业（20.5%）、住宿和餐饮业（29.0%）、信息传输、软件和信息技术服务业（19%）、居民服务、修理和其他服务业

(25.0%) 的从业人员过劳程度高。从职业角度看,高校教师的过劳率没有商业、服务业人员 (66.2%)、生产运输设备操作人员及有关人员 (67.8%) 的从业人员高,过劳程度没有单位负责人 (21.0%)、商业、服务业人员 (24.8%)、生产运输设备操作人员及有关人员 (23.8%) 的从业人员高。

再次,尝试构建包含成本—收益曲线的高校教师适度劳动均衡模型,并将高校层面、社会层面同时纳入一个分析框架中,尝试构建各群体利益最大化时的高校教师劳动时间决策模型,并发现:高校层面利益最大化的时候,对高校教师和社会收益都产生损害,但对整个社会层面来说,高校教师轻度的过劳是有益于社会总收益的增加的。

最后,结合第4章、第5章的分析结果,针对高校教师过劳的显著影响因素,提出缓解高校教师过劳的三级体系架构,具体如图6-5所示。

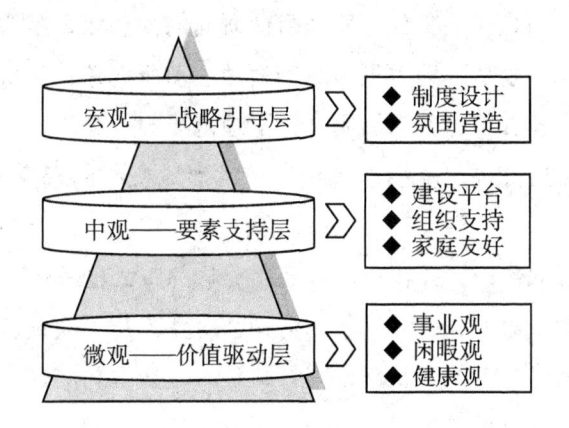

图 6-5 缓解高校教师过劳的三级体系架构

第 7 章　研究结论与展望

7.1　研究总结

本研究以过度劳动为研究主题，以高校教师为研究对象：第一，通过较为全面地梳理、回顾相关文献，发现目前研究的薄弱点；第二，从劳动力供给的视角出发，分别从劳动力供给时间视角、场所视角、质量视角和过程视角四个方面对高校教师过劳的形成进行了理论原理的分析，并提炼出对实证研究的启示，为后文提出高校教师过度劳动形成机制的理论假设进行铺垫；第三，从宏观、中观、微观三个层面出发，对高校教师过劳的形成进行了较为深入的本土经验剖析，并在理论和经验分析的基础上总结了高校教师过度劳动的形成机制；第四，以高校教师为抽样对象进行了实证调研，大致摸清目前我国高校教师过劳的现状、分布特征，并验证了前文过劳形成机制的理论假设，通过计量分析得到高校教师过劳成因的影响因素，并计算出各影响因素的作用大小；第五，分别基于劳动时间和劳动强度构建出高校教师适度劳动的均衡模型，客观展示了高校教师和其他行业、职业从业者的过劳程度和过劳率，并针对实证分析的结果有针对性地提出了缓解高校教师过度劳动的三级体系架构。具体来说，本研究共得到如下结论：

（1）我国高校教师过劳的基本状况。

第一，我国高校教师普遍存在过度劳动情况，轻度过劳的高校教师占8.6%，中度过劳的高校教师占45.4%，重度过劳的高校教师占46%。

第二，地区人均 GDP 和地区人均收入与高校教师过劳程度呈现显著的正相关关系。

第三，量表测量的高校教师过劳平均得分为 74.43 分，高校教师自觉过劳程度的平均得分为 70.91 分，高校教师对自身过劳程度的主观判断与量表测量结果比较吻合。

第四，高校教师自觉健康状况一般，平均分为 65.5 分。高校教师出勤主义（pressenteeism）现象明显，80.5% 的高校教师在六个月的回忆周期中有出勤主义的情况。

第五，高校教师平均周工作时间 46.96 小时，其中深夜工作时间为 6.97 小时，工作时间与深夜工作时间与过劳程度之间存在显著的正相关关系。

第六，高校教师个人基本信息中，年龄、教龄、职称、是否为 211 高校和是否是硕导、博导与过劳程度之间相关性显著。高校教师组织内身份特征中，是否担任行政职务和聘任方式与过劳程度之间相关性显著。

（2）我国高校教师过度劳动的形成机制。我国高校教师过度劳动的成因包括宏观、中观和微观三个层面，宏观层面的因素有社会期望；中观层面的因素有职称评审与晋升、杂事占用时间、人才年轻化趋势、工作追求；微观层面的因素有闲暇偏好、性格特质、家务挤占闲暇、工作/家庭关系、边界弹性与意愿、距下次职称评审。

一级分类中各变量对高校教师过劳成因的实际作用效果为：微观层面因素占 45.72%，中观层面因素占 43.63%，宏观层面因素占 10.65%。

二级分类中各变量对高校教师过劳成因的实际作用效果为：工作/家庭因素占 24.73%，行为追求偏好因素占 15.92%，工作模式因素占 11.97%，组织管理制度因素占 10.95%，时间紧迫感因素占 10.71%，社会环境因素占 10.65%，时间保护因素占 10.00%，职业生涯因素占 5.07%。

具体变量对高校教师过劳成因的实际作用效果为：工作追求因素占 11.97%，职称评审与晋升因素占 10.95%，人才年轻化趋势因素占 10.71%，社会期望因素占 10.65%，工作/家庭关系因素占 10.47%，杂事占用时间因素占 10.00%，性格特质因素占 8.77%，家务挤占闲暇因素占 8.59%，闲暇偏好因素占 7.15%，边界弹性与意愿因素占 5.67%，距下次职称评审因素占 5.07%。

（3）高校教师过劳率和过劳程度的测算。

根据本研究数据测算出高校教师过劳率为 64.9%，过劳程度为 17.4%。

从行业角度看（用 2014 年数据测算），高校教师的过劳率没有制造业（65%）、建筑业（68%）、批发和零售业（68.5%）、住宿和餐饮业（71.1%）、居民服务、修理和其他服务业（67.1%）的从业人员高，过劳程度没有制造业（21.75%）、建筑业（24.0%）、批发和零售业（26.25%）、交通运输、仓储和邮政业（20.5%）、住宿和餐饮业（29.0%）、信息传输、软件和信息技术服务业（19%）、居民服务、修理和其他服务业（25.0%）的从业人员过劳程度高。

从职业角度看（用 2014 年数据测算），高校教师的过劳率没有商业、服务业人员（66.2%）、生产运输设备操作人员及有关人员（67.8%）的从业人员高，过劳程度没有单位负责人（21.0%）、商业、服务业人员（24.8%）、生产运输设备操作人员及有关人员（23.8%）的从业人员高。

7.2　研究的不足

本研究是在大量的文献阅读和已有的实证研究基础上，通过理论分析和经验分析，逻辑推演构建出高校教师过度劳动形成机制模型，并在此基础上展开实证分析，但囿于个人思维水平、理论功底、科研能力的实际限制，不可避免地存在一定不足之处，主要包括：

（1）对高校教师劳动强度的理论和量化研究不足。本研究对高校教师劳动强度的分析仅为初步的规范性探讨，并未深入地剖析高校教师劳动强度的丰富内涵、测量指标和具体的测量方法，因此也无法对高校教师劳动强度进行量化研究，尤其是对高校教师脑力劳动强度的测量。

（2）对高校教师过劳类型的研究不足。本研究通过量表测量得出高校教师过劳的总体情况，但并未对过劳的类型进行进一步的划分，只探讨了高校教师职业生涯内可能存在的周期型过劳，并没有区分高校教师工作过程中的身体过劳和心理过劳，主动过劳、被动过劳和隐性强制过劳等不同类型的过劳。

(3) 对高校教师过劳后果的研究不足。本研究仅在理论上探讨了高校教师轻度的过劳对整个社会层面的总收益最大化是有益的，但并没有深入地探讨高校教师过劳带来的积极和消极影响，如较轻程度的过劳和一定程度的压力对教师潜力的开发、保持和人才的保护其实是具有促进和推动作用的，但较重程度的过劳无疑是不经济的，对高校教师劳动生产率的减损，对个人、高校、社会经济效益的损害以及对社会消费、就业岗位的挤占等都是有影响的，本研究缺少这部分的探讨，也没有涉及高校教师过劳后果的实证研究。

(4) 实证研究存在一定的局限性。首先是数据问题，由于客观条件的限制，本研究仅在个人能力范围内力求最大限度地广泛收集问卷，保证数据的代表性，但不可避免地存在样本抽样带来的偏差；本研究采取截面数据，不能动态地反映高校教师过劳的变化情况；问卷变量均为高校教师自我报告，可能存在自我本位偏见，造成一定的偏差；测量量表采取的是日本成熟量表，虽然在一定程度上保证了测量的信度，但问卷本身的本土适应性以及群体适应性可能存在一定的缺陷。

7.3 反思与展望

对高校教师过度劳动问题的探索，既有源自自己内心深处的好奇，也有充满现实需求带来的紧迫感。所谓个人的好奇，来源于对高校教师这样一个社会大众普遍认为比较轻松的职业，想知道到底他们的工作状态是怎样的；而现实需求带来的紧迫感则是源于内部、外部因素的共同作用，我国过劳现象日益显现和突出，从体力劳动者到知识工作者，过劳正在蔓延到不同的社会群体中。通过本研究的研究结论可以看出，我国高校教师的过劳现状不容忽视，这可能会成为制约高校教师的职业成长和作用的发挥的关键因素。任何问题的解决都没有捷径，只能靠进一步加强研究，并在此基础上增加对高校教师过劳问题的重视，从而不断完善相关的政策。

因此，未来的研究可以从以下几方面继续深入展开。首先，开展对高校教师劳动强度的量化研究，这可能需要多学科的结合，因为高校教师劳动强度可能不但包括单位时间内劳动带来的身心损耗，还包括脑力劳动和体力劳动的比例、劳动的持久程度、集中程度、单调程度等。其次，对高校教师过度劳动进行分类研究，如高校教师是典型的脑力劳动者，其心理过劳程度可能远远大于身体过劳程度，但由于职业的特殊性，工作带来的成就感可能存在对心理过劳的补偿机制；另外，可以通过实证分析高校教师过劳中，主动过劳、被动过劳、隐性强制过劳分别占多大比重，从而更有针对性地提出缓解过劳的建议。再次，开展对高校教师过劳后果的实证研究，找到过劳行为产生"不经济"后果的转折点。最后，希望能有更多的机构、组织加入对高校教师过劳问题的研究中来，形成研究团队，追踪开展对高校教师工作时间、工作状态、健康状况的研究，建立数据库，为更多学者开展相关主题的研究提供可能。

参考文献

外文期刊

[1] Allen T D, D E L Herst, C S Bruck and M Sutton. Consequences Associated with Work – to – family Conflict: A Review and Agenda for Future Research [J]. Journal of Occupational Health Psychology, 2000, 5 (2): 278 – 308.

[2] Anderson, D. M., Slade, C. P. Managing Institutional Research Advancement: Implications from a University Faculty Time Allocation Study [J]. Research in Higher Education, 2016, 57 (1): 99 – 121.

[3] Azoulay, P., Zivin, J. S. G., Manso, G. Incentives and Creativity: Evidence from the Academic Life Sciences [J]. Rand Journal of Economics, 2011, 42 (3): 527 – 554.

[4] Bakker A B., Demerouti E. The Job Demands – Resources Model: State of the Art [J]. Journal of Managerial Psychology, 2007, 22 (3): 309 – 328.

[5] Barrett L, Barrett P. Women and Academic Workloads: Career Slow Lane or Cul – de – Sac? [J]. Higher Education, 2011, 61 (2): 141 – 155.

[6] Bartlett, L. Expanding Teacher Work Roles: A Resource for Retention or a Recipe for Overwork? [J]. Journal of Education Policy, 2004, 19 (5): 565 – 582.

[7] Bayer A E, Dutton J E. Career Age and Research – professional Activities of Academic Scientists: Tests of Alternative Nonlinear Models and Some Implications for Higher Education Faculty Policies [J]. The Journal of Higher

Education, 1977, 48 (3): 259-282.

[8] Becker G. Theory of the Allocation of Time [J]. The Economic Journal, 1965 (75): 493-517.

[9] Becker, T. E., Kernan, M. C., Clark, K. D., Klein, H. J. Dual Commitments to Organizations and Professions: Different Motivational Pathways to Productivity [J]. Journal of Management, 2018, 44 (3): 1202-1225.

[10] Cassidy Tony. Social Background, Achievement Motivation, Optimism and Health: A Longitudinal Study [J]. Counseling Psychology Quarterly, 2000, 13 (12): 4.

[11] Catano, D., Francis, I., Haines, T., Kirpalani, H., Shannon, H., Strinuer, B., Lozanzki, L. Occupational Stress in Canadian Universities: A National Survey [J]. International Journal of Stress Management, 2010, 17 (3): 232-258.

[12] Cavanaugh M A., et al. An Empirical Examination of Self-report Work Stress among U. S. Managers [J]. Journal of Applied Psychology, 2000, 85 (1): 65-74.

[13] Chiappori P A. Rational Household Labor Supply [J]. Econometric, 1988, 56 (1): 633-90.

[14] Christine Musselin. European Academic Labor Markets in Transition [J]. Higher Education, 2005, 49 (1-2): 135-154.

[15] Clark S C. Work/Family Border Theory: A New Theory of Work/Family Balance [J]. Human Relations, 2000, 53 (6): 747-770.

[16] Cofta-Woerpei, L. M., Gritz, E. R. Stress and Morale of Academic Biomedical Scientists [J]. Academic Medicine, 2015, 90 (5): 562-564.

[17] Darabi, M., Macaskill, A., Reidy, L. A Qualitative Study of the UK Academic Role: Positive Features, Negative Aspects and Associated Stressors in a Mainly Teaching-focused University [J]. Journal of Further and Higher Education, 2017 (41): 1-15.

[18] Davis P. Measuring the Business Stealing, Cannibalization and Market

Expansion Effects of Entry in the U. S. Motion Picture Exhibition Market [J]. Journal of Industrial Economics, 2006, 54 (3): 293 – 321.

[19] Delelo, J. A., Mcwhorter, R. R., Marmion, S. L., Camp, K. M., Everling, K. M., Neei, J., Marzilli, C. The Life of a Professor: Stress and Coping [J] Polymath: An interdisciplinary Journal of Arts & Sciences, 2014, 4 (1): 39 – 58.

[20] Demerouti E., et al. The Job Demands – Resources Model of Burnout [J]. Journal of Applied Psychology, 2001, 86 (3): 499 – 512.

[21] Derrick M. Anderson & Catherine P. Slade. Managing Institutional Research Advancement: Implications from a University Faculty Time Allocation Study [J]. Res High Educ. 2016 (57): 99 – 121.

[22] Diefendorff J M, Gosserand R H. Understanding the Emotional Labor Process: A Control Theory Perspective [J]. Journal of Organizational Behavior, 2003 (24): 945 – 959.

[23] Edwards J R. Person – environment Fit in Organizations: An Assessment of Theoretical Progress [J]. The Academy of Management Annals, 2008, 2 (1): 167 – 230.

[24] Edwards J R & Rothbard N P. Work and Family Stress and Well – being: An Examination of Person – environment Fit in the Work and Family Domains [J]. Organizational Behavior and Human Decision Processes, 1999, 77 (2): 85 – 129.

[25] Enders J, Weert E D. Science, Training and Career: Changing Modes of Knowledge Production and Labor Markets [J]. Higher Education Policy, 2004, 17 (2): 135 – 152.

[26] Fehr E, Gintis H. Human Motivation and Social Cooperation: Experimental and Analytical Foundations [J]. Annu Rev Social, 2007, 33: 43 – 64.

[27] Fehr. E., Falk. A. Psychological Foundations of Incentives [J]. European Economic Review, 2002, 46 (4): 687 – 724.

[28] Fehr E, Goette L, Zehnder C. A Behavioral Account of the Labor

Market: The Role of Fairness Concerns [J]. Annual Review of Economics, 2009, 1 (1): 355-384.

[29] Fein, E. C., Skinner, N. Clarifying the Effect of Work Hours on Health through Work-life Conflict [J]. Asia Pacific Journal of Human Resources, 2015 (53): 448-470.

[30] Flaherty, C. So Much to Do, So Little Time [N]. Inside Higher ED, 2014-04-09.

[31] Flora Stormer. The Logic of Contingent Work and Overwork [J]. Relations Industrielles, 2008, 63 (2): 343-361.

[32] Fontinha, R., Easton, S., Van Laar, D. Overtime and Quality of Working Life in Academics and Non-academics: The Role of Perceived Work-life Balance [J]. International Journal of Stress Management. 2017. ISSN 10725245 (In Press) Available at: http: //centaur.reading.ac.uk/70687/.

[33] Greta Mazzetti. Are Workaholics Born or Made? Relations of Workaholism with Person Characteristics and Overwork Climate [J]. International Journal of Stress Management, 2014, 21 (3): 227-254.

[34] Helen Tam. Characteristics of the Underemployed and the Over-employed in the UK [J]. Economic & Labor Market Review, 2010, 4 (7): 8-20.

[35] Hobfoll S E. Conservation of Resources: A New Attempt at Conceptualizing Stress [J]. American Psychologist, 1989, 44 (3): 513-524.

[36] Hobfoll S E. Conservation of Resource Caravans and Engaged Settings [J]. Journal of Occupational and Organizational Psychology, 2011, 84 (1): 116-122.

[37] Hogan, V., Hogan, M., Hodgins, M., Kinman, G., Bunting, B. An Examination of Gender Differences in the Impact of Individual and Organizational Factors on Work hours, Work-life Conflict and Psychological Strain in Academics [J]. The Irish Journal of Psychology, 2014 (35): 133-150.

[38] Horn, A. S. The Relationship between Academic Life Conditions and

Perceived Sources of Faculty Stress over Time [J]. Journal of Human Behavior in the Social Environment, 2008, 17 (1 - 2): 61 - 88.

[39] Jacobs J A. Overworked Faculty: Job Stresses and Family Demands [J]. Annals of the American Academy of Political & Social Science, 2004, 596 (1): 104 - 129.

[40] Jacobs J A. The Faculty Time Divide [J]. Sociological Forum, 2004, 19 (3): 3 - 11.

[41] Joya Misra, Jennifer Hickes Lundquist & Abby Templer. Gender, Work Time, and Care Responsibilities among Faculty [J]. Sociological Forum, 2012, 27 (2): 300 - 323.

[42] Kawaguchi, A., Kasai, T. Effects of Paid and Unpaid Overtime Work on Stress, Earnings, and Happiness, 2016. Toshiaki, T. (Ed.) [J]. Advances in Happiness Research: A Comparative Perspective, Springer Japan, Tokyo, 183 - 203.

[43] Kinman, G., Jones, F. A Life beyond Work? Job Demands, Work - Life Balance, and Wellbeing in UK Academics [J]. Journal of Human Behavior in the Social Environment, 2008, 17 (1 - 2): 41 - 60.

[44] Kinman, G., Wray, S. Work - related Wellbeing in UK Higher Education [M]. London: University and College Union, 2016.

[45] Kinman, G. Doing More with Less? Work and Wellbeing in Academics [J]. Somatechnics, 2014 (4): 219 - 235.

[46] Kinman, G., Jones, F., Kinman, R. The Wellbeing of the UK Academy, 1998 - 2004 [J]. Quality in Higher Education, 2006 (12): 15 - 27.

[47] Kinman, G., Wray, S. Presenteeism in Academic Employees: Occupational and Individual Factors [J]. Occupational Medicine, 2018 (68): 46 - 50.

[48] Kristina A. Bourne & Pamela J. Forman. Living in a Culture of Overwork: An Ethnographic Study of Flexibility [J]. Journal of Management Inquiry, 2014, 23 (1): 68 - 79.

[49] Kyriacou C. Teacher Stress: Directions for Future Research [J]. Educational Review, 2001, 53 (1): 27 - 35.

[50] Lohman M., Woolf N. Self - initiated Learning Activities of Experienced Public School Teachers: Methods, Sources, and Relevant Organizational Influences [J]. Teachers and Teaching: Theory and Practice, 2001, 7 (1): 59 - 74.

[51] Lonnie Golden, Morris Altman. Why Do People Overwork? Over - supply of Hours of Labor, Labor Market Forces and Adaptive Preferences [J]. Social Science Electronic Publishing, 2008 (3): 62 - 83.

[52] Lonnie Golden. How long? The historical, Economic and Cultural Factors behind Working Hours and Overwork [J]. Schools&Disiplines, 2006, 17 (6): 529 - 534.

[53] Lora Bartlett. Expanding Teacher Work Roles: A Resource for Retention or a Recipe for Overwork? [J]. Journal of Education Policy, 2004, 19 (5): 565 - 582.

[54] Maslach C, Schaufeli W B, Leiter M P. Job Burnout [J]. Annual Revise Psychology, 2001 (52): 397 - 422.

[55] Mariappanadar, S., Aust, I. The Dark Side of Overwork: An Empirical Evidence of Social Harm of Work from a Sustainable HRM Perspective [J]. International Studies of Management & Organization, 2017, 47 (4): 372 - 387.

[56] Menzies, H., Newson, J. No Time to Think: Academics' Life in the Globally Wired University [J]. Time and Society, 2007 (16): 83 - 98.

[57] Michael Bittman, James Mahmud Rice. The Spectre of Overwork: An Analysis of Trends Between 1974 and 1997 Using Australian Time - Use Diaries [J]. Labour & Industry a Journal of the Social & Economic Relations of Work, 2002, 12 (3): 5 - 25.

[58] Michael Manove. Job responsibility, Pay and Promotion [J]. The Economic Journal, 1997, 107 (440): 85 - 103.

[59] Misra, J., Lundquist, J. H., Templer, A. Gender, Work Time, and Care Responsibilities among Faculty [J]. Sociological Forum, 2012, 27 (2): 300-323.

[60] Murat I. Endogenous Gender Power, Household Labor Supply and the Demographic Transition [J]. Journal of Development Economics, 2007, 82 (1): 138-155.

[61] Padilla, M. A., Thompson, J. N. Burning out Faculty at Doctoral Research Universities [J]. Stress and Health, 2016, 32 (5): 551-558.

[62] Pillay, S., Abhayawansa, S. Work-family Balance: Perspectives from Higher Education [J]. Higher Education, 2014 (68): 669-690.

[63] Pillay, S., Kluvers, R., Abhayawansa, S., Vranic, V. An Exploratory Study into Work/family Balance within the Australian Higher Education Sector [J]. Higher Education Research & Development, 2013 (32): 228-243.

[64] Ryan, J. F., Hfaly, R., Sullivan, J. Oh, Won't You Stay? Predictors of Faculty Intent to Leave a Public Research University [J]. Higher Education, 2012, 63 (4): 421-437.

[65] Sachiko, K., Isamu, Y. Why Do People Overwork at the Risk of Impairing Mental Health? [J]. Journal of Happiness Studies, 2018 (3): 1-26.

[66] Schor J. Sustainable Consumption and Work-time Reduction [J]. Journal of Industrial Ecology, 2005 (9): 37-50.

[67] Sonnentag S, E J Mojza, C Binnewies and A. Scholl. Being Engaged at Work and Detached at Home: A Week-level Study on Work Engagement [J]. Psychological Detachment, and Affect, Work & Stress, 2008, 22 (3): 257-276.

[68] Spurk, D., Meinecke, A. L., Kauffeld, S. et al. Gender, Professional Networks, and Subjective Career Success within Early Academic Science Careers: The Role of Gender Composition in Inside and Outside Departmental Support Networks. [J]. Journal of Personnel Psychology, 2014 (3): 121-130.

[69] Stormer F. The Logic of Contingent Work and Overwork [J]. Relations Industrielles, 2008, 63 (2): 343 - 361.

[70] Tsui A. H. H. Asian Wellness in Decline: A Cost of Rising Prosperity. International Journal of Workplace [J]. Health Management, 2008, 1 (2): 123 - 135.

[71] Townsend, R. B. Gender and Success in Academia: More from the Historians' Career Paths Survey, Perspective on History [J]. The Newsmagazine of Historical Association, 2013 (1): 1 - 4.

[72] Tytherleigh, M. , Webb, C. , Cooper, C. , Ricketts, C. Occupational Stress in UK Higher Education Institutions: A Comparative Study of all Staff Categories [J]. Higher Education Research & Development, 2005 (24): 41 - 61.

[73] Watts, J. , Robertson, W. N. Burnout in University Teaching Staff: A Systematic Literature Review [J]. Educational Research, 2011, 53 (1): 33 - 50.

[74] Whitley, R. , Gläser, J. The Impact of Institutional Reforms on the Nature of Universities as Organizations [J]. Research in the Sociology of Organizations, 2014 (42): 19 - 49.

[75] Wiesing, U. Ethical Asepcts of Limiting Residents Work Hours [J]. Journal of Business Ethics, 2007, 21 (7): 398 - 405.

[76] Winefield, H. R. , Boyd, C. , Winefield, A. H. Work - family conflict and Well - being in University Employees [J]. The Journal of Psychology, 2014 (148): 683 - 697.

[77] Winefield, A. H. , Gillespie, N. , Stough, C. , Dua, J. , Hapuarachchi, J. R. , Boyd, C. M. Occupational Stress in Australian University Staff: Results from a National Survey [J]. International Journal of Stress Management, 2003 (10): 51 - 63.

[78] Youngjoo C & Kim A. W. Overwork and the Slow Convergence in the Gender Gap in Wages [J]. American Sociological Review. 2014, 79 (3):

457-484.

[79] Zapf D. Emotion Work and Psychological Well-being: A Review of the Literature and Some Conceptual Considerations [J]. Human Resource Management Review, 2002, 12 (2): 237-268.

[80] 厚生労働省労働基準局労働衛生課. 労働者の疲労蓄積度自己診断チェックリストの公開について [J]. 労働基準, 2003, 55 (8): 2-4.

[81] 千田忠男. 現代日本の過度労働 [J]. 経済, 2003, 89 (2): 101-127.

[82] 藤野善久, 堀江正之等. 労働時間と精神的負担との関連についての体系的文献レビュー [J]. 産業衛生学雑誌, 2006, 48 (4): 87-97.

[83] 佐令木司. 慢性疲労の背景にあるもの [J]. 労働の科学, 57 (5): 5-8.

外文著作

[1] Cherniss C. Staff Burnout: Job Stress in the Human Service [M]. CA: Bureau of Justice Statistics, 1980.

[2] Galinsky, E., Bond, J., Kim, S., Backon, L., Brownfield, E., & Sakai, K. Overwork in America: When the Way We Work Becomes too Much [M]. New York: Families and Work Institute, 2005.

[3] Galor Oded. From Stagnation to Growth: Unified Growth Theory [M]. Holland: Elsevier, 2005.

[4] Hochschild A R. The Managed Heart [M]. Berkeley, CA: University of California Press, 1983.

[5] Jacobs Jerry & Kathleen Gerson. The Time Divide: Work, Family and Gender Inequality [M]. Cambridge, MA: Harvard University Press, 2004.

[6] Kinman G, Jones F. Working to the Limit [M]. London: Association of University Teachers, 2004.

[7] Kinman, G., Wray, S. Higher Stress: A Survey of Stress and Wellbeing among Staff in Higher Education [M]. London: UCU

Publications, 2013.

[8] Lazarus R S. Launier. Stress – related Transactions between Person and Environment [M]. New York: Plenum, 1978: 287 – 327.

[9] Maslach C, Leiter M P. The Truth about Burnout: How Organizations Cause Personal Stress and What to Do about It [M]. San Francisco: Jossay – Bass, 1997.

[10] Morley, G. Union – Management Relations in Canada (Third Edition) [M]. Addison – Wesley Publish Limited, 1995: 8.

[11] OECD. Education at a Glance 2017: OECD Indicators, Paris: OECD Publishing, 2017.

[12] Rosnick, D. , & Weisbrot, M. Are Shorter Work Hours Good for the Environment? A Comparison of U. S. and European Energy Consumption [M]. Washington, D. C. : Center for Economic Policy Research, 2006.

[13] Schumpeter, J. A. Capitalism, Socialism and Democracy [M]. New York: Harper and Brothers, 1942.

[14] Schuster, J. H. The American Faculty: The Restructuring of Academic Work and Careers. [M]. Johns Hopkins University Press, 2008.

[15] Winefield, A. , Boyd, C. , Saebel, J. , Pignata, S. Job Stress in University Staff: An Australian Research Study [M]. Bowen Hills, Queensland: Australian Academic Press, 2008.

[16] 小木和孝. 現代人と疲労 [M]. 东京：紀伊国屋書店, 1983.

中文期刊

[1] 鲍威, 吴红斌. 象牙塔里的薪资定价：中国高校教师薪资影响机制 [J]. 北京大学教育评论, 2016, 14 (2): 113 – 132.

[2] 陈建伟. 迈向高收入进程中的过度劳动及其治理——评《2014 中国劳动力市场发展报告》[J]. 经济与管理研究, 2016, 37 (4): 74 – 77.

[3] 陈天学, 陈若水. 高校教师过度劳动与工作满意度的影响极力研究——基于职业倦怠为中介变量 [J]. 高等教育评论, 2015, 3 (2):

116-127.

［4］陈何芳．教授治校：高校"去行政化"的重要切入点［J］．教育发展研究，2010（13-14）：68-73．

［5］陈惠雄．基于家庭分工与非均衡组织压力的大学教师工作压力研究［J］．现代教育科学，2007（6）：104-106．

［6］陈霞，段兴民．锦标制度研究述评［J］．经济学动态，2004（2）：58-62．

［7］陈秀兰．浅析高校教师过劳死现象及保护措施［J］．法制与社会，2007（2）：583-584．

［8］崔子龙．国外过度劳动治理经验借鉴与启示［J］．商业时代，2014（26）：107-108．

［9］杜本峰，和红，金承刚，付晓光，翟振武．中年高级知识分子健康状况的综合评估——中国知识分子健康研究报告之三［J］．人口研究，2006，30（1）：2-12．

［10］段锦云，钟建安．组织中员工的角色外行为［J］．人类工效学，2004（4）：69-71．

［11］丁守海，蒋家亮．家庭劳动供给的影响因素研究：文献综述视角［J］．经济理论与经济管理，2012（12）：42-51．

［12］代志明．高校青年教师过劳问题及其治理策略研究——以郑州市高校为例［J］．郑州轻工业学院学报（社会科学版），2016，17（1）：79-85．

［13］郭凤鸣，曲俊雪．中国劳动者过度劳动的变动趋势及影响因素分析［J］．劳动经济研究，2016，4（1）：89-105．

［14］郭晓宏．日本"过劳死"工伤认定的立法及启示［J］．中国人力资源开发，2014（19）：109-112．

［15］高校教师薪酬调查课题组．高校教师薪酬调查分析与对策建议［J］．中国高等教育，2014（10）：27-29．

［16］黄艳红．中国科研人员科研时间调查报告［J］．河南社会科学，2011，19（2）：148-154．

[17] 胡永远. 人力资本投资理论研究新进展 [J]. 经济学动态, 2005 (1): 72-75.

[18] 刘贝妮, 杨河清. 我国高教部分教师过度劳动的经济学分析 [J]. 中国人力资源开发, 2014 (3): 36-41.

[19] 李福柱, 丁四保. 国内人力资本理论研究刍议 [J]. 软科学, 2005, 19 (2): 7-10.

[20] 刘进, 沈红. 论学术劳动力市场分割 [J]. 高等工程教育研究, 2015 (4): 76-81.

[21] 刘佳, 郝晓燕. 高管高危——基于国内企业高管"过劳死"的现状研究 [J]. 内蒙古科技与经济, 2015 (2): 42-43.

[22] 李琳琳. 时不我待: 中国大学教师学术工作的时间观研究 [J]. 北京大学教育评论, 2017, 15 (1): 107-119.

[23] 刘明理, 张红, 王志伟. 民办高校教师职业过劳的成因与对策分析 [J]. 电脑知识与技术, 2006 (12): 209-210.

[24] 李乃文, 张蕾. "过劳"与工作倦怠的比较研究 [J]. 现代生物医学进展, 2007 (4): 607-610.

[25] 李实, 刘小玄. 攀比行为和攀比效应 [J]. 经济研究, 1986 (8): 74-78.

[26] 刘鑫, 张震. 医务人员过劳原因分析 [J]. 医学与社会, 2016, 29 (1): 23-26.

[27] 李小好. 过度劳动的经济学思考 [J]. 市场论坛, 2007 (8): 93-94.

[28] 李湘萍. 我国学术劳动力市场分割的实证研究. 复旦教育论坛 [J]. 2010, 8 (2): 36-42.

[29] 李永鑫, 张阔, 赵国祥. 教师工作倦怠研究综述 [J]. 心理与行为研究, 2005, 3 (3): 234-238.

[30] 李志峰, 孙小元. 学术劳动力市场分割中的制度影响——院校选择与学科依附 [J]. 高等工程教育研究, 2012 (5): 69-76.

[31] 林曾. 年龄与科研能力: 来自美国四年制大学理科教授的调查报

告 [J]. 科学学研究, 2009, 27 (8): 1154-1164.

[32] 林曾. 夕阳无限好——从美国大学教授发表期刊文章看年龄与科研能力之间的关系 [J]. 北京大学教育评论, 2009 (1): 108-123.

[33] 马红宇, 申传刚, 杨璟, 唐汉瑛, 谢菊兰. 边界弹性与工作——家庭冲突、增益的关系: 基于人——环境匹配的视角 [J]. 心理学报, 2014, 46 (4): 540-551.

[34] 冒荣, 宗晓华. 合作博弈与区域集群——后大众化时代我国高等教育发展机制初析 [J]. 高等教育研究, 2010 (4): 35-40.

[35] 孟续铎. 劳动者过度劳动的若干理论问题研究 [J]. 中国人力资源开发, 2014 (3): 9-35.

[36] 孟续铎, 王欣. 企业员工"过劳"现状及其影响因素的研究——基于"推—拉"模型的分析 [J]. 人口与经济, 2014 (3): 92-100.

[37] 孟续铎, 潘泰萍. 外资代工模式的"隐性强制"劳动问题研究——以 A 代工企业为例 [J]. 中国劳动关系学院学报, 2015 (3): 15-18.

[38] 莫志宏, 申良平. 从理性人到行为人: 评行为经济学对新古典正统理论的挑战 [J]. 南方经济, 2014, 32 (7): 73-87.

[39] 沈红. 论学术职业的独特性 [J]. 北京大学教育评论, 2011, 9 (3): 18-28.

[40] 沈红. 中国大学教师发展状况——基于"2014 中国大学教师调查"的分析 [J]. 高等教育研究, 2016, 37 (2): 37-46.

[41] 石建忠. 劳动者过劳现象若干理论问题探讨 [J]. 中国人力资源开发, 2010 (9): 24-29.

[42] 石林. 工作压力的研究现状与方向 [J]. 心理科学, 2003, 26 (3): 494-497.

[43] 束仁龙. 教师闲暇教育: 内涵、价值与路径选择 [J]. 教师教育研究, 2014, 26 (1): 40.

[44] 石郑. 建筑企业员工"过劳"现象调查研究——以 A 公司为例 [J]. 中国人力资源开发, 2015 (9): 97-103.

[45] 田国强, 杨立岩. 对"幸福——收入之谜"的一个解答 [J]. 经

济研究，2006（11）：4-15.

［46］阎光才. 年长教师：不良资产还是被闲置的资源［J］. 北京大学教育评论，2015，13（2）：57-66.

［47］阎光才. 学术活力与高校教师职业生涯发展的阶段性特征［J］. 高等教育研究，2014，35（10）：29-37.

［48］阎光才. 学术等级系统与锦标赛制［J］. 北京大学教育评论，2012，10（3）：8-23.

［49］王艾青. 过度劳动及其就业挤出效应分析［J］. 当代经济研究，2007（1）：45-48.

［50］王艾青. 过度劳动的经验分析及其对就业的影响［J］. 工业技术经济，2009，28（3）：43-47.

［51］王丹，杨河清. 北京地区企事业单位劳动者的过劳情况调查［J］. 中国人力资源开发，2010（9）：38-39.

［52］王建军. 探析高校中青年教师"过劳死"［J］. 内蒙古师范大学学报（教育科学版），2005，18（11）：134-136.

［53］王天芳，薛晓琳. 疲劳自评量表［J］. 中华中医药杂志，2009（3）：348-349.

［54］王欣，杨河清. 对企业中"强制自发性"型员工"过劳"的研究［J］. 软科学，2016，30（10）：104-108.

［55］王欣. 工作要求、工作资源对企业员工"过劳"的影响［J］. 软科学，2016，30（6）：83-87.

［56］文跃然，欧阳杰. 高校教师职业特点及其收入分配改革研究［J］. 中国高教研究，2004（S1）：11-19.

［57］肖红梅. 城市从业者"过劳"的成因分析——基于北京地区的调查数据［J］. 人口与经济，2014（3）：88-92.

［58］杨河清，韩飞雪，肖红梅. 北京地区员工过度劳动状况的调查研究［J］. 人口与经济，2009（2）：33-41.

［59］杨河清，郭晓宏. 欧美和日本员工过劳问题研究述评［J］. 中国人力资源开发，2009（2）：21-27.

[60] 杨河清, 吴君. 北京市 CBD 知识员工过劳状况调查研究 [J]. 北京联合大学学报（人文社会科学版）, 2012, 10 (3): 44-50.

[61] 杨河清, 王欣. 过劳问题研究的路径与动向 [J]. 经济学动态, 2015 (8): 152-160.

[62] 杨河清, 王欣. 中日"过劳"问题研究发展历程及特点比较——基于文献计量分析的结果 [J]. 人口与经济, 2016 (2): 69-78.

[63] 张春雨, 张进辅, 张苹平, 张静秋. 员工过劳现象的形成机制与管理方法——立足工作要求—资源模型的分析 [J]. 中国人力资源开发, 2010 (9): 30-33.

[64] 张东辉. 经济学研究方法的变革与现代经济学发展 [J]. 东岳论丛, 2004, 25 (1): 45-49.

[65] 张凤林. 内部劳动力市场的运作特征、效率基础及其借鉴意义 [J]. 政治经济学评论, 2003 (1): 171-180.

[66] 曾祥炎, 危兆宾, 郭红卫. 中国地方组织内部劳动力市场特征与激励机制改革 [J]. 长白学刊, 2008 (4): 52-57.

[67] 朱依娜, 何光喜. 高校教师工作与科研时间的性别差异及其中介效应分析——基于全国科技工作者状况调查数据 [J]. 科学与社会, 2014, 4 (3): 86-100.

中文著作

[1] 国务院人口普查办公室、国家统计局人口和就业统计司. 中国 2010 年人口普查资料 [M]. 北京: 中国统计出版社, 2012.

[2] 黄芳铭. 结构方程模型 [M]. 北京: 中国税务出版社, 2003: 256.

[3] 赖德胜, 孟大虎, 李长安, 王琦等. 2014 中国劳动力市场发展报告——迈向高收入国家进程中的工作时间 [M]. 北京: 北京师范大学出版社, 2014.

[4] 刘进. 大学教师流动与学术劳动力市场 [M]. 北京: 商务印书馆.

[5] 赖铮. 国际视野下的英语教育 [M]. 厦门: 厦门大学出版社, 2008: 81.

[6] 黎诣远. 西方经济学 [M]. 北京：高等教育出版社，2002：14.

[7] 孟续铎. 劳动者过度劳动的成因研究：一般原理与中国经验 [M]. 北京：中国劳动社会保障出版社，2014.

[8] 潘晨光. 中国人才发展报告 NO.3 [M]. 北京：社科文献出版社，2006：357.

[9] 祁春节. 研究方法与论文设计 [M]. 北京：科学出版社，2015：39.

[10] 文传浩，程莉等. 经济学研究方法论——理论与实务 [M]. 重庆：重庆大学出版社，2015：21-23.

[11] 谢识予. 经济博弈论 [M]. 上海：复旦大学出版社，2002：234.

[12] 杨河清. 理论与现实——过劳研究论文集 [M]. 北京：首都经济贸易大学出版社，2015.

[13] 杨河清. 劳动经济学（第三版）[M]. 北京：中国人民大学出版社，2011.

[14] 朱建平. SPSS 在统计分析中的应用 [M]. 北京：清华大学出版社，2007.

[15] 张鹏伟，李嫣怡. STATA 统计分析与应用 [M]. 北京：电子工业出版社，2011：266.

[16] 张守凯. 诺贝尔经济学奖颁奖词与获奖演说全集 [M]. 杭州：浙江工商大学出版社，2015.

[17] 张焱. 诱惑、变革与守望——我国学术场域中的大学教师行为研究 [M]. 南京：南京大学出版社，2014.

中文译著

[1] [英] 大卫·李嘉图. 政治经济学及赋税原理 [M]. 周洁译. 北京：华夏出版社，2005.

[2] [美] 菲利普·G. 阿特巴赫. 全球高等教育趋势：追踪学术革命轨迹 [M]. 姜有国译. 上海：上海交通大学出版社，2010：18.

[3] [美] 菲利普·G. 阿特巴赫. 变革中的学术职业：比较的视角 [M]. 别敦荣主译. 青岛：中国海洋大学出版社，2006：9.

［4］［德］赫尔曼·海因里希·戈森.人类交换规律与人类行为准则的发展［M］.陈秀山译.北京：商务印书馆，1997：70.

［5］［美］赫尔曼·E.戴利，肯尼思·N.汤森.珍惜地球——经济学，生态学，伦理学［M］.马杰等译.北京：商务印书馆，2001：240.

［6］［英］杰勒德·德兰迪.知识社会中的大学［M］.黄建如译.北京：北京大学出版社，2010：151.

［7］［日］今井贤一，伊丹敬之，小池和男等.内部组织的经济学［M］.金洪云译.北京：生活·读书·新知三联书店，2004.

［8］［美］坎贝尔·R.麦克南，斯坦利·L.布鲁，大卫·A.麦克菲逊.当代劳动经济学［M］.刘文，赵成美，连海霞译.北京：人民邮电出版社，2004.

［9］［美］罗伯特·S.平狄克，丹尼尔·L.鲁宾费尔德.微观经济学（第七版）［M］.李彬，高远等译.北京：人民大学出版社，2011.

［10］［德］刘易斯·科塞.理念人［M］.郭方等译.北京：中央编译出版社，2001：20.

［11］［美］杰弗里·M.伍德里奇.计量经济学导论（第四版）［M］.费剑平译.北京：中国人民大学出版社，2010：42.

［12］［德］马克思.资本论［M］.中共中央马克思恩格斯列宁斯大林著作编译局编译.北京：人民出版社，1975.

［13］［德］马克思.1844年经济学哲学手稿［M］.中共中央马克思恩格斯列宁斯大林著作编译局编译.北京：人民出版社，2008.

［14］［德］马克斯·韦伯.学术与政治［M］.冯克利译.北京：生活·读书·新知三联书店，1998.

［15］［英］威廉姆·斯坦利·杰文斯.政治经济学理论［M］.郭大力译.北京：商务印书馆，1984.

［16］［美］希拉·斯劳特，拉里·莱斯利.学术资本主义：政治、政策和创业型大学［M］.北京：北京大学出版社，2008：8.

［17］［英］亚当·斯密.国民财富的性质和原因的研究［M］.唐日松译.北京：华夏出版社，2005.

[18]［英］亚当·斯密．道德情操论［M］．谢宗林译．北京：中央编译出版社，2008：51．

报纸文章

[1] 阎光才．让高校学人"静下心来做学问"［N］．光明日报，2013-07-10（016）．

学位论文

[1] 贺琼．高校教师"过度劳动"问题研究［D］．北京：首都经济贸易大学，2010．

[2] 邵晴芳．高校教师"过度劳动"问题研究［D］．武汉：武汉科技大学，2012．

[3] 王丹．我国知识工作者过度劳动的理论与实证研究［D］．北京：首都经济贸易大学，2010．

[4] 王丹．过度就业形成机制及其效应研究［D］．武汉：华中科技大学．2013．

会议文集

[1] 刘珊，贾丹兵，李乃民，张永丰．基于疲劳学的特征及分类浅析［A］．中国中西医结合学会诊断专业委员会2009年会论文集［C］．福建：中国中西医结合学会诊断专业委员会，2009．

技术标准

[1] GB/T 3869—83，体力劳动强度分级［S］．北京：中国标准出版社，1983．

网上中文电子公告

[1] 鄂璠．国人依旧忙碌，超时工作已影响休闲质量［EB/OL］．http://xkzz.chinaxiaokang.com/xkzz3/newsview.asp？id=6197，2012-12-17．

[2] 麦可思研究．大学教师平均工资超过5000过半青年教师兼职［EB/OL］．http://edu.sina.com.cn/zl/edu/2016-09-09/12003902.shtml，2016-09-09．

［3］科学网．浙大 36 岁博导何勇过劳病逝［EB/OL］．http：//news. sciencenet. cn/htmlnews/2010/4/231342. shtm，2005 - 08 - 09.

［4］网易教育．清华教师英年病逝与高校教师过劳死［EB/OL］．http：// edu. 163. com/edu2004/editor _ 2004/school/050222/050222 _ 179689（1）. html，2005 - 02 - 22.

［5］网易教育．浙江师大一名教授猝亡或与长时期的劳累有关［EB/OL］．http：//edu. 163. com/12/0412/10/7USPP5NI00293NU2. html，2012 - 04 - 13.

［6］网易新闻．经常熬夜让于娟得了乳腺癌［EB/OL］．http：//news. 163. com/11/0427/10/72L0N2PM00014AED. html，2011 - 04 - 27.

［7］网易新闻．他叫黄大年，一个让美航母舰队后退 100 海里的人［EB/OL］．http：//war. 163. com/17/0526/16/CLCJTEN9000181KT. html，2017 - 05 - 26.

［8］网易新闻．国防大学一女讲师英年早逝，新华时评：别靠拼身体来追业绩［EB/OL］．http：//news. 163. com/16/1102/19/C4T0776G000187VE. html，2016 - 11 - 02.

［9］人民网．高校教师生存状况调查显示：八成"亚历山大"［EB/OL］．http：//society. people. com. cn/n/2014/0909/c1008 - 25627263. html，2014 - 09 - 09.

［10］新华网．第六次中国公众科学素养调查显示父母最希望子女当教师［EB/OL］．http：//news. 163. com/06/1206/08/31L5LJAD000120GU. html，2006 - 12 - 06.

［11］新华网．调查：超六成青年科学家每周工作 50 小时以上［EB/OL］．http：//education. news. cn/2017 - 05/31/c _ 129621671. htm，2017 - 05 - 31.

［12］新浪博客：http：//blog. sina. com. cn/s/blog _ 5064ba8a010094k1. html.

［13］中国经济网．《2009 年中国城市健康状况大调查》白皮书发布［EB/OL］．http：//finance. sina. com. cn/roll/20091207/17197067845. shtml，

2009-12-07.

［14］中华人民共和国教育部. 高等学校教师培训工作规范. ［EB/OL］. http：//old. moe. gov. cn//publicfiles/business/htmlfiles/moe/moe_621/201001/81890. html，1996-04-08.

［15］中华人民共和国教育部. 教育部关于全面提高高等教育质量的若干意见. ［EB/OL］. http：//old. moe. gov. cn//publicfiles/business/htmlfiles/moe/s6342/201301/xxgk_146673. html，2012-03-16.

［16］中华人民共和国教育部. 2015年全国教育事业发展统计公报. ［EB/OL］. http：//www. moe. edu. cn/srcsite/A03/s180/moe_633/201607/t20160706_270976. html，2016-07-06.

［17］中华人民共和国教育部. 教育部关于2016年全国教育经费统计快报. ［EB/OL］. http：//www. moe. edu. cn/jyb_xwfb/moe_1946/fj_2017/201705/t20170503_303596. html，2017-05-23.

［18］周凯. 逾九成跨国企业员工成为"过劳者"［EB/OL］. http：//news. 163. com/07/0130/06/362L1SIH000120GU. html，2007-01-29.

网上外文电子公告

［1］American National Science Foundation. Faculty early career development program. ［EB/OL］. http：//www. nsf. gov/pubs/2015/nsf15555/nsf15555. htm，2016-04-25.

［2］Australian Research Council. Discovery early career researcher award scheme. ［EB/OL］. http：//www. arc. gov. au/discovery-early-career-researcher-award，2016-09-27.

［3］Oxford Learning Institute. Springboard：Women's Development Programmer ［EB/OL］. http：//www. learning. ox. ac. uk/support/women/. 2016-10-20.

［4］Storton D，Altschuler G. The hidden work life of university faculty ［EB/OL］. https：//www. forbes. com/sites/collegeprose/2013/06/24/the-hidden-work-life-of-university-faculty/#fd794d22168f，2016-04-25.

［5］UNESCO. INSTITUTE FOR STATISTICS. http：//uis. unesco. org/indicator/edu－fin－total－edu_exp_r_gov_exp.

［6］中央労働災害防止協会. 労働者の疲労蓄積度自己診断チェックリスト［EB/OL］. http：//www. jaish. gr. jp/anzen/hor/hombun/hor1－44/hor1－44－55－1－0. htm，2015－07－07.

附　录

附录Ⅰ　高校教师工作状态与职业健康调查问卷

高校教师工作状态与职业健康调查问卷

尊敬的老师，您好：

　　本问卷旨在了解我国高校教师工作状态和职业健康状况，您的回答将会**绝对保密**。回答问卷大概需要10分钟，所有问题无对错之分，请您按照真实情况填写。对您的参与不胜感激！

中国适度劳动研究中心
首都经济贸易大学劳动经济学院

第一部分　工作感受

　　请您根据自身感受，对每项题目所描述内容的符合程度进行打分，1分为非常不符合，5分为非常符合。

序号	内容描述	非常不符合→非常符合 1　2　3　4　5
A1	经济压力给我带来了沉重的负担	□　□　□　□　□
A2	我所在的城市生活压力非常大	□　□　□　□　□
A3	我需要花费很多时间进行学习以适应现代社会技术的进步和知识的更新	□　□　□　□　□

续表

序号	内容描述			非常不符合→非常符合 1 2 3 4 5
A4	社会大众对高校教师的期望和要求过高,给我带来无形的压力			☐ ☐ ☐ ☐ ☐
A5	近些年来,高校的扩招导致我的工作任务量明显增加			☐ ☐ ☐ ☐ ☐
A6	无关教学、科研的琐事和杂务占据了我大量的时间			☐ ☐ ☐ ☐ ☐
A7	您是否担任行政职务	是☐	"双肩挑"给我带来了沉重的工作负荷	☐ ☐ ☐ ☐ ☐
		否☐		
A8	高校的行政化色彩严重,对教学科研工作的效率产生了很大影响			☐ ☐ ☐ ☐ ☐
A9	您在高校中的身份	体制内☐	学校聘请的合同制教师十分优秀,给我带来很大压力	☐ ☐ ☐ ☐ ☐
		合同制☐	较高的绩效考核标准给我带来很大压力	☐ ☐ ☐ ☐ ☐
A10	高校的财务报销制度、各种流程审批制度不甚合理,占据大量时间			☐ ☐ ☐ ☐ ☐
A11	我属于比较努力的高校教师,希望工作出色,并没有混日子的心态			☐ ☐ ☐ ☐ ☐
A12	学校的硬件设施、教学科研的硬件条件对我开展工作非常有帮助			☐ ☐ ☐ ☐ ☐
A13	职称评审与晋升给我带来了很大的工作压力			☐ ☐ ☐ ☐ ☐
A14	我对所在院系的各方面工作非常认可,归属感很强			☐ ☐ ☐ ☐ ☐
A15	我的工资收入能够体现我的价值,我对自己的薪酬水平非常满意			☐ ☐ ☐ ☐ ☐
A16	和同等学历的其他职业人员相比,我对自己的薪酬水平非常满意			☐ ☐ ☐ ☐ ☐
A17	我认为学校的考核制度清晰、合理、公平			☐ ☐ ☐ ☐ ☐

续表

序号	内容描述	非常不符合→非常符合 1 2 3 4 5
A18	我认为学校的职称晋升评选合理、制度设计符合高校教师成长规律	☐ ☐ ☐ ☐ ☐
A19	我十分满意所在院系的整体学术、人际氛围	☐ ☐ ☐ ☐ ☐
A20	我将高校教师职业视为一种事业和追求,而不仅仅是为了养家糊口	☐ ☐ ☐ ☐ ☐
A21	我常常做的比职位要求的更多	☐ ☐ ☐ ☐ ☐
A22	我自身对"闲暇时间"的偏好程度不高	☐ ☐ ☐ ☐ ☐
A23	我的时间利用能力很强	☐ ☐ ☐ ☐ ☐
A24	高校教师职业工作时间的特殊性让我承担了更多的家务劳动	☐ ☐ ☐ ☐ ☐
A25	家务劳动、照料子女、赡养老人等事情挤占我大量的闲暇时间	☐ ☐ ☐ ☐ ☐
A26	工作给我带来满足感的事情很多(如学生成长、论文发表、课题获批等)	☐ ☐ ☐ ☐ ☐
A27	深夜工作(22点以后)增加了我的工作压力和身体压力	☐ ☐ ☐ ☐ ☐
A28	我经常在做其他事情的时候也思考与教学科研有关的事情	☐ ☐ ☐ ☐ ☐
A29	高校教师身份让我经常需要控制自己的真实情绪,尤其在与学生交往时	☐ ☐ ☐ ☐ ☐
A30	我所在城市的环境(如雾霾、交通拥堵、人口密度大等)使我更容易感到疲劳	☐ ☐ ☐ ☐ ☐
A31	人才年轻化的趋势给我带来了很大的压力	☐ ☐ ☐ ☐ ☐

第二部分 工作状态

B1. 根据您的亲身感受,下列工作内容让您觉得最"累"的是:

1. 教学任务 2. 备课以及准备和课程相关的事情 3. 科研考核 4. 行政事务 5. 出差、社会兼职、参加培训等

B2. 您现在处于职业生涯的什么阶段？

1. 爬坡期　2. 平稳期　3. 衰退期

B3. 工作中的教学、科研压力对您来说更倾向于是：

1. 挑战性的压力（能促进完成任务，带来潜在的成长、回报，激发成就感）　2. 阻碍性的压力（限制了我能力的发挥，阻碍职业发展，带来消极影响）

B4. 您是否有校内外兼职工作（包括承担校内行政职务）？1. 有　2. 无（跳过 B5 题）

B5. 您从事校外兼职工作或社会兼职活动的最主要目的是：

1. 增加经济收入　2. 学校工作比较清闲，充实生活　3. 实践与教学科研相结合　4. 体现自我价值

B6. 您更倾向于追求：1. 物质效用最大化　2. 精神效用最大化

B7. 您认为从事教师职业，对您的工作/家庭产生的影响是：

1. 工作/家庭相互促进　2. 工作/家庭相互平衡　3. 工作/家庭相互冲突

B8. 您觉得自己的工作和家庭之间的边界清晰吗？

1. 非常清晰　2. 比较清晰　3. 一般　4. 比较模糊　5. 非常模糊

B9. 您希望自己的工作和家庭边界是怎样的？

1. 非常清晰的　2. 比较清晰的　3. 一般　4. 比较模糊的　5. 非常模糊的

B10. 您平均每天的工作时间为：＿＿＿小时。

B11. 您平均每周深夜工作时间总计为：＿＿＿小时。

B12. 您的性格特质更倾向于：1. 有强烈的成就动机、追求冒险勇于挑战、好奇心强、愿意尝试新鲜事物

2. 认为一个人的成功应该是多方面的平衡、更倾向于安稳的生活、不确定的事物不愿意尝试

B13. 工作虽然让我感觉很累，但对工作的追求和热情让我仍然不想放松：

1. 非常符合　2. 比较符合　3. 一般　4. 比较不符合　5. 非常不符合

B14. 您选择深夜工作的原因：1. 个人喜好　2. 白天工作时间经常被打

断，不得已而为之

第三部分　职业健康情况

C1. 请您根据最近1个月的自我感觉，选择最符合的答案。

①急躁、烦躁、悲观，不能控制自己的情绪	1. 几乎没有	2. 有时有	3. 经常有
②思考问题时思路不清晰	1. 几乎没有	2. 有时有	3. 经常有
③静不下心，对事情放不下心	1. 几乎没有	2. 有时有	3. 经常有
④记忆力减退，开始忘记熟人的名字	1. 几乎没有	2. 有时有	3. 经常有
⑤睡眠质量低，失眠、多梦、睡起后不解乏	1. 几乎没有	2. 有时有	3. 经常有
⑥身体状况不好，但医学检查无异常	1. 几乎没有	2. 有时有	3. 经常有
⑦不能集中精神，厌于思考问题	1. 几乎没有	2. 有时有	3. 经常有
⑧做事经常出错，反应变慢	1. 几乎没有	2. 有时有	3. 经常有
⑨工作中，感到强烈的睡意	1. 几乎没有	2. 有时有	3. 经常有
⑩没有干劲，做事不积极	1. 几乎没有	2. 有时有	3. 经常有
⑪感到疲惫不堪（运动后除外）	1. 几乎没有	2. 有时有	3. 经常有
⑫早晨起床时感到精疲力竭	1. 几乎没有	2. 有时有	3. 经常有
⑬与以前相比，容易疲劳	1. 几乎没有	2. 有时有	3. 经常有

C2. 请您根据最近1个月的工作情况，选择最符合的答案。

①一个月内的"八小时"之外的工作时间	1. 没有或适当	2. 多	3. 非常多
②不规律的工作（预定的工作变更、突发性的工作）	1. 少	2. 多	——
③出差造成的负担（频率、时间约束、时差等）	1. 没有或很小	2. 大	——
④深夜工作造成的负担（晚10点至早5点的工作，从频率、时间长短等方面进行综合判断）	1. 没有或很小	2. 大	3. 非常大
⑤休息、小睡的时间数以及设施	1. 适当	2. 不适当	3. ——
⑥工作带来的精神负担、精神压力	1. 小	2. 大	3. 非常大
⑦工作带来的身体负担、感觉身体累、缓不过来	1. 小	2. 大	3. 非常大

C3. 根据您的主观感受，您认为自己"过劳"吗？

1. 非常过劳   2. 比较过劳   3. 一般   4. 不怎么过劳   5. 一点儿都不过劳

C4. 您平时十分重视自己的健康状况，并且有意识地进行养生和保健。

1. 非常符合   2. 比较符合   3. 一般   4. 比较不符合   5. 非常不符合

C5. 您认为自己的总体健康状况：

1. 非常健康   2. 比较健康   3. 一般   4. 比较不健康   5. 非常不健康

C6. 过去六个月，您是否有出勤主义的情况：

1. 从来没有   2. 有过1次   3. 2—3次   4. 4—5次   5. 5次以上

第四部分　基本信息

D1. 您的性别：1. 男   2. 女

D2. 您的年龄：1. 35岁及以下   2. 36—45岁   3. 46—60岁   4. 60岁以上

D3. 您的教龄：1. 5年以下   2. 5—9年   3. 10—14年   4. 15—19年   5. 20年及以上

D4. 您的婚姻状况是：1. 已婚   2. 未婚（跳过D6题）

D5. 和您的配偶相比，您在工作时间和精力上的投入：1. 更多   2. 一样多   3. 更少

D6. 您的职称：1. 助教   2. 讲师   3. 副教授   4. 教授（跳过D8题第一问）

D7. 距上一次评职称已经过去_____年

D8. 您的学科：1. 工学   2. 医学   3. 理学   4. 农学   5. 经济学   6. 文学   7. 法学   8. 历史学   9. 教育学   10. 管理学   11. 哲学

D9. 您所任教的高校所在地：_____省

D10. 您所任教的高校是否是211：1. 是   2. 否

D11. 您是硕导或博导吗？1. 是硕导   2. 是硕导和博导   3. 都不是

D12. 您平均每月的税后职业收入（包括工资、奖金、补贴、课题经费等）：1. 4000元以下   2. 4000—5999元   3. 6000—7999元   4. 8000—9999元   5. 10000元及以上

D13. 您平均每月的生活支出（包括日常生活开销、房租、房贷、医药费、子女教育费、赡养老人等）占每月收入的百分比：_____%。

附录Ⅱ 全自变量多响应回归结果

表Ⅱ.1 全自变量多响应回归分析结果与共线性检验

编码	变量含义	回归系数	z值	P值	VIF值
a_1	经济压力	0.1427522	1.11	0.269	2.55
a_2	生活压力	-0.0173206	-0.16	0.874	2.29
a_3	收入支出比	0.001368	0.31	0.757	1.67
a_4	知识更新	0.0130728	0.13	0.900	1.71
a_5	高校扩招	-0.034014	-0.31	0.757	1.96
a_6	社会期望	0.2444385	2.14	0.032*	1.74
a_7	城市环境	0.1399674	1.49	0.136	1.35
b_1	职称评审与晋升	0.2801441	3.50	0.012*	1.67
b_2	考核制度	0.2241388	1.58	0.114	2.57
b_3	晋升制度	0.1562767	1.19	0.233	2.34
b_4	行政化色彩	-0.0394361	-0.34	0.734	1.71
b_5	杂事占用时间	0.2007833	4.89	0.039*	1.81
b_6	财务审批占用时间	-0.0153979	-0.15	0.880	1.75
b_7	价值回报	-0.1048795	-0.79	0.430	3.36
b_8	薪酬比较	-0.1400011	-1.00	0.317	3.47
b_9	人才年轻化趋势	0.2332826	2.12	0.034*	1.27
b_{10}	硬件设施	0.0771946	0.67	0.500	1.68
b_{11}	归属感	-0.058856	-0.52	0.601	1.66
b_{12}	组织氛围	0.0686588	0.68	0.495	1.38
b_{13}	事业心	-0.1690743	-1.34	0.181	1.71

续表

编码	变量含义	回归系数	z 值	P 值	VIF 值
b_{14}	工作满足感	-0.0844353	-0.65	0.515	1.84
b_{15}	情绪劳动	-0.0689594	-0.60	0.549	1.7
b_{16}	工作随时性	0.1686635	1.32	0.186	1.89
b_{17}	学术、行政兼职	0.211169	0.99	0.322	1.4
b_{18}	工作追求	0.1931718	4.67	0.006**	1.36
c_1	工作态度	0.1019629	0.77	0.443	2.36
c_2	教学科研观	-0.1240074	-0.60	0.550	1.41
c_3	效用最大化偏好	-0.0176933	-0.09	0.932	1.32
c_4	过度承诺	-0.2313127	-1.56	0.118	2.13
c_5	闲暇偏好	0.1776398	2.83	0.028*	1.51
c_6	性格特质	-0.382491	-3.83	0.048*	1.33
c_7	承担家务	0.0306893	0.28	0.783	2.14
c_8	家务挤占闲暇	0.3414333	4.97	0.000***	1.63
c_9	工作/家庭关系	1.05922	5.52	0.000***	1.45
c_{10}	边界弹性与意愿	0.2517888	2.63	0.009**	1.28
c_{11}	职业生涯阶段	-0.1536421	-1.02	0.306	1.53
c_{12}	距下次职称评审	-1.22451	-11.84	0.000***	1.28
c_{13}	健康保健	-0.1110891	-1.04	0.298	1.32

注:*$P<0.05$,**$P<0.01$,***$P<0.001$。

附录Ⅲ 按行业分城镇就业人员调查周平均工作时间

表Ⅲ.1 按行业分城镇就业人员调查周平均工作时间(2006—2015)

单位:小时/周

年份	2006	2007	2008	2009	2010	2011	2012	2013	2014	2015
总计	47.3	45.5	44.6	44.7	47.0	46.2	46.3	46.6	46.6	45.5
农、林、牧、渔业	41.9	38.2	37.6	37.6	41.5	37.9	38.2	37.6	37.4	39.1

续表

年份	2006	2007	2008	2009	2010	2011	2012	2013	2014	2015
采矿业	47.8	46.1	45.2	46.1	46.4	47.3	45.7	45.2	46.0	45.5
制造业	50.4	49.4	47.9	48.5	49.0	48.1	48.2	48.9	48.7	47.1
电力、热力、燃气及水生产和供应业	43.5	43.2	43.0	42.6	43.3	43.2	43.3	43.5	43.7	42.9
建筑业	51.3	49.7	48.2	48.4	50.2	48.8	49.4	49.7	49.6	47.3
批发和零售业	52.5	50.9	49.6	49.6	50.3	49.8	50.2	50.5	50.5	48.3
交通运输、仓储和邮政业	50.0	49.1	48.1	47.8	48.8	48.2	48.8	49.0	48.2	46.9
住宿和餐饮业	54.4	52.1	50.7	50.1	51.4	51.5	51.4	51.4	51.6	49.9
信息传输、软件和信息技术服务业	46.3	45.1	45.4	44.1	44.2	49.1	47.8	47.5	47.6	42.7
金融业	42.6	42.4	42.3	41.9	42.4	44.4	43.2	43.5	42.9	42.1
房地产业	45.8	45.7	44.9	45.4	45.8	45.5	45.9	45.9	46.0	45.1
租赁和商务服务业	46.4	45.0	44.5	44.7	45.1	45.7	46.2	45.6	45.1	44.2
科学研究和技术服务业	42.5	42.2	42.3	42.6	42.3	42.8	43.4	43.9	42.4	41.8
水利、环境和公共设施管理业	44.3	44.4	43.7	43.9	44.9	44.5	43.8	45.1	44.8	43.9
居民服务、修理和其他服务业	52.1	50.2	49.0	48.8	50.4	49.5	49.1	49.9	50.0	46.8
教育	42.4	41.7	41.5	41.4	41.9	42.6	42.5	42.5	42.4	41.2
卫生和社会工作	45.3	44.2	44.1	43.8	43.9	44.0	44.1	44.3	44.1	43.4
文化体育和娱乐业	46.8	45.2	45.4	46.1	45.8	44.8	45.6	45.7	46.0	44.7
公共管理、社会保障和社会组织	42.0	41.8	41.5	41.3	42.1	42.0	41.8	41.8	41.9	41.5
国际组织	47.8	40.0	40.0	37.5	41.9	46.7	43.4	45.3	45.2	42.6

资料来源：国家统计局历年《中国劳动统计年鉴》、劳动和社会保障部历年《中国人口和就业统计年鉴》。

附录Ⅳ 按职业分城镇就业人员调查周平均工作时间

表Ⅳ.1 按职业分城镇就业人员调查周平均工作时间（2006—2015）

单位：小时/周

年份	2006	2007	2008	2009	2010	2011	2012	2013	2014	2015
总计	47.3	45.5	44.6	44.7	47.0	46.2	46.3	46.6	46.6	45.5
单位负责人	47.3	47.7	47.5	47.5	47.1	47.7	48.2	48.4	48.4	46.9
专业技术人员	44.1	43.4	43.0	42.8	43.1	43.7	43.7	43.9	43.9	42.9
办事人员和有关人员	44.4	43.8	43.5	43.3	44.0	43.9	44	44	43.8	43.1
商业、服务业人员	52.0	50.3	49.1	49.0	49.8	49.5	49.6	49.9	49.9	47.7
农林牧渔水利业生产人员	41.9	38.2	37.7	37.7	41.5	38.2	38.3	38.2	37.6	38.9
生产运输设备操作人员及有关人员	50.8	49.8	48.2	48.9	49.7	48.7	48.8	49.5	49.5	47.9
其他	48.4	46.7	46.8	46.3	47.8	47.7	49.8	49.2	44	44.6

资料来源：根据国家统计局历年《中国劳动统计年鉴》、劳动和社会保障部历年《中国人口和就业统计年鉴》。

附录Ⅴ 各国生师比情况统计表（2016年）

表Ⅴ.1 各国生师比情况统计表（2016年）

国家	生师比	国家	生师比
巴西	25	墨西哥	15
印度	24	芬兰	15
捷克	23	波兰	15
比利时	23	匈牙利	15
土耳其	22	美国	14

续表

国家	生师比	国家	生师比
冰岛	20	澳大利亚	14
意大利	20	爱沙尼亚	14
沙特阿拉伯	20	葡萄牙	14
中国	**19**	斯洛伐克	13
拉脱维亚	19	哥伦比亚	13
法国	19	西班牙	13
新西兰	17	德国	12
斯洛文尼亚	17	俄罗斯	11
立陶宛	16	挪威	10
英国	16	瑞典	10
荷兰	15	卢森堡	8

资料来源：OECD. Education at a Glance 2017：OECD Indicators，Paris：OECD Publishing，2017：360. 其中数据摘选的是全部高等教育的生师比情况，包括高校举办的短周期培训课程（Short - cycle tertiary）和学历教育（Bachelor's, master's, doctoral or equivalent level），由于统计口径不一，我国的数据并非教育部公布的17.8。